사회복지시설 운영론

Administration and Management in Social Welfare Facilities

조주복 지음

보건복지부 사회복지시설정보시스템에 등록된 사회복지시설 현황에 따르면 2022년 7월 말 현재 28,348개의 시설이 설치 운영되고 있다. 하지만 보건복지부의 사회복지시설정보시스템에 등록된 시설의 수는 23,254개이며, 시설종사자 수는 302,114명에 이른다.

이처럼 수 많은 사회복지시설들이 추구하는 목표를 달성하기 위해 다양한 자원들이 이용되고 있지만 체계적이고 전문적인 시설운영에 대해 대학에서 강의하고 있지 못하여 졸업 후 시설에서 근무하는 학생들은 선배들에게 물어보거나 각종 법규나 규칙을 찾아서 단편적이고 불확실하게 습득하고 있어 업무수행에 대하여 두려움을 호소하는 경우를 많이 접하게 되었다.

또한 매학기 사회복지시설에서 현장실습을 하고 있는 학생들의 임장지도 차 시설을 방문할 때마다 시설장들이 하시는 당부의 말씀이 사회복지학과 학생들이 시설의 운영과 관련된 회계처리, 문서관리, 조직과 인적자원 관리에 대한 지식과 실무경험이 없어 앞으로 운영과 관련된 분야의 전문적 교육을 요청받기도 하였다.

최근에는 사회복지시설의 취업이 갈수록 힘들어지는 상황에서 자신이 시설을 설치하여 운영하고자 하는 학생들이 점차 늘고 있어 이들에게 가장 중요한 것이 바로 시설의 설립이나 설치의 요건과 절차 그리고 시설의 운영방법에 대한 체계적인 교육의 필요성을 절실하게 느끼고 있다.

다른 한편으로는 시설장들 역시 사회복지학과에서는 시설운영에 대한 교육을 받은 적이 없어 자신이 시설장이 되었을 때 시설을 종합적으로 운영할 수 있는 역량이 부족하여 이를 보충하기 위해 힘든 시기를 거쳐 지금에 이르렀다고 말씀하셨습니다.

　　이러한 사회복지시설 현장의 요구에 따라 사회복지시설의 운영에 필요한 전문적, 체계적인 교육을 위한 교재가 필요하여 운영에 필요한 핵심요소들을 정리하게 되었다.

　　본 교재를 위해 기본적으로 사회복지시설 운영과 관련된 법령과 규정을 기반으로 하여 보건복지부의 시설관리에 관한 지침, 행정자치부의 사무관리규정, 조직과 인적 자원관리에 관련된 도서 등을 다양하게 참고하였다.

　　본 교재가 나오기까지 사회복지시설 현장에서 종사하는 종사자와 시설장들의 경험담과 조언이 있었으며 이에 대하여 지면을 빌어 감사의 인사를 올립니다. 또한 이 책을 출판할 기회를 주신 21세기사 이범만 대표님과 세심한 부분까지 교정과 보완을 위해 애써주신 21세기사 가족 여러분께도 진심으로 감사를 드립니다.

2022년 9월

저자 **조 주 복** 올림

PART 01

사회복지법인의
설립과 운영

CHAPTER 01 사회복지법인의 이해

사회복지법인의 이해

제1절 법인의 구분

법인(法人)은 법률에 의하여 권리능력(법인격)이 인정된 사단(社團, Verein)이나 재단(財團, Stiftung)을 말하며, 일정한 목적 하에 결합된 사람의 조직체로서 권리능력이 부여된 사단법인과 일정한 목적에 바쳐진 재산으로서 권리능력이 부여된 재단법인이 있다(박의근, 2015).

또한 국가, 지방자치단체, 공공기관, 한국은행 등 공공의 목적을 위해 공법으로 설립된 법인은 공법인이고, 「민법」과 「상법」 등에 의하여 설립되는 회사, 사단법인, 재단법인, 사회복지법인 등은 사법인이다.

사법인은 다시 영리를 목적으로 하는 영리(사단)법인(합명회사, 합자회사, 유한책임회사, 주식회사, 유한회사 등)과 학술, 종교, 자선, 기예, 사교 기타 영리 아닌 사업을 목적으로 하는 비영리법인으로 구분된다.

1 비영리법인

「민법」 제32조에 따른 사단법인과 재단법인은 비영리법인에 해당하며, 특별법에 의하여 설립된 법인, 즉 특별법인인 학교법인, 종교법인, 의료법인, 사회복지법인 등도 비영리법인에 포함된다. 비영리법인이란 학술·종교·자선·기예·사교 기타 영리가 아닌 사업을 목적으로 하는 법인을 말한다.

1) 사단법인:

다수의 사람들이 일정한 공동 목적을 위하여 결합한 사람의 집합체로서
- 실체: 사람의 집단
- 기본요소: 구성원의 단체의사와 목적에 따른 공동사업
- 총회에 의하여 자기의사를 결정하고, 집행기관에 의해 대외적으로 집행

2) 재단법인:

일정한 목적을 위하여 출연한 재산에 대하여 법인격이 인정된 단체로서
- 실체: 재산의 집단
- 기본요소: 설립자의 설립의지와 기본재산
- 설립자의 의사에 의하여 구속

따라서 사단법인과 재단법인은 설립행위, 정관변경, 의사결정기관, 해산
사유 등에 관하여 차이가 있음

2 유사개념

1) 비영리민간단체

비영리민간단체도 비영리를 목적으로 하지만 그 설립 근거는 「비영리민간
단체지원법」 제4조이고 국가나 자치단체의 지원을 얻기 위해 행정청에 등록
하는 단체임. 따라서 비영리법인이 비영리민간단체가 되려면 별도의 등록이
필요함.

〈비영리민간단체의 요건〉

- 사업의 직접 수혜자가 불특정 다수일 것
- 구성원 상호간에 이익분배를 하지 아니할 것
- 사실상 특정정당 또는 선출직 후보를 지지나 지원할 것을 주된 목적으로 하거나 특정 종교의 교리 전파를 주된 목적으로 하여 설립·운영되지 아니할 것
- 상시 구성원 수가 100인 이상일 것
- 최근 1년 이상 공익활동실적이 있을 것
- 법인이 아닌 단체일 경우에는 대표자 또는 관리인이 있을 것

2) 공익법인

공익법인은 학자금, 장학금 또는 연구비의 보조나 지급, 학술, 자선(慈善)에 관한 사업을 목적으로 「공익법인의 설립·운영에 관한 법률」(이하 '공설법'이라 함)에 의하여 설립되며, 각종 세제상의 혜택을 얻고 공익적 견지에 의해 강화된 감독을 받는 법인이다.

따라서 자선사업을 목적으로 하는 사단법인이나 재단법인이라 하더라도 공설법에 의거 허가받은 법인이 아니라면 공익법인이 아니다.

3) 사회복지법인

사회복지법인은 「사회복지사업법」 제2조에서 정한 사회복지사업을 행할 목적으로 동법 제16조에 의거 설립되는 법인으로서 비영리법인이며, 「사회복지사업법」에 규정하지 아니한 사항은 「공설법」을 준용함.

이에 따라 공익성과 공공성이 강한 사회복지사업의 건실한 수행을 위해 법인의 설립, 변경, 소멸 및 지도, 감독 등에 관한 사항을 「사회복지사업법」 등에 세부적으로 규정해 놓고 있다.

〈표 1.1〉 법인의 유형과 성격

구분	설립근거	법인 성격
특수 법인	「대한적십자사조직법」과 같이 개별 법률에 의하여 설립된 법인	□ 개별 법률에서 정하고 있는 목적 사업 수행
사단 법인	「민법」제32조 및[보건복지부 소관 비영리법인의 설립 및 감독에 관한 규칙] 제4조	□ 회원을 기초로 하는 회원단체로서 회원의 권익보호 및 자질향상 등 도모 □ 총회 및 이사회로 구성
재단 법인	「민법」제32조 및[보건복지부 소관 비영리법인의 설립 및 감독에 관한 규칙] 제4조	□ 출연자산을 기초로 하는 지원 단체 성격이 강하며 주로 연구사업, 지원 사업 수행 □ 이사회 구성
의료 법인	「의료법」제48조	□ 의료기관 운영을 목적 □ 주된 사무소 소재지 시·도지사가 허가
사회복지 법인	「사회복지사업법」제16조	□ 사회복지시설 설치운영 및 사회복지 지원 사업 등 수행 □ 시·도지사가 허가
중소기업 협동조합	「중소기업협동조합법」제27조	□ 한국의료기기공업협동조합만 관리

3 사회복지법인의 정의 및 종류

1) 사회복지법인의 정의

사회복지법인이란 「사회복지사업법」 제2조의 "사회복지사업"을 행할 목적으로 설립된 법인을 의미함. 따라서 사회복지법인이 수행할 수 있는 목적사업은 "사회복지사업"에 한정되므로 그 이외의 사업을 목적사업으로 수행할 수 없음.

〈참고〉 사회복지사업의 범위(근거 : 「사회복지사업법」 제2조)

법제처 해석(15-0247, '15.6.23) : 「사회복지사업법」에 따른 사회복지사업은 원칙적으로 같은 법 제2조제1호 각 목의 법률에 따른 복지사업과 이와 관련된 사업 등으로 한정됨.

「사회복지사업법」 제2조제1호에 규정된 개별법령*에 의한 "보호·선도 또는 복지에 관한 사업"과 "사회복지상담·직업지원·무료 숙박·지역사회복지·의료복지·재가복지·사회복지관 운영·정신질환자 및 한센병력자 사회복귀에 관한 사업" 등 각종 복지사업과 이와 관련된 "자원봉사활동 및 복지시설의 운영 또는 지원을 목적으로 하는 사업"을 말함.

* 개별법령

① 「국민기초생활보장법」 ② 「아동복지법」 ③ 「노인복지법」 ④ 「장애인복지법」 ⑤ 「한부모가족지원법」 ⑥ 「영유아보육법」 ⑦ 「성매매방지 및 피해자보호 등에 관한 법률」 ⑧ 「정신건강증진 및 정신질환자 복지서비스 지원에 관한 법률」 ⑨ 「성폭력 방지 및 피해자 보호 등에 관한 법률」 ⑩ 「입양특례법」 ⑪ 「일제하 일본군위안부 피해자에 대한 생활안정지원 및 기념사업 등에 관한 법률」 ⑫ 「사회복지공 모금회법」 ⑬ 「장애인·노인·임산부 등의 편의증진보장에 관한 법률」 ⑭ 「가정폭력방지 및 피해자보호 등에 관한 법률」 ⑮ 「농어촌주민의 보건복지증진을 위한 특별법」 ⑯ 「식품등 기부 활성화에 관한 법률」 ⑰ 「의료급여법」 ⑱ 「기초연금법」 ⑲ 「긴급복지지원법」 ⑳ 「다문화가족지원법」 ㉑ 「장애인연금법」 ㉒ 「장애인활동 지원에 관한 법률」 ㉓ 「노숙인 등의 복지 및 자립지원에 관한 법률」 ㉔ 「보호관찰 등에 관한 법률」 ㉕ 「장애아동복지지원법」 ㉖ 「발달장애인 권리보장 및 지원에 관한 법률」 ㉗ 「청소년복지 지원법」 ㉘ 그 밖에 대통령령으로 정하는 법률*

* 「사회복지사업법 시행령」 제1조의2((사회복지사업 관련 법률) 「사회복지사업법」(이하 "법"이라 한다) 제2조제1호 허목에서 "대통령령으로 정하는 법률"이란 「건강가정기본법」, 「북한이탈주민의 보호 및 정착지원에 관한 법률」, 「자살예방 및 생명존중문화 조성을 위한 법률」, 「장애인·노인 등을 위한 보조기기 지원 및 활용촉진에 관한 법률」을 말함

〈참고〉 사회복지법인이 수행할 수 있는 사업의 범위

「민법」제34조에서는 "법인은 법률의 규정에 좇아 정관으로 정한 목적의 범위 내에서 권리와 의무의 주체가
된다."라고 규정하고 있음. 따라서 사회복지사업을 수행하기 위해 설립된 사회복지법인은 「사회복지사업법」
제2조제1호 각 목의 법률에 따른 사업과 이와 관련된 사업을 그 정관에 목적사업으로 명시한 경우에 한해,
해당 사업을 수행할 수 있는 권리능력이 있음.
다만, 「사회복지사업법」제28조에 따른 수익사업과 「사회복지사업법」이 아닌 기타 법률에서 사회복지법인
이 수행할 수 있다고 명시한 경우(예: 「건강가정기본법 시행규칙」제6조에 따른 건강가정지원센터의 위탁운
영 등)에는 「민법」제34조에서 규정하고 있는 바와 같이 "법률에 규정을 좇아" 수행할 수 있는 사업이라고 할
수 있으므로, 해당 사업을 정관에 명시하여 주무관청의 인가를 받으면 그 사업을 수행할 수 있음

2) 사회복지법인의 종류

(1) 사회복지시설을 설치·운영하는 법인(시설법인)

시설법인은 「사회복지사업법」제2조제4호에 따른 사회복지시설을 설치·
운영할 목적으로 설립된 사회복지법인

(2) 사회복지사업을 지원하는 법인(지원법인)

지원법인은 시설의 설치·운영을 목적으로 하지 않고 사회복지사업을 지원
할 목적으로만 설립된 사회복지법인

〈표 1.2〉 사회복지법인의 종류

종류	용어	기본재산
시설법인	사회복지시설을 설치하여 운영할 목적으로 설립된 사회복지법인	법인이 설치·운영하고자 하는 시설을 갖출 수 있는 목적사업용 기본재산
지원법인	사회복지사업을 지원할 것을 목적으로 설립된 사회복지법인	법인의 운영경비를 충당할 수 있는 기본재산

〈시설법인 및 지원법인 간 전환〉

시설법인이 지원법인이 되거나, 지원법인이 시설법인이 되는 것은 사업변경(추가)에 대한 정관변경 절차를
통해 가능. 다만, 이 경우 출연자의 의도, 사업계획서, 재원확보 여부 등을 면밀히 검토해야 함('정관변경의
인가' 참고)

(3) 사회복지법인 현황(2020년 6월 기준, 개소)

구분	합계	시설법인	지원법인
전국	2,991	2,714	277
서울	312	224	88
부산	224	211	13
대구	186	179	7
인천	52	44	8
광주	143	139	4
대전	102	93	9
울산	50	47	3
세종	19	18	1
경기	277	234	43
강원	204	180	24
충북	165	146	19
충남	221	205	16
전북	241	234	7
전남	221	213	8
경북	187	177	10
경남	273	258	15
제주	114	112	2

* 자료: 보건복지부. 2022년 사회복지법인 관리안내.

제2절 사회복지법인의 설립

1 법인의 설립절차

1) 설립신청(신청인 → 시·군·구)

사회복지법인을 설립하고자 하는 자는 「사회복지사업법 시행규칙」 제7조에 규정되어 있는 사회복지법인 설립허가 신청서와 기타 구비서류를 완비하여 시·군·구에 제출한다.

〈참고사항〉

- 시·도 및 시·군·구는 신청인이 신청서 제출 전 법인 주사무소가 소재할 시·도 및 시·군·구와 법인설립 필요성 등에 대해 충분하게 협의하여 추후 절차가 원만하게 수행되도록 지도
- 시·도 및 시·군·구는 사회복지법인 설립에 대한 문의가 있을 경우 신속하고 정확하게 안내할 것

2) 검토의견 첨부하여 시도에 제출(시·군·구 → 시도)

시·군·구는 설립허가를 신청한 법인에 대한 기초자료(예 자산에 관한 실지조사결과, 법인설립 필요성에 관한 검토의견서 등)를 첨부하여 시·도에 신청서를 제출한다.

〈참고사항〉

- 신청서를 접수한 시·군·구는 해당 법인이 소재할 사무소 및 기본재산 등을 직접 엄격하게 확인할 것(필요 시 방문)
- 시·도에서 조례 및 규칙 등으로 법인업무와 관련한 시·군·구의 권한 및 위임사항을 정하였을 경우 그에 따르되 법인의 허가 등 법인관리 업무의 중요사항은 반드시 시·도지사가 행할 것

3) 시도에서 최종 허가여부 결정

시·도는 법인설립 신청서와 시·군·구의 기초자료, 시·도의 복지여건 등을 종합적으로 검토하여 법인설립허가를 최종 결정한다.
- 설립허가 신청서 처리기한 : 17일

※ 주무관청에서 신청서의 보완을 요청한 경우 보완기간은 처리기한에 산입하지 않으며, 신청서를 반려한 경우 처리기한은 종료되고 재접수 시점부터 다시 기산하는 것을 원칙으로 함(「행정절차법 시행령」 제11조제1호)

2 사회복지법인 설립요건

1) 설립허가 신청(법 제16조, 령 제8조, 규칙 제7조)

사회복지법인을 설립하고자 하는 자는 사회복지법인 설립허가신청서 등 관련서류를 주된 사무소를 관할하는 시·군·구청장을 거쳐 시·도지사에게 제출하여야 함

구비서류(양식은 〈붙임 1 - 붙임 13〉 참고)

양식	내 용	비고
설립허가 신청서		붙임1
설립취지서	법인 설립 취지를 6하 원칙에 의거 기재	붙임2
발기인 총회 회의록	회의록에는 재산출연사항, 임원선출, 정관의 심의의결, 사업계획 및 수지예산 등에 관한 의결사항을 포함하며, 발기인 전원이 인감 날인	붙임3
설립 발기인의 명단	직위, 성명, 주민번호, 주소 및 약력 등을 간략하게 기재	붙임4
정관	법 제17조 정관기재사항은 반드시 기재하고, 기타 관련법규에 어긋남이 없도록 하며, 발기인 전원이 기명 인감날인(간인)	붙임5
기본재산목록		붙임6
임원명단		붙임7
법인이 사용할 인장		붙임8

양식	내 용	비고
재산출연증서	– 출연재산의 구체적 내용(소재지, 지목, 지적, 평가액 등)과 출연인의 인적사항, 출연일자 기재 후 인감날인 – 주식, 예금 등의 출연행위에 대하여는 공증인의 공증 필요	붙임9
재산소유 증명 서류	– 부동산 등기부등본, 주식의 주주명부사본, 예금잔고증명(현금), 유가증권 사본, 각종 무체재산권의 등록필증 사본 등 첨부 – 「전자정부법」 제36조제1항에 따른 행정정보 공동이용을 통하여 소유권에 대한 정보를 확인할 수 있는 경우에는 그 확인으로 첨부서류 갈음	
재산의 평가조서	– 기본재산과 보통재산으로 구분 – 기본재산은 목적사업용과 수익용으로 구분하여 평가 가액을 일목요연하게 파악할 수 있도록 작성 – 부동산은 「감정평가 및 감정평가사에 관한 법률」에 의한 감정평가법인의 감정평가서 또는 표준지의 공시지가를 기준으로 산정한 지가확인서 첨부 – 예금 등은 그 현재액을 증명할 수 있는 잔고증명서 기타 각종 재산을 평가할 수 있는 증빙서류 첨부 – 개별공시가 확인서로 첨부서류에 대한 정보를 확인할 수 있는 경우에는 그 확인으로 첨부서류 갈음	
재산의 수익구조	– 수익용 기본재산을 갖춘 경우에 한하여 수익을 파악할 수 있도록 작성하고 수익산출 근거를 명시 – 수익을 증명할 수 있는 기관이 발행하는 증빙서류(수익확인서, 배당이익증명서, 이자수익확인서, 납세필증 등) 첨부	
임원의 취임승낙서 및 이력서	– 임원치위임자의 취임승낙의사 표시와 인적사항(주소, 성명, 주민번호, 주요경력 등) 기재 – 이사 및 감사 등의 직위와 취임기간을 명시하고 인감날인 – 이력서 첨부	붙임10 붙임11
이사추천서	법 제18조제2항 각 호의 어느 하나에 해당하는 기관으로부터 받은 이사추천서 1부 ※ 위 기관이 법인이 성립되지 않았음을 사유로 추천을 하지 않을 경우 외부추천이사 추천요청공문으로 갈음 가능 ※ 이 경우 지자체가 법인설립을 허가할 때 "법인설립허가 후 법인설립등기 전 기간에 반드시 추천을 받아, 이사를 선임하고 그 결과를 지체 없이 보고할 것" 이라는 취지의	

양식	내용	비고
	부관을 붙일 것	
특수관계부존 재각서	법 제18조제2항의 규정(특별한 관계에 있는 자)에 저촉되지 않았음을 입증하는 각서 1부	붙임12
결격사유부존 재각서	법 제19조제1항의 규정(임원의 결격사유)에 저촉되지 않음을 입증하는 각서 1부)'19.6.12. 시행)	붙임13
사업계획 및 예산서		

2) 목적의 비영리성

사회복지법인은 반드시 「사회복지사업법」 제2조의 "사회복지사업"을 수행할 목적으로 설립되어야 하며, 사회복지사업을 수행함에 있어 이윤추구를 위한 영리목적이 아닌 사회복지라는 비영리목적을 위해 존재해야 함.

※ 비영리사업의 목적을 달성하기 위해 필요한 한도에서 비영리사업의 본질에 반하지 않을 정도의 수익사업을 하는 것은 가능하나, 수익사업으로 인한 수익은 언제나 사업목적의 수행에 충당되어야 함

　㉑ 유료시설에서 생활비를 받는 경우, 운영비 보조를 위해 일정 수익사업을 하는 경우 등은 가능하나 이로 인한 수익은 시설기능보강, 운영비보조, 생활자 복지수준 향상 등을 위해 사용해야 함

※ 「사회복지사업법」 제28조에서는 "법인은 목적사업의 경비에 충당하기 위하여 필요한 때에는 법인의 설립목적 수행에 지장이 없는 범위 안에서 수익사업을 할 수 있다"고 규정하고 있는 바, 그 수익사업의 범위 및 종류에 대해서는 주무관청에서 개별사안별로 비영리법인 본질 위배 여부, 법인 설립목적 달성을 위한 법인 내 인적, 물적 상황 등 제반여건을 충분히 고려하여 판단하여야 함

사회복지법인을 설립하고자 하는 자는 수행하고자 하는 목적사업을 구체적으로 확정하여 신청해야 함. "「사회복지사업법」 제2조의 사회복지사업 수행"과 같은 형태의 추상적인 목적사업은 불가능하므로 수행하고자 하는 목적사업을 세부적이고 구체적으로 규정할 것

　⑨ 「국민기초생활보장법」 제○○조의 ○○사업

　　「노인복지법」 제○○조의 노인의료복지시설 중 무료노인요양시설운영

허가심사 시 설립자의 재정능력 및 의도, 목적사업의 비영리성, 수익사업의 성격 등을 엄격하게 심사하여, 조세회피 등 순수하지 않은 목적의 법인설립을 미연에 방지해야 함.

3) 설립행위(재산의 출연과 정관작성)

사회복지법인의 설립행위는 설립자가 기본재산 등을 출연하는 1)재산의 출연과 설립자의 법인 설립의도를 정관에 기재하는 2)정관의 작성으로 구분됨

(1) 재산의 출연

(가) 출연재산의 종류

법인의 설립자는 목적사업에 필요한 재산을 출연하여야 하며, 재산의 종류는 동산, 부동산 등 다양한 형태가 가능하며 일정 신용평가등급 이상의 채권도 가능

　⑨ ○○신용평가등급 A⁻ 이상

다만, 출연하고자 하는 재산에 제한물권(지상권, 근저당권, 가등기)이 설정되어 있거나, 가압류·가처분 등이 되어 있어 법인이 채무를 부담하거나 재산권 행사가 제한되어서는 아니됨.

〈참조〉

출연재산에 제한물권(지상권, 근저당권 등)의 설정, 가압류, 가처분 등이 되어 있어 법인이 채무를 부담하게 되거나 공동 지분 소유 등 재산권행사가 제한되는 경우에는 타인(채권자)의 의사에 의하여 법인의 목적사업이 중단 또는 변경될 수 있으므로 기본재산으로 인정하지 않는 것을 원칙으로 함.

기본재산이 현금일 경우, 「예금자보호법」에 의한 보호 등을 확인하여 기본재산잠식 위험성이 있는 보관방법은 지양해야 함.

(나) 출연재산의 귀속

생전처분으로 법인을 설립하는 때에는 출연재산은 법인이 성립된 때, 즉 법인 설립등기가 완료된 때로부터 법인의 재산이 됨(「민법」 제48조제1항)

유언(遺言)으로 법인을 설립할 때에는 출연재산은 유언의 효력이 발생한 때로부터 법인에 귀속한 것으로 봄(「민법」 제48조제2항)

※ 유언의 효력이 발생하는 시기는 유언자가 사망한 때(「민법」 제1073조)이므로 유언으로 법인을 설립하는 때에는 법인의 설립등기가 완료된 때가 아닌 유언자가 사망한 때에 소급하여 법인에게 귀속

(다) 법인재산의 구분(법 제23조, 규칙 제12조)

법인의 재산은 기본재산과 보통재산으로 구분

▶ 기본재산 : 목적사업 및 수익사업의 수행을 위해 기본적으로 필요한 재산으로 부동산, 정관에서 기본재산으로 정한 재산, 이사회의 결의에 의하여 기본재산으로 편입된 재산이 해당

※ 기본재산은 그 목록과 가액을 정관에 기재해야 함.

① 목적사업용 기본재산 : 법인이 시설 등을 설치하는데 직접 사용하는 기본재산

② 수익용 기본재산 : 법인이 그 수익으로 목적사업의 수행에 필요한 경비를 충당하기 위한 재산

※ 지원법인은 구분하지 않을 수 있음

▶ 보통재산 : 기본재산 이외의 재산

자동차, 컴퓨터, 집기, 비품 등 감가상각 하는 재산은 보통재산에 해당

(라) 기본재산의 기준(규칙 제13조)

▶ 시설법인

시설종류별 설치기준에 적합한 시설(건축물)과 부지를 갖추거나 갖출 수 있는 목적사업용 기본재산 및 시설 운영을 위한 보통재산을 갖춰야 하고 시설설치 부지는 시설설치가 가능한 지역이어야 함.

※ 그린벨트, 군사구역, 환경규제구역, 절대농지 여부 등 파악

※ 목적사업용 기본재산의 규모(예시)

　　－ 시설(건축물) : 총소요면적 × 정부건축공사비 기준단가

　　－ 부지 : 총소요면적 × 시가 등 매매적정가

　　－ 이 외에도 개별공시지가, 감정평가서 등 사용 가능

※ 시설 운영을 위한 보통재산의 규모는 시설의 종류 및 규모, 기본재산의 과실금, 보조금 확보방안 등을 종합적으로 검토하여 판단

① 생활시설

상시 10인 이상 시설거주자를 보호할 수 있는 목적사업용 기본재산을 갖추되, 개별법령에서 10인 미만의 소규모시설을 따로 정하고 있는 경우에는 당해 법령에 의한 시설의 설치기준에 해당하는 목적사업용 기본재산을 갖추어야 함

구 분	10인 미만 가능	상시 5인 이상	상시 10인 이상
시 설	아동복지시설 노숙인복지시설	노인복지시설	장애인복지시설 정신요양시설

* 여성가족부 소관 시설은 개별법령 참조

법 제2조제1호 각목의 법률에 따른 시설 및 법 제34조제4항의 규정에 의한 시설은 각 개별법령의 시설의 설치기준에 해당하는 목적사업용 기본재산을 갖추어야 함

결핵 및 한센병 요양시설은 입소정원에 13.2㎡를 곱한 시설면적 이상에 해당하는 목적사업용 기본재산을 갖추어야 함(규칙 제13조제1항제1호나목)

② 이용시설

당해 법인이 설치·운영하고자 하는 시설을 갖출 수 있는 목적사업용 기본
재산을 갖추어야 함

▶ 지원법인

지원법인은 출연된 기본재산으로부터 발생하는 수익으로 인건비, 사업
비 등 법인 운영경비의 전액을 충당할 수 있는 기본재산을 갖추어야
함(이자율 등을 고려할 것)

(2) 정관(定款)의 작성(법 제17조)

(가) 설립자는 법인의 기본규칙을 정하여 이를 서면에 기재하고 기명·인감
날인(「민법」 제43조)할 것

(나) 정관 기재사항(필요적 기재사항)

① 목적

② 명칭

③ 주된 사무소의 소재지

④ 사업의 종류(목적사업을 구체적으로 기재)

⑤ 자산 및 회계에 관한 사항

⑥ 임원의 임면 등에 관한 사항

⑦ 회의에 관한 사항

⑧ 수익을 목적으로 하는 사업이 있는 경우 그에 관한 사항

⑨ 정관의 변경에 관한 사항

⑩ 존립시기와 해산사유를 정한 때에는 그 시기와 사유 및 잔여재산
의 처리방법

⑪ 공고 및 그 방법에 관한 사항

※ 유언으로 설립행위를 하는 경우에는 유증(遺贈)에 관한 규정을
준용(「민법」 제47조제2항)

(다) 정관 작성 시 참고사항

- 정관은 법 제17조에서 정한 사항을 모두 기재한 때에만 유효하며, 그 가운데 하나라도 빠지면 정관으로서의 효력이 생기지 않음.
- 설립자가 정관에서 가장 중요한 목적과 자산만을 정하고 그 명칭, 사무소 주소지, 이사 임면의 방법과 같은 가벼운 사항을 정하지 않고서 사망한 경우에 이해관계인 또는 검사의 청구에 의하여 법원이 이들 사항을 정할 수 있음(「민법」 제44조)

〈참고〉 유사·동일명칭 확인방법

사회복지법인의 명칭은 그 법인과 거래하는 제3자에게 혼란을 주지 않고, 향후 등기 시 발생할 수 있는 문제를 막기 위해 다른 법인과 유사하거나 동일한 명칭을 사용하는 것을 지양해야 함
※ 동일명칭 확인 방법 : 대법원 인터넷 등기소 → 등기열람/발급 → 법인 → 상호 찾기

4) 시·도지사의 설립허가(법 제16조)

법인을 설립하고자 하는 자는 시·도지사의 허가를 받아야 함

(1) 시·군·구 검토의견 작성(령 제8조)

시·군·구가 법인설립 허가신청서를 접수하면 다음의 "(가) 자산에 관한 실지조사결과서"와 "(나) 법인설립의 필요성에 관한 검토의견" 등을 작성한 후 이를 법인 설립허가신청서와 함께 시·도지사에게 송부하여야 함

(가) 자산에 관한 실지조사결과서

출연재산의 소유권 및 사용권이 확실한지 여부

① 출연하는 부동산의 용도지역구분, 그린벨트 여부, 기타 건축관련법, 군사, 환경관련법 등에 규제를 받고 있는지 여부

※ 시설법인의 경우 시설설치가 가능한지 여부, 시설이 지역사회와 너무 동떨어진 곳에 있어서 관리가 어려운지 여부 등도 검토

② 출연재산에 제한물권(지상권, 근저당권 등)의 설정, 가압류, 가처분 등

이 되어 있어 법인이 채무를 부담하게 되거나 공동 지분 소유 등 재산
권행사가 제한되는 경우에는 타인(채권자)의 의사에 의하여 법인의 목
적사업이 중단 또는 변경될 수 있으므로 기본재산으로 인정하지 않는
것을 원칙으로 함

- 다만, 주무관청은 과도한 규제가 되지 않도록 법인의 부채현황, 채
  무이행능력 등을 종합적으로 검토하여 출연재산의 제한물권 범위*
  를 합리적으로 판단하여야 함

※ (예시) 신청법인의 17억 원 상당의 부동산 출연재산에 2.5억 원의
  근저당권이 설정되어 있는 경우, 이 법인의 사업수행에 따른 재원확
  보방안이 확실하여 채무부담능력이 있다면 근저당권 설정만을 이유
  로 인정하지 않는 것은 과도한 규제가 될 수 있음

※ (예외) 국가나 지자체의 보조금으로 신증축한 건물을 기본재산에 편
  입하려 할 때, 관계법령에 따라 주무관청에서 해당 건물에 설정한 근
  저당권은 채무부담이 필요한 제한물권의 설정이 아니므로 예외로 함

기본재산으로 인정하기 어려운 재산
후원금, 기부금 등은 설립되는 사회복지법인의 의지와는 직접적인 관련이 없는 불확실한 미래소득 이므로 이를 기본재산으로 인정하기 어려움

(나) 법인설립의 필요성에 관한 검토의견

사업계획서 및 예산서 등의 적정여부, 설립자의 자질 및 재정능력 등에 대
한 객관적 의견, 법인 목적사업에 대한 실현가능성 등에 대한 검토의견 제출

(2) 시·도지사의 설립허가

(가) 허가기준(공설법 제4조, 공설령 제5조)

시·도지사는 법인설립허가 신청내용이 다음의 기준에 적합한 경우에 한하
여 허가

- 목적사업이 구체적이며 실현가능하다고 인정되는 경우

- 출연재산의 수입으로 목적사업을 원활히 달성할 수 있다고 인정되는 경우
- 목적사업이 적극적으로 사회복지를 유지·증진하는 것이라고 인정되는 경우
  ※ 시·도지사는 상기내용에 적합하다고 해서 반드시 허가할 의무는 없으나(재량행위), 상기내용을 충족하지 못하였을 경우에는 허가하여서는 아니됨
  ※ 타 사업(의료, 교육, 수익목적의 사업 등)을 위한 법인 설립 등 사회복지사업의 범위를 벗어난 법인 설립은 미연에 방지할 것

〈판례〉 법인 설립행위의 재량 정도 [대법원 1996. 9. 10 선고 95누18437판결]

비영리법인의 설립허가를 할 것인지 여부는 주무관청의 정책적 판단에 따른 재량에 맡겨져 있다. 따라서 주무관청의 법인설립 불허가처분에 사실의 기초를 결여하였다든지 또는 사회관념상 현저하게 타당성을 잃었다는 등의 사유가 있지 아니하고, 주무관청이 그와 같은 결론에 이르게 된 판단과정에 일응의 합리성이 있음을 부정할 수 없는 경우에는, 다른 특별한 사정이 없는 한 그 불허가처분에 재량권을 일탈·남용한 위법이 있다고 할 수 없다.

(나) 허가 조건(공설법 제4조, 공설령 제6조)

시·도지사는 법인설립 허가 시 다음의 조건을 붙일 수 있음

- 수혜자의 출생지, 출신학교, 직업, 근무처 기타 사회적 지위나 당해 법인과 특수관계 등에 의해 수혜자의 범위를 제한할 수 없다는 뜻(반드시 붙여야 함)
- 「사회복지사업법」, 「민법」 및 「공익법인의 설립·운영에 관한 법률」(공설법) 등 관련 법령과 정관에서 정한 내용을 준수할 것
  ※ 시·도지사가 수혜자를 범위를 특히 한정할 필요가 있다고 인정되는 때에는 그 한정할 범위에 관하여 미리 법인의 주된 사무소의 소재지를 관할하는 세무서장과 합의하여야 함
- 목적사업의 무상성 기타 목적사업의 운영에 관한 사항
- 기타 목적사업 원활한 달성을 위하여 필요한 사항

(다) 타 시·도와 협의(공설법 제4조, 공설령 제5조)
- 목적사업이 2 이상의 시·도의 소관에 속하는 경우에는 법인의 주된 사무소가 위치하는 시·도에서 설립허가 여부를 결정하되, 관련 시·도간 협의하여야 함
  ※ 목적사업이 2 이상 시·도의 소관에 속할 경우 정관변경절차를 거쳐 정관상 분사무소조항을 두어야 할 것이며, 주무관청은 분사무소를 설치하고자 하는 시·도지사와 반드시 협의하여야 함.

(3) 법인설립 등기

시·도지사의 허가를 받은 법인은 주된 사무소 소재지(등기소)에서 설립등기를 함으로써 성립(「민법」 제33조)

(가) 설립등기(「민법」 제49조, 공설령 9조)
- 법인설립의 허가가 있는 때에는 3주내에 주된 사무소의 소재지(등기소)에서 설립등기를 한 후, 7일 이내 시·도지사에 보고
- 등기사항 :
  ① 목적, ② 명칭, ③ 사무소, ④ 설립허가의 연월일, ⑤ 존립시기나 해산 사유를 정한 때에는 그 시기 또는 사유, ⑥ 자산의 총액, ⑦ 출자의 방법을 정한 때에는 그 방법, ⑧ 이사의 성명, 주소, ⑨ 이사의 대표권을 제한한 때에는 그 제한
  ※ 등기사항 중 "자산의 총액"은 법인이 보유하고 있는 정관상 기본재산은 물론 기타 부동산, 동산 및 채권 등을 포함하는 적극재산의 총액에서 채무 등의 소극재산을 공제한 순재산액을 의미함(등기선례 제5-859호)
  ※ 등기하지 않으면 제3자에 대항하지 못하며, 등기의무를 해태할 경우 과태료의 처벌을 받음(「민법」 제97조)

3 사회복지법인의 기관

사회복지법인은 임원으로서 이사와 감사를 두고, 법인의 의사결정기관인 이사회를 반드시 두어야 함.

1) 이사회

(1) 이사회의 구성(법 제19조, 령 제8조의2 및 제9조, 공설법 제6조)
- 이사회는 이사로써 구성되며(감사는 제외) 이사장은 정관이 정하는 바에 따라 이사 중에서 호선(공설법 제6조)
- 이사는 7인 이상 두어야 하며(외국인 이사는 이사 현원의 1/2 미만이어야 함) 이사회의 구성에 있어 시행령 제9조에 의한 "특별한 관계에 있는 자"는 이사 현원의 1/5를 초과할 수 없음
- ※ 이사 정수는 법인의 정관에서 그 인원수를 확정하여 기재하도록 할 것(외부추천이사 비율 등의 판단 기준이 됨). ⓔ 잘못된 예 7~15명, 잘된 예 7명

〈참고〉 특별한 관계에 있는 자의 범위(사회복지사업법 시행령 제9조)

1. 출연자
2. 출연자 또는 이사와의 관계가 다음 각목의 어느 하나에 해당하는 사람
   가. 6촌 이내의 혈족
   나. 4촌 이내의 인척
   다. 배우자(사실상 혼인관계에 있는 사람을 포함한다)
   라. 친생자(親生子)로서 다른 사람에게 친양자(親養子)로 입양된 사람 및 그 배우자와 직계비속
3. 출연자 또는 이사의 사용인 그 밖에 고용관계에 있는 자(출연자 또는 이사가 "출자에 의하여 사실상 지배하고 있는 법인"의 사용인 그 밖에 고용관계에 있는 자를 포함)
4. 출연자 또는 이사의 금전 그 밖의 재산에 의하여 생계를 유지하는 자 및 그와 생계를 함께 하는 자
5. 출연자 또는 이사가 재산을 출연한 다른 법인의 이사

▶ 3의 "출자에 의하여 사실상 지배하고 있는 법인"의 의미

가. 법인의 발행주식 총액 또는 출자총액의 100분의 30 이상을 출자자 1인과 그와 상기 "2", "4" 및 사용인 그 밖에 고용관계에 있는 자(이하 "지배주주")가 소유하고 있는 경우
나. 법인의 발행주식총액 또는 출자총액의 100분의 50 이상을 "가"의 법인과 그의 지배주주가 소유하고 있는 경우
다. 법인의 발행주식총액 또는 출자총액의 100분의 50 이상을 "가"의 법인과 그의 지배주주 및 "나"의 법인이 소유하고 있는 경우

- 이사 정수의 1/3(소수점 이하는 버림) 이상을 '시·도 사회보장위원회 또는 지역사회 보장협의체'(근거법령 :「사회보장급여의 이용·제공 및 수급권자 발굴에 관한 법률」)에서 3배수 추천한 사람 중에서 선임.

※ 설립허가 후 법인등기 이전까지 외부추천이사의 선임을 완료해야 함

※ 각 지자체의 사회복지법인 관리 담당자는 사회복지법인 이사가 교체될 때 외부추천이사제의 적용여부를 반드시 확인할 것.

(2) 외부추천이사의 구성

추천기관의 후보군 구성(법 제18조제8항, '18.4.25.시행)

- 추천기관인 시·도사회보장위원회 또는 지역사회보장협의체는 이사를 추천하기 위하여 매년 다음 중 어느 하나에 해당하는 사람으로 이사 후보군을 구성하여 공고하여야 함.

① 사회복지 또는 보건의료에 관한 학식과 경험이 풍부한 사람
② 사회복지를 필요로 하는 사람의 이익 등을 대표하는 사람
③ 「비영리민간단체 지원법」 제2조에 따른 비영리민간단체에서 추천한 사람
④ 「사회복지공동모금회법」 제14조에 따른 사회복지공동모금지회에서 추천한 사람

※ 사회복지법인의 대표자, 사회복지사업을 하는 비영리법인 또는 단체의 대표자, 「사회보장급여의 이용·제공 및 수급권자 발굴에 관한 법률」 제41조에 따른 지역사회보장협의체의 대표자는 후보군에서 제외(최종 추천자에도 포함될 수 없음). (근거 : 기존 「사회복지사업법」 제18조제2항, 개정 「사회복지사업법」 제18조제8항('18.4.25.시행))

추천기관의 후보군 공고(법 제18조제8항, '18.4.25.시행)

- 사회복지법인을 관리·감독하는 시·도 및 시·군·구에서는 사회복지법인 법령을 벗어나지 않는 범위 내에서 외부추천이사 후보군 공고방법에 대한 자체적인 세부지침을 정할 것.

〈참고〉 추천기관의 업무처리지침 마련 시 고려사항

▸ 사회복지법인을 관리·감독하는 시·도 및 시·군·구에서는 사회복지법인 외부추천이사제가 원활하게 운영될 수 있도록 법령을 벗어나지 않는 범위 내에서 자체적인 세부 지침(후보군 구성 및 공고방법, 법인의 추천 요청 기준, 요청 방법, 추천기관의 추천업무 처리 지침, 추천 방법 등)을 정할 것.

▸ 세부 지침을 정할 경우 : 관할 법인 및 시·도사회보장위원회 또는 지역사회보장협의체 등과 협의하되, 추천기관의 업무처리지침은 다음 사항 등을 참고

▸ 후보군 구성 및 공고 : 추천기관은 공개모집이나 타 기관 추천 등을 통해 후보군을 작성·관리·업데이트하고, 특히, 후보군은 분야별(예 : 아동복지분야, 노인복지분야, 장애인복지분야, 시설운영분야, 지원사업분야, 기타분야 등)로 구분하여 매년 공고.
　※ 외부추천이사는 관할 시·도뿐만 아니라 다른 시·도 거주자도 가능하며, 타 법인의 일반이사 또는 외부추천이사도 추천될 수 있음(특수관계자 제외)

▸ 이사 추천 수요 예비조사 : 추천기관은 반기별 또는 분기별로 해당 지역에 있는 법인을 대상으로 추천 수요를 사전에 조사(법인명, 법인 사업의 종류·내용, 추천필요 인원, 추천요청 예상 시기 등)

▸ 정식 추천 : 수요조사 이후 법인이 공식적으로 추천 요청을 해올 경우, 후보군에서 적절한 사람을 선정하여 추천·통보
　※ 지역사회보장협의체의 경우 대표협의체를 통한 이사추천후보자명단이 확정되었을 경우, 업무의 효율성을 고려하여 실무협의체가 중심이 되어 추천 가능(법인 이사추천위원회 등)

▸ 수요조사 이외에 추천 요청하는 경우(예측치 못한 선임사유 발생의 경우 또는 수요조사에 비해 추천인원이 증가하는 경우 등) : 추천 요청을 받은 후 가장 가까운 정기회의를 통해 추천자 결정·통보. 또는 정기회의가 요청 후 30일 이내에 없는 경우에는 서면 회의를 통해 추천을 진행하는 방안 검토
　※ 실질적인 추천방법 및 절차는 위의 내용을 참고하여 지자체 여건에 맞게 업무처리지침으로 정함

▸ **법인의 추천 요청**

－ 법인은 추천 이사 선임 사유가 발생한 날부터 15일 이내에 법인의 주사무소가 소재하는 지역의 시·도사회보장위원회 또는 지역사회보장협의체 중 한 기관에 이사 추천을 요청하는 것이 원칙으로 함

　※ 선임 사유란 전임 이사의 임기 만료, 전임 이사의 사임, 전임 이사의 해임, 이사 증원에 따른 신규 선임 등 법인이 외부추천이사를 선임해야 하는 모든 경우를 의미

　※ 다만, 선임 사유가 사전에 예측할 수 있는 경우(전임 이사의 임기 만

료)에는 원활한 추천을 위해 임기만료 3개월 전부터 추천을 요청할
수 있도록 함(영 제8조의2제1항 단서)
- 어느 기관에 추천을 요청할 것인지는 법인이 자체적으로 결정할 사항이
나, 법인을 지도·감독하는 지자체에서는 행정업무 분담 차원에서 일정
한 기준*을 정할 수 있음
  * 예시 : 법인의 주사무소에 소재하는 지역사회보장협의체에 우선 요청
    하는 것을 원칙으로 함
- 법인이 이사 추천을 요청할 때는 서면(공문)으로 하되 공문에는 법인명,
주요 사업, 선임 대상 이사 수 등을 반드시 명기하고 법인의 설립 취지,
목적 사업의 내용, 이사가 갖추어야 할 사항 등 추천에 참고할 수 있는
자료를 첨부하도록 함.(영 제8조의2 제1항)
  ※ 이사가 갖추어야 할 사항으로는 사회복지사업 관련 경력자, 아동복
    지분야 전문가, 노인복지분야 전문가 등 법인 측에서 이사의 자질로
    요구하는 사항을 상세히 설명
  ※ 추천 요청에 관한 별도의 서식은 없으며, 추천기관에서 업무처리 편
    의에 따라 별도의 양식을 정할 수 있음. 별도로 정하는 양식이 없는
    경우 아래 예시 참조
- 법인이 추천을 요청하는 단계에서 이사회 의결을 거쳐 요청할 것인지는
법인의 정관에서 자율적으로 정하도록 함. 다만, 추천받은 사람 중 이사
를 선임할 때는 반드시 이사회 의결을 거쳐야 함

▶ **추천 이사의 선임**
- 법인은 그 배수로 추천받은 자 중에서 법인의 이사로 선임
- 추천받은 이사가 「사회복지사업법」 제19조의 결격사유에 해당하거나,
취임 승낙을 하지 않는 경우 등 선임이 불가능한 경우에 한하여 추천
재요청을 허용하되, 이 경우에는 추천기관과 협의
  ※ 재요청 절차는 법령상 추천 요청 절차에 준하여 하도록 함
  ※ 추천기관은 재추천 요청에 대비하여 후순위 자를 내정해 둘 수 있음

〈참고〉 외부추천이사를 선임하지 않거나 교체하지 않는 경우 조치 방향(예시)

▶ 현원이 5명인 법인이 외부추천이사를 선임하지 않은 경우
　– 법인 이사회 정수(7명) 부족으로 이사회 개최 불가(제18조제1항), 의결사항 불승인, 임시이사선임(제
　　22조의3제1항)
▶ 기존이사 임기만료 시 외부추천이사로 교체하지 않은 경우
　– 시정요구(제22조제2항), 기존이사 해임명령(제22조제1항제4호), 직무집행정지(제22조의2제1항)

　– 관련 분야의 전문가가 아니라는 사유 등 법인이 원하지 않은 후보라는
　　사유로 재추천을 요청할 수 없으며, 추천기관도 이를 허용해서는 안됨
　　※ 특히 노골적으로 후보자의 취임 미승낙을 유도하기 위해 과도한 선
　　　임절차 등을 두는 경우, 이는 사실상의 선임거부행위로 「사회복지사
　　　업법」 제18조제2항 위반으로 간주
　– 추천 이사 선임 절차는 다른 이사 선임 절차와 동일(취임승낙서, 이력서,
　　특수관계 부존재각서 등을 받고 이사회 의결을 통해 선임)
　– 법 제20조에 따라 결원 이사는 2개월 이내에 보충하여야 하므로, 기간
　　내 추천이사를 선임할 수 있도록 조치
　– 추천 이사를 선임한 후에는 시·도지사에 법인 임원 임면보고를 해야 하
　　고, 보고 시에는 다음의 서류를 반드시 첨부(규칙 제10조)
　　① 선임을 결의한 이사회 회의록 사본, ② 임원의 취임승낙서, ③ 이력서,
　　④ 추천기관으로부터 받은 추천서 ⑤ 특수관계 부존재각서, ⑥ 결격사
　　유부존재 각서('19.6.12.시행)

　▶ 추천 이사의 임기만료
　– 임기가 만료된 외부추천이사가 해당 법인의 선임이사로 추천절차 없이
　　연임하는 경우에는 더 이상 외부추천이사가 아니므로 새로운 외부추천
　　이사를 선임하여야 함
　– 임기가 만료된 외부추천이사가 외부추천이사로 연임하기 위해서는 반드
　　시 최초 선임 시와 동일한 추천절차를 거쳐야 함
　　※ 추천절차 없이 외부추천이사를 연임시키는 경우, 「사회복지사업법」
　　　제18조제2항 위반임.

〈추천 요청 공문 양식(예시)〉

※ 다음 양식은 법령 사항이 아니며, 지자체별·법인별 특성에 맞게 변경하여
  사용 가능

수신자 ○○○ 지역사회보장협의체 (또는 △△△ 사회보장위원회)

제목 : 사회복지법인 ○○○ 이사 추천 요청

「사회복지사업법」 제18조제2항 및 동법 시행령 제8조의2 등에 따라 다음과
같이 이사의 추천을 요청하오니, 적임자를 추천하여 주시기 바랍니다.

1. 법 인 명 : 사회복지법인 ○○○

2. 주요사업 : 아동복지시설(○○○, △△, □□□) 운영 등

3. 선임하여야 하는 이사 수 : 2명 (3배수이므로 6명 추천 요청)
※ 정관상 정수 :

4. 기타 : ○○○

붙임 : 법인의 설립취지 설명서 1부
      법인의 목적사업 설명서 1부
      추천 요청 이사의 자격요건 설명서 1부. 끝.

사회복지법인 ○○○ (법인직인)

사회복지법인 ○○○ 대표이사 (직인)

담당자: 겨재자:

연락처:

(3) 이사회의 기능(공설법 제7조)

▶ 법인의 예산, 결산, 차입금 및 재산의 취득·처분과 관리에 관한 사항

▶ 정관의 변경에 관한 사항

▶ 법인의 합병·해산에 관한 사항

▶ 임원의 임면에 관한 사항

▶ 수익사업에 관한 사항

▶ 기타 법령이나 정관에 의하여 그 권한에 속하는 사항 심의 의결

(4) 이사회의 소집(공설법 제8조)

▶ 이사회의 소집권자

- 원칙 : 이사회는 이사장이 소집하고 그 의장이 됨
- 예외 : 이사장이 궐위되거나 이를 기피함으로써 7일 이상 이사회의 소집이 불가능한 때에는 재적이사 과반수의 찬동으로 시·도지사의 승인을 받아 이를 소집할 수 있음

  → 궐위 또는 기피 시에는 정관이 정하는 이사가 이사회를 주재

  ※ 시·도지사의 승인을 얻고자 할 때에는 승인신청서에 ① 이사회의 소집이 불가능한 사유와 이를 증명하는 서류, ② 재적이사 과반수의 찬동을 증명하는 서류, ③ 이사회를 소집하지 못함으로 인해 예상되는 손해의 구체적인 사실을 증명하는 서류를 첨부하여 시·도지사에 제출

  ※ 이사회 소집에 대한 시·도지사의 승인은 이사장의 궐위나 기피가 명백하고 법인운영에 긴급한 이사회 의결이 필요한 안건이 있는 경우에 한함

▶ 이사회 소집이 가능한 경우

① 이사장이 필요하다고 인정한 때(직권소집)

② 재적이사 과반수 이상이 회의의 목적을 제시하여 소집을 요구할 때

③ 법인의 감사가 법인의 업무와 재산상황을 감사한 결과, 불법 또는 부당

한 점이 있음을 발견하여 이를 이사회에 보고하기 위해 이사회의 소집
을 요구할 때

→ ②, ③의 경우 소집요구일로부터 20일 이내에 이사회를 소집

※ 이사회를 소집할 때에는 적어도 회의 7일전에 회의의 목적을 명시하
여 각 이사에게 통지하여야 함. 다만, 이사 전원이 집회하고 또 그
전원이 이사회의 소집을 요구할 때에는 그러하지 아니함

▶ 궐위, 사임, 해임 등으로 인해 이사의 정원이 7명 미만일 경우에는 법
제18조제1항을 위반하는 이사회가 되므로 이사회 개최나 의결의 효력이
없음
　- 임시이사를 통해 정관 상 정수를 충족시킨 후 개최
　* 사임, 해임, 임기만료된 이사는 이사로서의 자격이 없음. 이러한 경
　　우 정수에 결원이 발생됨

(5) 의결정족수(공설법 제9조)

▶ 이사회의 의사는 정관에 특별한 규정이 없는 한 재적이사 과반수의 찬
성으로 의결
▶ 표결 및 발언권 등에 있어 각 이사는 평등한 의결권을 가지며, 이사회의
의사는 서면결의에 의할 수 없음
　※ 법인의 의사는 이사회를 통하여 결정되며, 이사회의 의사는 이사회
　　소집 후 정관에 의한 의결에 의해 결정됨
▶ 이사회의 의결은 대한국민 국민인 이사가 출석이사의 과반수가 되어야 함
▶ 이사의 의결권은 대리하여 행사할 수 없음
　※「사회복지사업법」에서는 이사회의 결의와 관하여 특별한 규정을 두
　　고 있지 않아「사회복지사업법」제32조에 따라「공익법인의 설립·
　　운영에 관한 법률」이 준용됨
　　-「공익법인의 설립·운영에 관한 법률」제9조제3항은 이사회의 의

사는 서면결의에 의할 수 없다고 규정함. 따라서 이사 본인이 직접 서면결의를 하는 것도 금지하는 취지에 비추어 보면, 이사 대리인의 선임을 통하여 의사를 표시하는 방법으로 결의하는 것은 더욱 허용되기 어려울 것이므로 대리인을 선임하여 표결권을 행사하는 것은 허용되지 않음(2017 실무자를 위한 비영리·공익 법인 관리·감독 업무 편람 p.333.)

〈판례〉 이사회 소집 관련

〈대법원 1994.9.23 선고 94다35084 판결〉
사회복지법인의 이사회가 특정 이사에게 적법한 소집통지를 하지 아니하여 그 이사가 출석하지 아니한 채 개최되었다면 그 이사회결의는 무효

〈대법원 2005.5.18 선고 2004마916 판결〉
사회복지법인의 정관에 이사회의 소집통지시 '회의의 목적사항'을 명시하도록 정하고 있음에도, 일부 이사가 참석하지 않은 상태에서 소집통지서에 회의의 목적사항으로 명시한 바 없는 안건에 관하여 이사회가 결의하였다면, 적어도 그 안건과 관련하여서는 불출석한 이사에 대하여는 정관에서 규정한 바대로의 적법한 소집통지가 없었던 것과 다를 바 없으므로 그 결의 역시 무효

〈대법원 2008.7.10. 선고 2007다78159 판결〉
사회복지법인 이사회 소집통지 당시에 명시되지 아니한 이사해임안건이 이사회에 상정된 경우, 당해 이사를 포함한 재적이사 전원이 출석하였다는 사정만으로 소집절차 위반의 하자가 치유될 수 없음

(6) 이사회 회의록의 작성 및 공개(법 제25조, 영 제10조의4, 제10조의5)

▸ 이사회는 다음의 사항을 회의록에 기재함
  - 개의, 회의 중지 및 산회 일시, 안건, 의사, 출석한 임원의 성명, 표결 수, 그 밖에 대표이사가 작성할 필요가 있다고 인정하는 사항
▸ 회의록 작성이 어려운 경우, 우선 안건별로 회의조서를 작성하고 조속한 시일 내에 회의록을 작성할 수 있다.
▸ 출석임원 전원이 회의록 및 회의조서 마지막 장에 날인함
  - 회의록 및 회의조서가 2매 이상인 경우에는 출석임원 전원이 간인(間印)함
  - 날인은 반드시 인감일 필요는 없으며, 기명란에 자필 서명 후 일반 날인 또는 기명란에 기명 후 날인 부분에 자필 서명도 가능

<참고> 자필 서명의 진정성 확인 방법

▶ 자필 서명의 진정성 확인을 위해 「본인서명사실 확인 등에 관한 법률」 제2조제3호에 따른 확인서를 제출하여야 함.

▶ 재산출연증서, 임원 취임승낙서, 특수관계 부존재각서, 결격사유 부존 재각서, 모든 회의록 및 회의조서 등에 기재한 자필 서명 전부 해당

▶ 단, 재산출연 시 또는 임원 취임 시 확인서를 원본으로 제출했고 이후 확인서 내용이 변경되지 않은 경우 사본으로 제출 가능

▶ 회의록의 공개
  - 공개기간 : 회의일부터 10일 이내에 게시하여 게시일로부터 3개월간 공개
  - 공개장소 : 사회복지법인의 인터넷 홈페이지(전부 공개되는 카페나 블로그도 가능)와 관할 시·도지사가 지정하는 인터넷 홈페이지(예: 시·도 홈페이지 또는 관련 협의회, 단체 홈페이지 등)에 각각 공개
  - 공개기간 이후에도 회의록 공개를 청구할 수 있는 자(공개청구) : ① 해당 사회복지법인의 종사자, ② 해당 사회복지법인이 설치·운영하 는 시설의 종사자, ③ 해당 사회복지법인의 서비스 이용자 또는 법인 이 설치·운영하는 시설의 이용자, ④ 해당 사회복지법인이 설치·운 영하는 시설의 거주자 또는 거주자의 보호자
    ※ 보조금을 받는 사회복지법인은 「공공기관의 정보공개에 관한 법 률」상 공공기관에 해당하므로, 위 규정과 관계없이 누구든 정보 (회의록)공개를 청구할 수 있음 (「공공기관의 정보공개에 관한 법 률」 제2조, 제5조, 같은 법 시행령 제2조제5호)
    ※ 공개청구를 받은 경우, 비공개 사항에 해당하지 않으면 10일 이내 에 공개. 단, 공개청구의 내용이 공개사항과 비공개 사항이 섞여 있는 경우에는 분리하여 공개가 가능한 사항만 공개

▶ 회의록의 비공개사항(「공공기관의 정보공개에 관한 법률」 제9조제1항 제4호부터 제8호 준용)

① 진행중인 재판에 관련된 정보와 범죄의 예방, 수사, 공소의 제기 및 유지, 형의 집행, 교정, 보안처분에 관한 사항으로서 공개될 경우 그 직무수행을 현저히 곤란하게 하거나 형사피고인의 공정한 재판을 받을 권리를 침해한다고 인정할 만한 상당한 이유가 있는 정보

② 감사·감독·검사·시험·규제·입찰계약·기술개발·인사관리·의사결정 과정 또는 내부 검토과정에 있는 사항 등으로서 공개될 경우 업무의 공정한 수행이나 연구·개발에 현저한 지장을 초래한다고 인정할 만한 상당한 이유가 있는 정보

③ 당해 정보에 포함되어 있는 이름·주민등록번호 등 개인에 관한 사항으로서 공개될 경우 개인의 사생활의 비밀 또는 자유를 침해할 우려가 있다고 인정되는 정보. 다만, 다음에 열거한 개인에 관한 정보는 제외한다.

　가. 법령이 정하는 바에 따라 열람할 수 있는 정보

　나. 사회복지법인이 공표를 목적으로 작성하거나 취득한 정보로서 개인의 사생활의 비밀과 자유를 부당하게 침해하지 않는 정보

　다. 사회복지법인이 작성하거나 취득한 정보로서 공개하는 것이 공익 또는 개인의 권리구제를 위하여 필요하다고 인정되는 정보

　라. 직무를 수행한 사회복지법인 임직원의 성명·직위

　마. 공개하는 것이 공익을 위하여 필요한 경우로써 법령에 의하여 국가 또는 지방자치단체가 업무의 일부를 위탁 또는 위촉한 개인의 성명·직업

④ 법인·단체 또는 개인(이하 "법인 등"이라 한다)의 경영·영업상 비밀에 관한 사항으로서 공개될 경우 법인 등의 정당한 이익을 현저히 해할 우려가 있다고 인정되는 정보. 다만, 다음에 열거한 정보를 제외한다.

　가. 사업활동에 의하여 발생하는 위해로부터 사람의 생명·신체 또는 건강을 보호하기 위하여 공개할 필요가 있는 정보

　나. 위법·부당한 사업활동으로부터 국민의 재산 또는 생활을 보호하

기 위하여 공개할 필요가 있는 정보

⑤ 공개될 경우 부동산 투기·매점매석 등으로 특정인에게 이익 또는 불이익을 줄 우려가 있다고 인정되는 정보

2) 이사

(1) 이사의 의의

▸ 이사는 법인을 대표하고 법인의 업무를 집행하는 필수기관임(「민법」 제58·59조)

▸ 이사의 정수는 대표이사를 포함한 7인 이상이고, 임기는 3년(연임가능, 제18조)

 ※ 이사의 수는 정관으로 정하며, 상한은 없으나 의사결정의 효율성 등을 감안하여 15인 이하(공설법 제5조 참조)로 규정하도록 지도

(2) 이사의 직무

이사는 선량한 관리자의 주의로 충실하게 그 직무를 행해야하며, 이사가 그 임무를 게을리 한 때에는 법인에 대하여 연대하여 손해배상의 책임이 있음(「민법」 제61·65조)

(가) 법인의 대표(대외적 권한)

- 이사는 법인의 사무에 관하여 각자 법인을 대표하므로(「민법」 제59조) 이사의 행위는 대외적으로 법인의 행위로서 인정됨(대표하는 사무에는 제한이 없음)

 → 이사의 대표권에 대한 제한 가능(「민법」 제59조): 제한은 반드시 정관에 기재하여야 하며 정관에 기재하지 않은 대표권의 제한은 무효임(「민법」 제41조)

 ※ 정관에 기재한 경우에도 이를 등기하여야만 제3자에 대항할 수 있으므로(「민법」 제60조) 제·개정된 정관은 최대한 빠른 시일 내에 반드시 등기할 것.

→ 법인과 이사의 이익이 상반하는 사항에 관하여는 이사는 대표권이 없으며 이 경우 이해관계인 또는 검사의 청구에 의하여 법원이 선임하는 특별대리인이 법인을 대표(「민법」 제64조)

※ 일정 사항에 대해 일부 이사와 법인의 이익이 상반되는 경우에는 동 사항의 결정에 있어 해당 이사를 의사결정과정에서 배제한 후 나머지 이사들이 법인을 대표하도록 하고 특별대리인의 선임은 해당 이사를 배제하였을 경우 정족수 부족 등으로 이사회 성립이 불가능할 경우에만 예외적으로 실시할 것

(나) 법인의 업무집행(대내적 권한)

이사는 법인의 모든 내부적 사무를 집행할 권한이 있으며, 정관에 다른 규정이 없으면 법인의 사무집행은 이사의 과반수로써 결정함(「민법」 제58조)

3) 감사

(1) 감사의 의의 및 자격

▸ 감사는 법인의 재산이나 업무집행상태의 적정 여부를 조사·감독하는 기관으로 필수 기관임

▸ 감사의 정수는 2인 이상이어야 하며 그 임기는 2년으로 연임할 수 있음 (법 제18조)

▸ 감사는 이사와 시행령 제9조의 "특별한 관계에 있는 자"가 아니어야 하며 감사 중 1명은 법률 또는 회계에 관한 지식이 있는 사람 중에서 선임하여야 함

※ 참고 : 특별한 관계에 있는 자의 범위(「사회복지사업법 시행령」 제9조 참조)

▸ 감사 선임 당시 법인(법인이 설치·운영하는 사회복지시설을 포함함)의 직전 3회계연도의 세입 금액*(기본재산 및 출연금 제외) 평균이 30억 원 이상인 법인은 감사 중 1명을 시·도지사의 추천을 받아 「주식회사 등의 외부감사에 관한 법률」에 따른 감사인에 속한 사람(이하 '전문가

감사')으로 선임해야 함(법 제18조제7항, 영 제10조)

* 사회복지법인의 회계에 속한 법인회계, 시설회계, 수익사업 회계 상 세입의 총합

- 직전 3회계연도는 전임 감사의 임기 만료 또는 사임·해임 등으로 감사 를 선임해야 할 때, 그 시점을 기준으로 직전 3년을 의미

〈참고〉 전문가 감사 선임과 관련한 세입 계산 방법

감사를 2월에 선임하는 등의 사유로 직전년도 결산 보고가 완료되지 않은 경우, 직전년도의 세입은 추정치로 계산할 것
(예) '18년 2월에 감사선임 시, 최근 3개년도('15, '16, '17년)의 세입 금액 평균을 산출

- 세입 금액은 「사회복지법인 및 사회복지시설 재무·회계규칙」에 따른 세 입 결산서상 세입 총액(기본재산 및 출연금 제외)을 기준으로 함
- 「공인회계사법」 제23조에 따른 회계법인에 속한 공인회계사 또는 「공인 회계사법」 제41조에 따라 설립된 한국공인회계사회에 총리령으로 정하는 바에 따라 등록을 한 감사반에 속한 공인회계사를 감사로 선임하여야 함
- 법인은 전문가 감사를 선임해야 하는 경우 법인의 주사무소가 소재하는 시·도지사에 추천을 요청하고, 요청을 받은 시·도지사는 감사를 추천하 도록 함

※ 시·도지사는 법인에 적합한 감사를 추천할 수도 있고 법인에 감사 선 임 후보자 명단을 제공하는 방법으로도 추천을 수행할 수 있음

※ 시·도지사는 감사 추천시 법인측과 충분히 논의하여 적임자를 추천 할 수 있도록 유의하고, 필요시 한국공인회계사회 등에 협조 요청 (한국공인회계사회에서 비상임 감사 추천 또는 추천 대상자 명단제공 가능)

(2) 감사의 직무(공설법 제10조)

(가) 대내적 직무

① 법인의 업무와 재산상황을 감사하는 일 및 이사에 대하여 이에 필요한

자료의 제출 또는 의견을 요구하고 이사회에서 발언하는 일

② 이사회의 회의록에 기명 날인하는 일

③ 법인의 업무와 재산상황에 대하여 이사에게 의견을 진술하는 일

④ 법인의 업무와 재산상황을 감사한 결과 불법 또는 부당한 점이 있음을 발견한 때 이를 이사회에 보고하는 일

⑤ ④의 보고를 하기 위하여 필요한 때에는 이사회의 소집을 요구하는 일

　※ ①, ④의 직무수행을 위해 이사회 소집 시 반드시 감사에게도 사전에 이사회 소집목적, 날짜, 시간, 장소를 통보해야 함

(나) 대외적 직무

① 법인의 직무와 재산상황을 감사한 결과 불법 또는 부당한 점이 있음을 발견한 때에는 지체 없이 시·도지사에 이를 보고하여야 함

② 이사가 법인의 목적범위외의 행위를 하거나 기타 이 법 또는 이 법에 의한 명령이나 정관에 위반하는 행위를 하여 법인에게 현저한 손해를 발생하게 할 우려가 있는 때에는 그 이사에 대하여 직무행위를 유지(留止)할 것을 법원에 청구할 수 있음

4) 임원의 임면

이사의 임면방법은 정관의 필요적 기재사항이며(법 제17조) 따라서 정관에 의하여 정하여짐

(1) 임원의 임면보고(법 제18조, 규칙 제10조)

▸ 공설법 제5조는 임원 취임시 주무관청의 승인을 받도록 되어 있으나 「사회복지사업법」에서는 이를 보고로 갈음하고 있음

▸ 법인은 임원을 임면하는 경우 법인임원임면보고서에 아래의 서류를 첨부하여 관할 시·도지사에게 제출하여야 함

　- 당해 임원의 선임(연임) 또는 해임을 결의한 이사회 회의록 사본 1부

　- 취임승낙서, 이력서 각 1부

- 기관으로부터 받은 이사추천서 1부(외부추천이사에 한함)
- 특수관계 부존재각서 1부
- 결격사유 부존재각서 1부('19.6.12.시행)

▸ 이사의 성명·주소는 등기사항이며(「민법」 제49조) 이를 등기하지 않으면 이사의 선임·해임·퇴임을 가지고 제3자에게 대항할 수 없음(「민법」 제54조)

(2) 임원선임 관련 금품 등 수수 금지(법 제18조의2, 법 제54조제1호의2, '18.4.25.시행)

▸ 임원의 선임과 관련하여 금품, 향응 또는 그 밖의 재산상 이익을 주고받거나 주고받을 것을 약속하는 경우, 법 제54조제1호의2에 따라 1년 이하의 징역 또는 1천만 원 이하의 벌금에 해당

※ 주무관청에서는 임원의 임면보고를 받을 시, 변경되는 임원이 「사회복지사업법」 제18조 등에서 규정하고 있는 바를 충족하는 자인지, 그 임원을 선임한 이사회가 정상적으로 개최된 이사회인지 여부 등에 대하여 면밀하게 검토

- 검토결과 문제의 소지가 있는 경우, 해당 사회복지법인에 소명을 요구하고, 필요한 경우 해당 임원에 대한 직무집행정지 또는 해임명령 등 검토

(3) 임원의 결격사유(법 제19조)

1. 미성년자
1의2. 피성년후견인 또는 피한정후견인
1의3. 파산선고를 받고 복권되지 아니한 사람
1의4. 법원의 판결에 따라 자격이 상실되거나 정지된 사람
1의5. 금고 이상의 실형을 선고받고 그 집행이 끝나거나(집행이 끝난 것으로 보는 경우를 포함한다) 집행이 면제된 날부터 3년이 지나지 아니한 사람
1의6. 금고 이상의 형의 집행유예를 선고받고 그 유예기간 중에 있는 사람
1의7. 제1호의5 및 제1호의6에도 불구하고 사회복지사업 또는 그 직무와 관련하여 「아동복지법」 제71

조, 「보조금 관리에 관한 법률」 제40조부터 제42조까지, 「지방재정법」 제97조, 「영유아보육법」 제54조제2항제1호, 「장애아동복지지원법」 제39조제1항제1호 또는 「형법」 제28장·제40장(제360조는 제외한다)의 죄를 범하거나 이 법을 위반하여 다음 각 목의 어느 하나에 해당하는 사람

　가. 100만원 이상의 벌금형을 선고받고 그 형이 확정된 후 5년이 지나지 아니한 사람

　나. 형의 집행유예를 선고받고 그 형이 확정된 후 7년이 지나지 아니한 사람

　다. 징역형을 선고받고 그 집행이 끝나거나(집행이 끝난 것으로 보는 경우를 포함한다) 집행이 면제된 날부터 7년이 지나지 아니한 사람

　　* 1의7과 관련하여 "그 직무"에 사회복지사업과 관련 없는 직무까지 포함되는 것은 아님(법제처 해석 19-0491)

　1의8. 제1호의5부터 제1호의7까지의 규정에도 불구하고 「성폭력범죄의 처벌 등에 관한 특례법」 제2조의 성폭력범죄* 또는 「아동·청소년의 성보호에 관한 법률」 제2조제2호의 아동·청소년 대상 성범죄를 저지른 사람으로서 형 또는 치료감호를 선고받고 확정된 후 그 형 또는 치료감호의 전부 또는 일부의 집행이 끝나거나(집행이 끝난 것으로 보는 경우를 포함한다) 집행유예·면제된 날부터 10년이 지나지 아니한 사람)

2. 제22조에 따른 해임명령에 따라 해임된 날부터 5년이 지나지 아니한 사람

　2의2. 제26조에 따라 설립허가가 취소된 사회복지법인의 임원이었던 사람(그 허가의 취소사유 발생에 관하여 직접적인 또는 이에 상응하는 책임이 있는 자로서 대통령령*으로 정하는 사람으로 한정한다)으로서 그 설립허가가 취소된 날부터 5년이 지나지 아니한 사람(2018.10.25.시행)

　2의3. 제40조에 따라 시설의 장에서 해임된 사람으로서 해임된 날부터 5년이 지나지 아니한 사람('18.10.25.시행)

　2의4. 제40조에 따라 폐쇄명령을 받고 3년이 지나지 아니한 사람('18.10.25.시행)

3. 사회복지분야의 6급 이상 공무원으로 재직하다 퇴직한 지 3년이 경과하지 아니한 사람 중에서 퇴직 전 5년 동안 소속하였던 기초자치단체가 관할하는 법인의 임원이 되고자 하는 사람

〈사회복지사업법 시행령 제10조의2(2018.10.25. 시행)〉

　제10조의2(임원의 결격사유) 법 제19조제1항제2호의2에서 "대통령령으로 정하는 사람"이란 사회복지법인의 설립허가 취소사유(이하 "취소사유"라 한다)가 발생한 당시에 그 법인의 임원이었던 사람으로서 다음 각 호의 어느 하나에 해당하는 사람을 말한다.

1. 대표이사

2. 감사. 다만, 법 제32조에 따라 준용되는 「공익법인의 설립·운영에 관한 법률」 제10조제2항 및 제3항에 따라 감사가 다음 각 목의 어느 하나에 해당하는 경우는 제외한다.

가. 취소사유를 발견하고 지체 없이 이를 시·도지사에게 보고한 경우

나. 취소사유에 해당하는 행위를 한 이사의 직무집행을 정지할 것을 법원에 청구한 경우

3. 취소사유의 발생이 이사회의 의결에 따른 것일 경우 그 의결에 찬성한 이사. 이 경우 의결에 참여한 이사 중 이의를 제기한 사실이 이사회 회의록에 적혀 있지 아니한 이사는 그 의결에 찬성한 것으로 추정한다.

※ 적용대상 : 시행일(2018.10.25.) 이후 최초로 선임되는 임원

(4) 임원의 보충(법 제20조) 및 임시이사 선임·해임(법 제22조의3, 제22조의4, 규칙 제11조)

(가) 임원의 보충 및 임시이사 선임

임원중 결원이 생긴 때에는 2월 이내에 이를 보충하여야 하고(법 제20조), 다음의 경우에 해당하여 법인의 정상적인 운영이 어렵다고 판단되는 경우 시·도지사는 지체 없이 이해관계인의 청구 또는 직권으로 임시이사를 선임하여야 함(법 제22조의3 제1항제1호 및 제2호, '19.7.16. 시행)

① 제20조에 따른 기간 내(임원 중에 결원이 발생한 후 2개월 이내)에 결원된 이사를 보충하지 아니하거나 보충할 수 없는 것이 명백한 경우(제1호)

② 제22조제3항에 따른 기간 내(법인이 시·도지사로부터 임원 해임명령을 받고 2개월 이내)에 임원의 해임에 관한 사항을 의결하기 위한 이사회를 소집하지 아니하거나 소집할 수 없는 것이 명백한 경우(제2호)

※ (참고) 개정 전 임시이사 선임 사유 : "법 제20조에 따른 기간 내에 결원된 이사를 보충하지 아니하여 법인의 정상적인 운영이 어렵다고 판단되는 경우"

– 임시이사는 상기 사유가 해소될 때까지 재임함

– 시·도지사는 임시이사가 선임되었음에도 불구하고 해당 법인이 정당한 사유 없이 이사회 소집을 기피할 경우 이사회 소집을 권고할 수 있음

– 이해관계인이 임시이사 선임을 청구하고자 하는 때에는 청구사유와 이해관계인임을 증명하는 서류를 관할 시·도지사에게 제출하여야 함

– 법 제22조의3제1항제2호에 따라 임시이사를 선임하는 경우 법 제22조의2제1항 단서에 따라 직무집행이 정지된 이사는 자신의 해임명령 이행을 위한 이사회와 관련해서는 이사로 보지 않으며, 이 경우 해당 임시이사가 직무집행이 정지된 이사의 지위를 대신함(법 제22조의3제5항 '19.7.16. 시행)

(나) 임시이사의 해임

– 시·도지사는 다음 각 호의 어느 하나에 해당하는 경우 이해관계인의 청
  구 또는 직권으로 임시이사를 해임할 수 있음. 이 경우 제2호부터 제4
  호까지의 규정에 따라 임시이사를 해임하는 때에는 지체 없이 그 후임
  자를 선임하여야 함.

  ① 임시이사 선임사유가 해소된 경우

  ② 임시이사가 제19조제1항제1호 및 제1호의2부터 제1호의8까지의 어
    느 하나에 해당하는 경우

  ③ 임시이사가 직무를 태만히 하여 법인의 정상화가 어려운 경우

  ④ 임시이사가 제22조제1항 각 호의 어느 하나에 해당하는 경우

– 법인은 상기 사유로 해임된 임시이사를 이사로 선임할 수 없음

〈판례〉 임시이사 선임 요청이 가능한 "이해관계인"의 범위
〈대법원 2007.5.10. 선고, 2006다85747. 판결 / 대법원 1976.12.10. 자, 76마394 결정〉 임시이사를 신청할 수 있는 이해관계인에는, 임시이사가 선임되는 것에 관하여 법률상의 이해관계가 있는 자로서 그 법인의 이사, 사원, 채권자 등이 이에 속하고, 위 법인의 이사에는 법인의 정당한 최후의 이사였다가 퇴임한 자이거나 비록 그 선임결의의 효력이 다투어지더라도 신청 당시에 법인의 등기부상 이사로서 법인의 업무처리를 담당해 온 자 등은 포함한다.

(5) 임원의 겸직금지(법 제21조)

▶ 이사는 법인이 설치한 사회복지시설의 장을 제외한 해당 시설의 직원을
  겸할 수 없음

▶ 감사는 법인의 이사, 법인이 설치한 사회복지시설의 장 또는 그 직원을
  겸할 수 없음

〈참고〉 지방의회 의원 겸직금지
지자체의 보조금을 교부받는 사회복지법인은 공공단체이므로 「지방자치법」 제35조제5항에 따라 지방의회 의원은 사회복지법인의 관리인인 임원이 될 수 없음(행정안전부 선거의회과-2163(2018.7.4.)

(6) 임원의 해임명령(법 제22조, 영 제10조의3)

▶ 시·도지사는 아래의 경우 법인에 대하여 그 임원의 해임을 명할 수 있음
　① 시·도지사의 명령을 정당한 이유없이 이행하지 아니한 때
　② 회계부정이나 현저한 불법행위 기타 부당행위 등이 발견되었을 때
　③ 법인의 업무에 관하여 시·도지사에게 보고할 사항에 대해 고의로 보고를 지연하거나 허위보고를 한때
　④ 외부추천이사 선임과 관련된 사항을 위반하거나, 특별한 관계에 있는 사람을 규정을 초과하여 선임하거나, 감사의 선임과 관련된 사항을 위반하여 선임된 사람
　⑤ 임원의 겸직근무 의무를 위반한 사람
　⑥ 직무집행 정지명령을 이행하지 아니한 사람
　⑦ 기타 「사회복지사업법」 또는 「사회복지사업법」에 의한 명령을 위반하였을 때
　　※ 조사 및 감사결과 사회복지법인의 비리가 밝혀져 정상적인 업무수행이 곤란하다고 판단할 경우 법인 감사 부실을 이유로 감사사임을 요구하고, 즉시 감사추천(공설령 제13조제4항 준용)

▶ 해임명령은 시·도지사가 해당 법인에게 그 사유를 들어 시정을 요구한 날부터 15일이 경과하여도 이에 응하지 아니한 경우에 한함.
　－ 다만, 다음의 어느 하나에 해당하는 경우는 시정요구 없이 임원의 해임을 명할 수 있음
　　1. 시정을 요구하여도 기한 내에 시정할 수 없는 것이 물리적으로 명백한 경우
　　2. 임원이 해당 사회복지법인 또는 사회복지법인이 운영하는 사회복지시설의 재산·보조금에 대하여 회계부정, 횡령 또는 절취를 하거나 그 업무와 관련하여 뇌물수수 또는 배임(背任)행위를 한 경우 해임명령을 받은 법인은 2개월 이내에 임원의 해임에 관한 사항을 의결하기 위한 이사회를 소집하여야 함(법 제22조제3항, '19.7.16. 시행)

▸ 「사회복지사업법」 제22조에 따른 해임명령 통보 대상
  - 임원의 해임은 「사회복지사업법」 제32조에 따라 준용되는 「공익법인의 설립·운영에 관한 법률」 제7조제1항제4호에 따라 해당 사회복지법인의 이사회 권한에 속하는 사안임
  - 따라서 임원에 대한 해임명령을 해당 명령을 이행할 수 있는 사회복지법인을 대상으로 통보하여야 함
  - 해임명령대상인 임원에 대해서는 해당 사회복지법인에 대해 본인을 해임토록 명령을 하였다는 사실을 통보하는 것은 가능

〈참고〉 법인의 임원과 관련한 질의·응답 사례

Q : A법인의 이사로 등기되어 있는 甲이 B법인의 이사를 겸임할 수 있는지 여부

A : 甲이 A. B법인에서 모두 상근이사(정기적으로 보수를 받는 이사)가 아니고, B법인의 출연자 및 임원 상호간에 있어 특별한 관계에 있는 자에 해당되지 않을 경우 겸임도 가능하다고 사료

Q : A법인의 이사로 등기되어 있는 甲이 A법인 및 A법인이 설치한 시설과 전혀 관계없는 B법인의 직원 및 C시설의 장 또는 종사자로 근무가 가능한지 여부

A : 甲이 A법인에서 상근이사가 아니고 B법인의 직원 및 C시설의 장 또는 종사자로 근무하는데 결격 사유가 없는 경우 근무가 가능하다고 사료

Q : A법인의 감사로 등기되어 있는 甲이 A법인 및 A법인이 설치한 시설과 전혀 관계없는 B법인의 직원 및 C시설의 장 또는 종사자로 근무가 가능한지 여부

A : B법인 및 C시설이 甲이 감사로 등기되어 있는 A법인의 이사들과 관계가 없고 甲이 B법인의 직원 및 C시설의 장으로 근무하는데 결격사유가 없다면 가능

Q : 출연자가 이사장인 A법인의 이사 甲이 A법인에서 설치한 시설의 시설장을 겸직하는 경우 출연자와 甲은 고용관계로 특수관계자로 봐야 하는지 여부

A : 甲은 A법인에 의하여 시설장에 선임된 사람일 뿐 출연자와 고용관계로 볼 수 없으며, A법인의 이사의 지위도 함께 갖고 있으므로 동일법인 내에서는 특수관계자로 볼 수 없음

Q : 특수관계자가 없는 A법인 이사회에 이사 甲의 부인이 신임이사로 취임할 때 A법인 이사회 특수관계자의 수

A : 특수관계에 관한 규정으로 2명이 됨(이사의 현원이 7명인 경우, 특수관계인의 수는 1/5인 1명이므로, 이를 초과하는 이사 甲의 부인은 취임불가)

(7) 임원의 직무집행정지(법 제22조의2)

▶ 시·도지사는 법 제22조에 따른 해임명령을 하기 위하여 같은 조 제1항 각 호의 사실여부에 대한 조사나 감사가 진행 중인 경우 및 해임명령 기간 중인 경우 해당 임원의 직무집행을 정지시킬 수 있음

　- 다만, 법 제18조제2항·제3항 또는 제7항을 위반하여 선임된 사람에 해당하여 해임명령을 받은 경우에는 해당 임원의 직무집행을 정지시켜야 함(법 제22조의2제1항 단서, '19.7.16. 시행)

▶ 「사회복지사업법」 제22조의2에 따른 직무집행 정지명령 통보 대상

　- 시·도지사가 직권으로 임원의 직무집행을 정지시키는 것이므로, 해당 임원에 대해서 직무집행을 정지하라는 명령을 내려야 함

　- 직무집행이 정지된 임원은 관련 사무처리가 불가능하고, 이사회 참석 등도 불가능 하므로, 해당 사회복지법인에 대해서 특정 임원의 직무집행이 정지되었다는 사실을 반드시 통보하여야 할 것임

제3절 사회복지법인의 운영

1 법인의 등기

1) 설립등기

제2절 사회복지법인의 설립 참조.

2) 사무소 관련 등기

(1) 분사무소 설치의 등기(「민법」 제50조)

ⅰ) 새로운 분사무소 설치 시 주사무소 소재지에 3주내에 분사무소를 설치한 것을 등기하고

ii) 새로운 분사무소 소재지에서 동기간내에 「민법」 제49조의 설립등기사항을 등기하고

iii) 기존에 존재하던 분사무소 소재지에도 법인이 새로운 분사무소를 설치하였음을 등기하여야 함.

주사무소 또는 기존 분사무소 소재지를 관할하는 등기소의 관할구역 내에 분사무소 신설 시에는 3주내에 그 분사무소 설치만을 등기하면 되고 설립등기사항은 등기할 필요는 없음.

〈주의〉 분사무소는 사업수행의 장소일 뿐 별도의 법인격이 있는 것은 아님

- 분사무소에서 처리하는 사무도 해당 사회복지법인의 명의로 진행해야 함.

(2) 사무소 이전의 등기(「민법」 제51조)

사무소 이전 시 예전 주소지에서는 3주내에 이전등기하고, 새로운 주소지에서는 같은 기간 내에 설립등기사항을 등기해야 함. 동일한 등기소의 관할구역 내에 사무소 이전 시 3주내에 그 이전한 것을 등기하면 되고 설립등기사항을 등기할 필요는 없음.

3) 변경등기(「민법」 제52조)

설립등기의 등기사항에 변경이 있는 때에는 3주내에 소재지 등기소에 변경등기를 해야 함.

4) 직무집행정지 등 가처분 등기(「민법」 제52조의 2)

이사의 직무수행을 정지하거나 직무대행자를 선임하는 가처분을 하거나 그 가처분을 변경·취소하는 경우에는 주사무소와 분사무소가 있는 곳의 등기소에서 이를 등기하여야 함.

5) 해산등기(「민법」 제85조)

청산인은 파산의 경우를 제외하고는 그 취임 후 3주내에 ① 해산의 사유 ② 해산 연월일 ③ 청산인의 성명 및 주소 ④ 청산인의 대표권을 제한한 때에는 그 제한을 주된 사무소 및 분사무소 소재지에 등기하여야 함.

※ 상기 등기사항에 변경이 생긴 경우에도 3주내에 변경등기를 해야 함.

6) 등기의 효력

설립등기는 법인의 성립요건이며(「민법」 제33조), 설립등기 이외의 등기사항은 제3자에 대한 대항요건임(「민법」 제54조).

7) 등기기간의 계산

시·도지사의 허가를 요하는 등기사항은 그 허가서가 도착한 날로부터 등기의 기간을 기산함(「민법」 제53조).

8) 설립등기 등의 보고

법인은 설립등기, 분사무소설치의 등기, 사무소이전의 등기, 변경등기 등을 한 때에는 등기를 완료한 날로부터 7일 이내에 등기보고서에 등기부등본 1부를 첨부하여 시·도지사에 제출할 것.

※ [전자정부법] 제38조제1항의 규정에 의한 행정정보공동이용을 통하여 첨부 서류에 대한 정보를 확인할 수 있는 경우에는 그 확인으로 첨부 서류를 갈음.

2 정관변경 허가

1) 정관변경 인가신청(법 제17조, 규칙 제8조)

법인이 정관을 변경하고자 하는 때에는 정관변경인가신청서(붙임 17)에

아래의 서류를 첨부하여 시·도지사(시·군·구)에 제출 한 후 정관변경에 대한
인가를 받아야 함.

- 정관의 변경을 결의한 이사회 회의록 1부
- 정관변경안 1부
- 사업변경계획서, 예산서 및 재산의 소류를 증명할 수 있는 서류(사업의
변동이 있는 경우에 한함) 각 1부.
- 재산의 평가조서 및 재산수익조서(사업변동이 있는 경우에 한함) 각 1부.
  ※ 정관 중 공고 및 그 방법에 관한 사항을 변경하고자 하는 경우에는
  시·도지사의 인가를 받지 않아도 됨(규칙 제9조)

2) 정관변경 인가시 조건 부가

판례(대법원 2002.9.24., 선고 2000두5661 판결)에 의하면 사회복지법
인의 정관변경을 허가할 것인지의 여부는 주무관청의 정책적 판단에 따른 재
량에 맡겨져 있어 주무관청이 정관변경허가를 함에 있어서는 비례의 원칙과
평등의 원칙에 적합하고 행정처분의 본질적 효력을 해하지 않는 한도 내에서
부관(조건부가)을 붙일 수 있다.

3　기본재산 처분허가

1) 기본재산 처분허가(법 제23조, 규칙 제14조)

(1) 기본재산 처분허가 신청

기본재산의 매도, 증여, 교환, 임대, 담보제공 또는 용도변경을 하고자 할
때에는 반드시 시·도지사의 처분허가를 받아야 함.

- 도시계획 등으로 인해 의도하지 않게 법인 기본재산 유형이 변경되는 경우에도 일반적인 기본재산 처분허가를 받아야 함
- 기본재산처분으로 인하야 발생한 현금 등은 반드시 정관변경 후 기본재산으로 편입(도비계획 보상금 수령, 처분액 차이로 인한 이익금 등)하고, 법인의 목적을 수행하기 위하여 사용할 경우 주무관청의 허가를 받아야 함
  ※ 보상금의 이자 역시 기본재산 처분에 대한 반대급부로 발생한 것이므로 지체 없이 보상금과 관련된 과실(果實)을 즉시 정관상 기본재산으로 편입하도록 기본재산 처분 시 허가조건에 기재
- 기본재산 압류에 대한 임의.강제 경매 시 기본재산처분허가를 받아야 소유권 이전 가능
- 청산.파산 절차 진행 중, 채무변제를 위한 기본재산처분 시에도 반드시 기본재산처분허가를 받아야 함
- 기본재산이 현금인 경우 금융상품에 가입하기 위하여는 반드시 주무관청의 허가 필요. 특히, 안정적인 수익창출이 아닌 방식으로서「예금자보호법」에 따라 예금이 보장되지 않거나 원금의 손실이 발생할 수 있는 금융상품에 가입하는 경우 주무관청은 허가에 있어 신중을 기해야 함
- 기본재산을 등기 또는 등기 이상의 다른 재산과 교환하는 경우 단순히 감정평가서상 평가금액에만 의존하지 말고 기본재산의 용도, 취득재산의 법인목적에 대한 적합성 등을 종합적으로 고려하여 판단하여야 함
- 기본재산이 국가 등으로부터 보조금을 지원받아 취득한 재산으로[보조금 관리에 관한 법률] 제35조제1항에 따른 "중요재산"인 경우, 「사회복지사업법」 제23조제3항에 따른 기본재산 처분허가와 별개로,「보조금 관리에 관한 법률」 제35조제3항에 따라 양도, 교환, 대여 및 담보제공 행위 등에 관한 시·도지사의 승인 필요
  ※ 「보조금 관리에 관한 법률」 제35조제3항에 따라 중앙관서의 장(보건복지부장관)의 승인사항이나「행정권한의 위임 및 위탁에 관한 규정」 제36조제3항제5호에 따라 시·도지사에 위임됨
  ※ 법인 관할 시도와 보조금을 교부한 지자체가 다를 경우 법인 관할 시도에서는 중요재산에 대한 기본재산 처분허가 시, 보조금을 교부한 지자체의 의견을 들어 처리

처분허가 신청 시 기본재산처분허가신청서(붙임 15)에 아래의 서류를 첨부하여 시·도지사에게 제출하여야 하며, 이 경우 시·도지사는 [전자정부법] 제36조제1항에 따른 행정정보의 공동이용을 통하여 개별공시지가 확인서를 확인하여야 함
- 기본재산 처분이유서 1부
- 기본재산의 처분을 결의한 이사회 회의록 1부(집합건물의 개별 호실 임대의 경우 전체 건물의 임대에 관해 의결한 이사회 회의록으로 갈음)
- 처분하는 기본재산의 명세서 1부
- 처분하는 기본재산의 검정평가서(교환의 경우에는 취득하는 재산의 감정평가를 포함하며, 개별공시지가서 확인서로 첨부서류에 대한 정보를 확인할 수 있는 경우에는 그 확인으로 첨부서류를 갈음)

※ 감정평가: 당해 토지와 유사한 이용가치를 지닌다고 인정되는 표준지의 공시지가를 기준으로 하여야 한다. 다만, 적정한 실거래가가 있는 경우에는 이를 기준으로 할 수 있다. 담보권의 설정·경매 등은 당해 토지의 임대료·조성비용 등을 고려하야 감정평가를 할 수 있다([감정평가 및 감정평가사에 관한 법률] 제3조)

※ 개별공시지가: 당애 토지와 유사한 이용가치를 지닌다고 인정되는 하나 또는 둘 이상의 표준지의 공시지가를 기준으로 토지가격비준표를 사용하여 사용한 지가([부동산 가격공기에 관한 법률] 제10조제4항)

※ 강정평가서와 개별공시지가의 유효기간은 1년임

시·도지사의 기본재산 처분허가를 받은 이후 기본재산을 처분하고, 처분이 완료되면 즉시 정관을 변경하고 인가를 받을 것

〈판례〉 기본재산 처분
〈대법원 2002.6.28., 선고 2000도20090 판결〉 사회복지법인의 대표자가 이사회의 의결 없이 사회복지법인의 재산을 처분한 경우에 그 처분행위는 효력이 없음.
〈대법원 2006.11.23., 선고 2005도5511 판결〉 사회복지법인의 기본재산을 처분한 대가로 수령한 보상금을 사회복지법인의 운영이나 기본재산 처분과 관련된 용처에 사용하는 경우에도 감독관청의 허가를 받아야 하며, 감독관청의 허가 없이 사용한 경우 정당행위라고 볼 수 없다
〈대법원 2007.6.18., 선고 2005마1193 판결〉 사회복지법인이 경매절차에 의한 기본재산을 매각하는 경우에도 감독관청의 허가를 받아야 한다.

(2) 기본재산 처분허가의 예외

기본재산에 관한 임대계약을 기존 계약조건과 동일한 조건으로 갱신하는 경우는 기본재산 처분허가 사유에 해당하지 않음(법 제23조 단서 및 시행규칙 제14조)

- 여기서 "기존 계약조건과 동일한 조건으로 갱신하는 경우"란 다른 조건의 변경 없이 단순히 임대계약의 기간을 갱신하는 경우를 말함

> **〈참고〉 기본재산 임대계약 시 처분허가가 필요한 경우**
>
> **종전의 임차인이 아닌 다른 임차인에게 다시 임대하는 경우**
> ▸ 임대료 또는 임대기간을 종전 임대계약과 다르게 정하여 종전의 임차인에게 다시 임대하는 경우 등은 기본
> 　재산 처분허가가 필요한 갱신임

2) 장기차입허가(법 제23조, 규칙 제15조)

(1) 정기차입허가 신청

사회복지법인이 기본재산에 관하여 장기차입하고자 하는 금액을 포함한 장기차입금의 총액이 기본재산 총액에서 차입당시 부채총액을 공제한 금액의 100분의 5에 상당하는 금액이상을 장기차입하고자 할 때에는 시·도지사의 허가를 받아야 함

※ 장기차입금이란 1년 이상 차입하는 부채를 의미

　→ (신규 장기차입금 + 기존 장기차입금) ≥ (기본재산총액 − 차입당시 부채총액) × 5/100

※ 1년 이내 단기차입금의 만기를 연장하여 1년 이상 차입하는 경우에도 연장시점부터 장기차입금으로 간주하여 허가를 받아야 함

　㉭ i) 기본재산 10억, 부채총액 1억인 A법인이 시·도지사 허가 없이 차입할 수 있는 장기차입금의 한도는 4,500만원 미만임

　　ii) 상기 A법인이 4,400만원을 장기차입한 후(시·도지사의 허가를 받지 않아도 됨), 다시 110만원을 장기차입하려 할 경우에는 장기차입금 총액이 4,500만원 이상 이므로 반드시 시·도지사의 허가를 받아야 함

상기의 금액 이상을 장기차입하고자 할 때에는 장기차입허가신청서(붙임16)에 아래의 서류를 첨부하여 시·도지사에게 제출하여야 함

　– 이사회 회의록 사본 1부

　– 차입목적 또는 사유서(차입용도 포함) 1부

　– 상환계획서 1부

3) 재산의 취득과 정관변경(법 제24조, 규칙 제16조)

(1) 재산의 취득

법인이 매수, 기부채납, 후원 등의 방법으로 재산을 취득한 대에는 지체 없이 이를 법인의 재산에 편입조치하고, 매년 3월말*까지 전년도의 재산취득상황을 아래의 서류와 함께 시·도지사에게 보고

　※ 종전 보고시한은 1월말이었으나 시행규칙 개정('19.1.4 시행)으로 '19년부터 3월말로 변경

　－ 재산 취득사유서 1부

　－ 취득 재산의 종류, 수량 및 금액을 기재한 서류 1부

　－ 취득한 재산의 등기부등본 또는 금융기관의 증명서 등 증빙서류 1부

(2) 정관의 변경

상기의 사유 등으로 법인의 재산이 증가하는 경우에는 재산이 감소했(기본재산 처분 등으로)을 경우와 마찬가지로 지체 없이 정관을 변경하여 시·도지사의 인가를 받아야 함

<참고> 사회복지법인의 농지소유 가능여부

[농지법 제6조제2항제2호 및 동법 시행규칙 제5조 및 제6조에 따라 사회복지법인이 실습지로 농지를 취득하려는 경우 소관 중앙행정기관의 장(보건복지부장관)의 추천을 거쳐 농지소재지를 관할하는 시·도지사의 농지취득인정을 받는 경우 취득 가능
　－ [농지법] 부칙 제4조에 따라 1996.1.1. 당시 농지를 소유하고 있던 자는 계속 소유 가능

4) 수익사업

법인은 목적사업의 경비에 충당하기 위하여 수익사업을 할 수 있음

－ 수익사업은 법인의 설립목적 수행에 지장이 업서야 함

－ 수익사업의 범위 및 종류는 비영리법인의 본질을 위배할 수 없음

－ 법인 설립목적 달성을 위한 법인 내 인적, 물적 상황 등 제반여건을 충분히 고려하여 판단하여야 함

수익사업에서 발생한 수익은 법인 또는 법인이 설치한 사회복지시설의 운영에 한하여 사용하여야 함
- 수익사업에 관한 회계는 법인회계나 시설의 시설회계와 구분하여야 함 (재무회계 규칙 제6조제2항)
  수익사업은 정관에 명시하여야 하며(법 제17조제1항제8호), 수익사업의 수행을 위한 정관변경인가 요청 시 아래의 서류를 첨부하여 제출하여야 함
- 사업계획서 1부
- 추정손익계산서 및 부속명세서 1부
- 사업에 종사할 임원명부 1부
- 해당 수익사업에 대한 허가사실증명원 1부(행정관청의 허가가 필요한 사업인 경우)
  수익사업은 승인사항이 아니며, 정관변경인가 사항임

〈판례〉 수익의 범위

〈서울행법 2002.8.2., 선고 2001구6605 판결〉

수익사업에 해당하려면 적어도 그 사업 자체가 수익성을 가진 것이거나 수익을 목적으로 행위한 것이어야 하고, 수익금액이 적다는 이유만으로 수익성을 부정할 것은 아니지만, 대개가 수수된다는 사정만으로 그 사업에 수익성이 있어서 수익사업에 해당한다고 단정할 것은 아니며, 가사 대가가 수수된다고 하더라도, 그 대가가 객관적으로 보아 채산성을 고려함이 없이 책정된 것으로서 실비변상의 수준에 불과하고, 그리하여 당초부터 그 사업에서 이익이 생길여지가 없다면, 그 사업은 수익성이 결여된 것으로서 수익사업에 해당하지 아니한다고 보아야 할 것

4 법인의 소멸(합병 포함)

1) 법인소멸의 의의

(1) 법인의 소멸은 해산과 청산의 절차로 행해지는데 주의해야 할 점은 해산으로 법인의 권리능력이 곧 전적으로 소멸하지 않으며 청산의 종결로 법인은 완전히 소멸함.
→ 先 해산, 後 청산

※ 해산이라 함은 법인이 본래의 적극적 활동을 정지하고 청산절차에 들어가는 것을 말하며, 청산은 해산한 법인의 재산관계를 정리하는 절차

(2) 해산 후 법인의 권리능력이 곧바로 소멸되는 것이 아니라 청산이 종결될 때까지 법인은 제한된 범위에서 권리능력을 가지며, 해산 후 청산종결까지 존속하는 법인을 청산법인이라고 함.

2) 법인해산의 사유(「민법」 제77조)

(1) 존재기간의 만료, 기타 정관에 정한 해산사유의 발생
(2) 파산(「민법」 제79조)

법인이 채무를 변제할 수 없는 상태, 즉 채무초과(부채>자산)가 된 때에는 이사는 지체 없이 파산을 신청해야 함.

※ 법인의 파산원인은 단순한 채무초과로써 충분(「채무자 회생 및 파산에 관한 법률」 제306조)하며 자연인과 같이 채무변재능력 등은 고려하지 않음

→ 법인은 채무초과상태 즉시 파산절차에 돌입하므로 법인의 채무가 자산을 초과하지 않도록 시도 및 시·군·구 담당자는 최소 1년에 1회 정도의 법인의 재무상태를 점검할 것

(3) 설립허가의 취소(법 제26조)

필수적 설립허가 취소사유(반드시 취소해야 함)
- 거짓이나 그 밖의 부정한 방법으로 설립허가를 받았을 때
- 법인 설립 후 기본재산을 출연하지 아니한 때

임의적 설립허가 취소사유
- 설립허가 조건을 위반할 때
  → 공설법 제4조, 공설령 제6조에 따른 허가조건 참고(p. 28)

- 목적달성이 불가능하게 된 때
  → 시설폐쇄, 기본재산 소멸, 이사회 소멸 등으로 정관상 목적사업 수
    행이 사실상 불가능할 때
- 정당한 사유 없이 설립허가를 받은 날로부터 6개월 이내에 목적사업을
  개시하지 아니하거나 1년 이상 사업실적이 없을 때
- 법인이 운영하는 시설에서 반복적 또는 집단적 성폭력 범죄 및 학대관
  련범죄가 발생한 때
- 대표이사를 포함한 이사 7명과 감사 2명을 선임하지 아니한 때
- 외부추천이사 선임과 관련된 사항을 위반하여 이사를 선임한 때
- 임원의 해임명령을 이행하지 아니한 때
- 기타 「사회복지사업법」 또는 동법에 의한 명령이나 정관에 위반한 때
  → 법 제26조에 다르면 동법 제1항 각호에 따른 허가취소 사유가 발생
    한 경우, 다른 방법으로 감독 목적을 달성할 수 없거나 시정을 명한
    후 6개월 이내에 법인이 이를 이행하지 아니한 경우에 한 하도록
    규정하고 있으나, 거짓 등으로 설립허가를 받았거나 기본재산을 미
    출연한 경우에는 시정명령 없이 설립허가 취소함

3) 청산

(1) 청산의 의의

청산이란 해산한 법인이 처리되지 않고 남은 사무를 처리하고 재산을 정
리하여 완전히 소멸할 때까지의 절차를 말함. 청산은 ① 파산으로 해산하는
경우의 청산과 ② 파산 이외의 원인에 의해 해산하는 경우의 청산이 있음.
  ① 파산으로 해산 → 「채무자 회생 및 파산에 관한 법률」이 정하는 절차에
    따라 청산
  ② 파산 이외의 원인에 의한 해산 → 「민법」이 규정하는 청산절차
    ※ 청산절차는 그 어느 것이나 모두 제3자의 이해관계에 중대한 영향
      을 미치기 때문에 이에 관한 규정은 강행규정임. 따라서 정관에서

다른 규정을 하고 있더라도 그것은 효력이 없음

(2) 청산법인

(가) 청산법인은 청산의 목적범위 내에서만 권리를 행사하고 의무를 부담(「민법」 제81조)

(나) 청산법인의 기관

법인이 해산하면 이사는 그 지위를 당연히 상실하며 이사에 갈음하여 청산인이 청산법인의 집행기관이 됨. 청산인은 청산법인의 능력의 범위 내에서 내부의 사무를 집행하고 외부에 대하여 청산법인을 대표함. 이사를 제외한 기타의 기관에는 변동이 없으며 계속하여 청산법인의 기관으로서 종전과 마찬가지의 권한을 가짐

  ⑩ 법인의 감사는 계속하여 청산법인의 직무를 감독

(다) 청산인

▶**청산인의 자격(「민법」 제82조, 제83조)**
- 정관에서 정한 자, 정관에서 정하지 않으면 이사회의 의결로 선임
- 이사회가 선임하지 않은 경우에는 대표이사
- 위에 해당하는 자가 없거나 청산인의 결원으로 인하여 손해가 생길 염려가 있는 때에는 법원이 직원 또는 이해관계인이나 검사의 청구에 의해 선임
   → 중요한 사유가 있는 때에는 법인은 직권 또는 이해관계인이나 검사의 청구에 의하여 청산인 해임가능(「민법」 제84조)

▶ **청산인의 직무**
① 해산의 등기와 신고(「민법」 제85조, 제86조)
- 청산인은 파산의 경우를 제외하고는 취임 후 3주내에 해산의 사유 및 연월일, 청산인의 성명 및 주소와 청산인의 대표권을 제한한 때에는 그

제한을 주된 사무소 및 분사무소 소재지에 등기하여야 함

- 해산등기사항에 변경이 생기면 기존 정관변경절차와 동일하게(「민법」 제52조) 3주내 변경등기를 해야 함
- 청산인은 취임 후 3주내에 상기사항을 시·도지사에 신고하고, 해산등기 사항에 변경이 생겨 변경등기를 한 경우에도 3주내에 시·도지사에 신고할 것

〈참고〉 파산에 의한 청산

파산에 의한 청산 시 등기는 법원이 직권으로 등기소에 촉탁하고, 주무관청에 법원이 통지하므로 청산법인은 등기신청이나 신고할 필요가 없음

② 현존 사무의 종결(「민법」 제87조)
③ 채권의 추심(「민법」 제87조)

　회수할 수 있는 채권은 적극적으로 추심하여 회수하고, 변제기가 아직 도래하지 않은 채권이나, 조건부 채권과 같이 즉시 추심할 수 없는 채권은 적당한 방법으로 환가할 것

④ 채무 변제

　a) 채권신고의 독촉

　　청산인은 취임한 날부터 2개월 내에 3회 이상 공고로 일반 채권자에 대해 일정한 기간 내에 그의 채권을 신고할 것을 최고하여야 함 (단, 신고기간은 2개월 이상으로 정함)

　　상기 공고에는 채권자가 기간 내에 신고하지 않으면 청산으로부터 제외된다는 것을 표시하여야 하며, 공고는 법원의 등기사항의 공고와 동일한 방법으로 행하여야 함. 청산인이 알고 있는 채권자에 대하여는 개별적으로 채권을 신고할 것을 최고하여야 함(개별통보 할 것)

　b) 변제

　　청산인은 상기 채권신고기간 내에는 채권자에게 변제하지 못하나 이로 인해 채권자에 대한 자연손해배상책임 의무를 면하지 못함.

청산중의 법인은 아직 변제기가 도래하지 않은 채권에 대해서도 변제할 수 있음. 단, 조건 있는 채권, 존속기간이 명확하지 않은 채권, 기타 가액이 명확하지 않은 채권에 관하여는 법원이 선임한 감정인의 평가에 의하여 변제.

채권신고기간 내에 신고하지 않은 채권자는 청산에서 제외되고 법인의 채무를 완제한 후 귀속관리자에게 인도하지 않은 재산에 대해서만 변제를 청구할 수 있음.

청산인이 알고 있는 채권자에 대해서는 신고하지 않더라도 청산에서 제외하지 못하며 꼭 변제해야 함. 만일, 채권자가 변제를 수령하지 않으면 공탁하여야 함.

⑤ 잔여재산의 처리

해산한 법인의 잔여재산은 정관이 정하는 바에 의하여 국가 또는 지방자치단체에 귀속됨

국가 또는 지자체에 귀속된 재산은

ⅰ) 사회복지사업에 사용하거나 ⅱ) 유사한 목적을 가지 법인에게 무상으로 대부하거나 무상으로 사용·수익하게 할 수 있음

※ 해산한 법인의 이사 본인 및 그와 "특별한 관계에 있는 자"가 이사로 있는 법인에 대하여는 무상으로 대부·사용·수익하게 할 수 없음

⑥ 파산신청

청산절차를 밟고 있는 도중에 법인의 재산이 그 채무를 완제하기에 부족하다는 것이 분명하게 된 때(즉 채무초과 상태)에는 청산인이 지체 없이 파산신고를 신청하고 이를 공고해야 함

법인의 파산으로 파산관재인이 정해지면 청산인은 파산관재인에게 사무를 인계하여야 하며, 인계함으로써 그 임무가 종료됨.

⑦ 청산종결 등기와 신고

청산이 종결한 때에는 청산인은 3주 내에 이를 등기하고 주무관청에 신고하여야 함

※ 청산·파산절차 진행 중, 채무변제를 위한 기본재산처분 시에도 반드시 기본재산처분허가를 받아야 함

4) 법인의 합병

2개 이상 법인이 합병하고자 할 때에는 합병되는 형태에 따라 법인합병허가신청서(붙임 20)에 아래의 서류를 첨부하여 시·도지사의 허가를 받아야 함(시·도가 다른 경우에는 보건복지부장관 허가)

법인 합병 시 합병 후 존속하는 법인 또는 합병에 의해 설립된 법인은 합병에 의해 소멸된 법인의 지위를 승계하고, 합병 후 신설법인 설립 시에는 관계 법인이 각각 5인씩 지명하는 설립위원이 정관을 작성하는 등 법인설립업무를 공동처리.

(1) 합병 후 존속(A+B=A)

A법인이 B법인을 흡수하는 형태의 합병 시 아래의 서류를 구비하여 A법인의 주사무소가 위치하는 시·도지사의 허가를 받을 것

※ 법인합병허가신청서에 첨부해야 할 서류
   * 관계법인의 합병결의서, 정관, 재산목록 및 재무상태표 각 1부
   * 정관변경안 1부
   * 사업계획서, 예산서 및 재산의 소유를 증명할 수 있는 서류 각 1부
   * 재산의 평가조서 및 재산수익 조서 각 1부

B법인의 사무소를 존속하고자 하는 경우에는 분사무소 설치절차와 동일하게 처리할 것

- B법인이 시설법인일 경우
① B법인을 흡수한 A법인이 더 이상 시설운영이 불가능할 경우
   A법인은 법 제38조 및 규칙 제26조에 의거 시설폐지 3개월 전까지 시설폐지신고서를 관할 시·군·구청장에게 제출하고, 시설거주자에 대한 전원 및 귀가조치를 관할 시·군·구청과 협의하여 시행해야 함

② B법인을 흡수한 A법인이 계속 시설을 운영하고자 하는 경우

시설운영자가 B법인에서 A법인으로 바뀌었기 때문에 운영자변경에 대해 관할 시·군·구청에 변경신고를 하고 계속 운영

(2) 합병 후 신설법인 설립(A+B=C)

A법인과 B법인이 합병하여 신규 C법인을 설립하는 경우에는 아래의 서류를 구비하여 C법인의 주사무소가 위치할 시·도지사의 허가를 받을 것(나머지 사항은 "(1)합병 후 존속"과 동일)

※ 법인합병허가신청서에 첨부해야 할 서류

* 합병취지서, 재산목록 및 재무상태표 1부

* 합병 당해 연도 및 다음 연도의 사업계획서 및 예산서 각 1부

* 규칙 제7조제2항제2호부터 제9호까지의 서류 각 1부

※ A법인과 B법인의 주사무소가 다른 시·도일 경우 보건복지부장관에게 허가를 받고, 보건복지부장관은 허가 후 C법인의 주사무소가 위치할 시·도지사에게 통보

5   법인의 관리·감독

1) 법원

법인의 해산과 청산의 감독은 법원이 담당

2) 시·도지사

법인설립허가, 법인정관변경인가, 기본재산 처분허가 등 법인 업무전반에 대한 모든 사항은 시·도지사 권한사항임

※ 시·도지사는 법인 업무 전반에 대해 시·군·구에 검토의견을 요청할 수 있음

시·도지사는 자체 지도·감사계획에 의거 사회복지사업을 운영하는 법인(법인운영시설 포함)에 대한 소관업무에 관하여 지도·감독을 실시하며, 필요한 경우 그 업무에 관하여 보고 또는 관계서류의 제출을 명하거나 소속 공무원으로 하여금 법인의 사무소 또는 시설에 출입하여 검사 또는 질문하게 할수 있음(지도·감독공무원증)

시·도지사 또는 시·군·구청장은 사회복지법인과 시회복지시설에 대하여 지방의회의 추천을 받아 공인회계사 또는 공인회계사 또는 감사인을 선임하여 회계감사를 실시할 수 있음. 이 경우 공인회계사 또는 감사인의 추천, 회계감사의 대상 및 그 밖에 필요한 사항은 보건복지부령*으로 정하는 기준에 따라 정한 지방자치단체의 조례에 따름.

---

* [사회복지법인 및 사회복지시설 재무회계규칙] 제42조의2

① 시·도지사 또는 시·군·구청장은 법인 및 시설이 다음 각 호의 어느 하나에 해당하는 경우 회계감사를 실시할 수 있다.
　1. 회계부정이나 불법행위 또는 그 밖의 부당행위 등이 발견된 경우
　2. 거짓이나 그 밖의 부정한 방법으로 보조금을 받은 경우
　3. 사업 목적 외의 용도에 보조금을 사용한 경우
　4. 「사회복지사업법」 또는 동법에 따른 명령을 위반한 경우
　5. 감사가 시·군·구청장에게 보고한 경우
② 제1항에서 규정한 사항 외에 공인회계사 또는 감사인의 추천 등 회계감사의 실시와 관련하여 필요한 사항은 해당 지방자치단체의 조례로 정한다.

지도·감독기관은 지도·감독에 전문적 지식이나 자문이 필요한 경우 관계자에게 촉탁할 수 있음. 촉탁 받은 자는 출입권한증명서를 소지하고 관계공무원과 동행함.

법인의 주된 사무소의 소재지와 시설의 소재지가 동일한 시·도 또는 시·군·구에 있지 아니한 경우 당해 시설의 업무는 시설 소재지의 시·도지사 또는 시·군·구청장이 지도·감독하되, 별도의 행정협약을 체결한 경우 협약에 따름

- 필요한 경우 법인의 업무에 대하여 법인의 주된 사무소 소재지의 시·도 지사 또는 시·군·구청장에게 협조를 요청

상기 검사·질문 또는 회계감사를 하는 관계공무원 등은 그 권한을 표시 하는 증표*를 지니고 이를 관계인에게 보여주어야 함

* 법 제51조제1항에 따른 지도·감독: 지도·감독공무원증(시행규칙 별 지 제22호)
* 법 제51조제1항에 따른 회계감사: 회계감사 권한 증명서(시행규칙 별지 제22호의2)

3) 시·군·구청장(위임기관)

시·도지사는 법인 관련업무의 일부를 조례·규칙 등 자치법규로 시·군·구 청장에게 위임가능. 단, 포괄적 위임, 법인설립허가·취소, 해산법인의 청산 사무는 위임대상 사무가 아니며, 기본재산 처분허가, 임원의 해임명령, 주사 무소 이전 등 중요사항에 대한 정관변경인가 등의 중요사항에 대해서는 위임 하지 않는 것을 원칙으로 함.

▶ 감사 및 지도감독

종류	대상	주 기	실시기관
정기지도감독 − 조직운영 전반 − 회계감사	법인	최소 매 3년마다 1회	시·도지사(위임기관) 또는 시·군·구청장
	시설	연 1회 이상	
수시 지도감독	시설	필요시(입퇴소 실태, 생활실태)	시·군·구청장
특별지도감독	법인 시설	진정, 투서, 언론보도, 비리발생, 인권침해, 행정차분이나 지적사항 미이행 등 주무관청이 지도감독 필 요성이 있다고 판단한 경우	보건복지부장관 시·도지사 시·군·구청장

▶ 처분 관련 정보의 공표

– 다음의 사항에 따라 법인의 설립허가를 취소한 경우

　① 거짓이나 그 밖의 부정한 방법으로 설립허가를 받은 경우

　② 목적사업 이외의 사업을 한 경우

　③ 법인의 운영시설에서 반복적 또는 집단적 성폭력범죄가 발생한 경우

– 다음의 사항에 따라 시설의 장 교체를 명하거나 시설의 폐쇄를 명령한 경우

　① 회계부정이나 불법행위 또는 그 밖의 부당행위 등이 발견된 경우

　② 신고를 하지 아니하고 시설을 설치·운영한 경우

　③ 지도·감독에 필요한 보고나 자료제출을 하지 않거나 거짓으로 한 경우

　④ 지도·감독·회계감사에 필요한 검사·질문·회계감사를 거부·방해하거나 기피했을 때

　⑤ 시설에서 성폭력범죄 또는 학대관련범죄가 발생한 경우

– 해당 관청의 인터넷 홈페이지(6개월 이내)와 신문(필요한 경우)에 게재

〈예시〉 공고

「사회복지사업법」 제 조제 항에 따라 사회복지법인 ○○○(또는 ㅁㅁ원)의 행정처분사항을 다음과 같이 공고합니다.

1. 법인명: 사회복지법인 ○○○(소재지:　　　　　　)
2. 처분내용: 법인설립허가 취소
3. 처분일: 20 ． ． ．
4. 처분의 사유: 거짓이나 그 밖의 부정한 방법으로 설립허가를 받음
5. 근거법령: 「사회복지사업법」 제26조제1항제1호

▶ 법인설립허가 취소통보

– 법인설립허가 취소 처분과 동시에 법인은 해산되고 청산절차에 들어가게 되므로, 사회복지법인의 설립허가를 취소한 경우 관할 등기소에 취소사실을 통보

　※ 관할 등기소에서는 예규(법인등기 사무처리요령)에 따라 해당법인의 인감증명서 발급과 등기업무를 중지함

4) 법인의 비치서류

▸ 정관
▸ 임원명부(임원의 성명, 약략, 주소 등 기재)
▸ 재산목록(기본재산과 보통재산으로 구분)
▸ 회의록(총회, 임시이사회 등)
▸ 당해 회계연도 사업계획서, 직전 회계연도의 사업실적서
  − 예산서, 결산서(추정손익계산서 및 추정재무상태표와 그 부속명세서 첨부)
▸ 현금 및 물품의 출납대장
▸ 보조금을 받은 경우 보조금관리대장
▸ 자산 및 회계에 관한 증빙서류

5) 벌칙규정

「사회복지사업법」 제53조~제58조 및 시행령 과태료의 부과기준 참고
「민법」 제97조 등기관련 과태료 부과기준 참고

6) 종사자 채용 및 결격사유 조회

▶ 종사자 채용 시 준수사항
  − 사회복지법인에서 해당 법인 또는 운영 중인 시설의 종사자를 채용할 때 정당한 사유 없이 채용광고의 내용을 종사자가 되려는 사람에게 불리하게 변경하여 채용하여서는 아니됨.
  − 종사자를 채용한 후에 정당한 사유 없이 채용광고에서 제시한 근로조건을 종사자에게 불리하게 변경하여 적용하여서는 아니됨
  ※ 종사자 채용 시 준수사항 위반 시 법 제58조에 따라 500만원 이하의 과태료 처분
▶ 종사자 결격사유 조회
  「사회복지사업법」 제19조, 제35조, 제35조의2 등에 따른 임원 및 시설

의 장 및 종사자 등에 대한 결격사유 조회는 각 호에 다라 최소한의
범위에서 가능
- 기존 직원에 대한 범죄 관련 수사 등으로 인해 평소의 근무상태에
  변화가 초래되거나 기타 다른 사유로 인해 기존 근무를 계속 유지할
  수 없는 사정이 발생하는 등의 경우가 아닌 아무 이유 없이 범죄경
  력 조회가 이루어지는 것은 개인정보 침해 및 경찰청 범죄경력 조회
  의 과중한 업무 부담을 초래할 수 있으므로 단지 검점 목적의 이유
  로 범죄경력 조회는 지양

조회 주체	목 적
본인	본인 스스로 확인(제3자에게 제출 불가)
설치·운영자	종사자에 대한 결격사유 확인 및 고용의 합법성 확인(제3자에게 제출 불가)
지자체장	종사자에 대한 결격사유 확인 및 고용의 합법성 확인(제3자에게 제출 불가)

제4절 사회복지법인 업무의 전자화

1 사회복지시설정보시스템 활용

1) 사회복지시설정보시스템 개요

(1) 운영목적
사회복지법, 시설의 회계, 인사, 서비스 관리 등 정보화 기반 지원

(2) 운영근거
「사회복지사업법」 제6조의2 제2항
① 보건복지부장관은 사회복지업무에 필요한 각종 자료 또는 정보의 효율

적 처리와 기록·관리 업무의 전자화를 위하여 정보시스템을 구축·운영할 수 있다.

[사회복지법인 및 시설 재무·회계 규칙] 제6조의2

② 보건복지부장관은 법인 및 시설의 재무·회계업무의 효율성 및 투명성을 높이기 위하여 「사회복지사업법」 제6조의2제2항에 따른 정보시스템으로서 법인 및 시설의 재무회계를 처리하기 위한 정보시스템을 구축·운영할 수 있다.

③ 보건복지부장관, 시·도지사, 시·군·구청장은 법인 또는 시설에 대하여 제2항에 따른 시스템을 사용할 것을 권장할 수 있다.

④ 보조금을 받는 법인 또는 시설은 제1항에 따른 컴퓨터 회계프로그램 중 보건복지부장관이 검증한 표준연계모듈이 적용된 정보시스템 또는 제2항에 따른 정보시스템을 사용하여 재무·회계를 처리하여야 한다. 다만, 보건복지부장관이 정하는 법인 및 시설은 그러하지 아니하다.

2) 주요기능

- (시설 업무지원) 사회복지법인.시설 운영(회계, 인사/급여. 후원관리) 및 시·군·구 보고(예.결산, 보조금 교부.정산, 입·퇴소, 종사자) 온라인 처리
- (지자체 시설.법인 관리) 사회복지시설 보조금 모니터링, 시설평가, 안전점검, 지역아동 실태조사 등 지원, 사회복지법인.시설의 온라인보고 처리
- (대국민 정보재공) 복지시설 기본정보(시설구분, 대상자, 위치, 연락처), 후원대상 시설검색 등 정보 제공

3) 사용대상

사회복지시설(노인, 장애인, 아동 등) 중 보건복지부 소관의 사회복지시설 및 사회복지법인(사회복지시설을 설치·운영하는 법인 또는 국가나 지자체로

부터 보조금을 받는 법인), 다만, 어린이집, 경로당, 노인교실 등은 대상 시
설에서 제외

2 사회복지법인 온라인 보고

1) 온라인 보고 개요

'10년 1월 행복e음이 구축됨에 따라 사회복지시설 및 법인은 사회복지시설
정보시스템 → 행복e음으로 보조금 신청 및 보고를 하고 지자체 공무원은 이
정보를 기준으로 보조금 신청 교부 등 각종 업무를 처리함

사회복지시설정보시스템의 표준화된 양식 및 보고문서 활용

2) 주요 보고유형

보고유형	보고대상문서	근거조항
예산서	예산총괄표, 예산서 내역, 사업계획서, 추경예산서, 비정형보고(파일첨부)	[사회복지법인 및 시설 재무회계 규칙] 제10조 지자체 승인 후 자동공시
세입·세출 결산보고	결산총괄표, 세입결산서, 세출결산서, 사업수입명세서, 정부보조금명세서, 후원금품 수입사용내역서 등	[사회복지법인 및 시설 재무회계 규칙] 제10조 지자체 승인 후 자동공시
종사자입·퇴사 발생보고	종사자 인적사항, 자격	[사회복지사업법계 시행규칙] 제5조(사회복지사 임면보고)

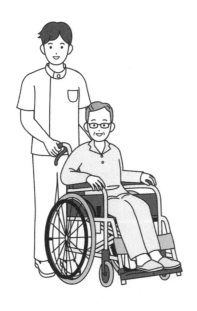

사회복지시설의 설치

제1절 사회복지시설 설치

1 사회복지시설 설치

1) 사회복지시설 신고제도

(1) 국가 도는 지방자치단체 외의 자가 시설을 설치·운영하고자 하는 때에는 시·군·구청장에게 신고하여야 함(법 제34조)

[신고하지 않고 사회복지시설을 설치·운영할 경우]
1년 이하 징역 또는 1천만원 이하 벌금(법 제54조제3호) ※ 미신고시설: 사회복지시설로 신고하지 않고 요보호 대상자를 수용·보호하는 불법시설로 행정처분 및 형사처벌 대상

(2) 중증 장애인시설, 치매노인시설 등의 경우 시설설비 및 종사자 요건을 엄격하게 적용하여 시설생활자의 인권 및 안전 확보

(3) 개별법령에 허가 및 지정 등을 요구하는 경우 개별법령을 우선 적용

(4) 완화된 개인운영신고시설 운영기준 적용이 종료('09.12.31)됨에 따라 향후 사회복지시설 설치·운영 기준과 동일하게 적용됨

2) 사회복지시설 설치 가능한 자

▶ 국가 또는 지방자치단체, 사회복지법인 또는 바영리법인, 개인 등은 결격사유가 없는 한 누구나 사회복지시설을 설치·운영할 수 있음
 - 결격사항 및 자격기준 등은 「사회복지사업법」 및 시설 근거 법령의 관련규정 등 확인

※ 결격사유 ⑩ 「사회복지사업법」 제34조의 규정에 의해 제40조에 따라 폐쇄명령을 받고 3년이 경과되지 아니한 자, 제19조제1항제1호 및 제1호의2부터 제1호의8까지 어느 하나에 해당하는 개인 또는 그 개인이 임원인 법인

3) 신고접수 시 구비서류(규칙 제20조 참조)

▸ 법인의 정관 1부(법인에 한함)
 − 법인 정관에 사회복지시설 운영과 관련된 목적사업이 있을 경우에 신고를 접수하고, 관련 조항이 없을 경우 지체 없이 정관을 본공하여야 함
▸ 시설운영에 필요한 재산목록
 − 운영하고자 하는 시설규모에 맞게 시설생활자 수를 적정수준으로 신고할 것
▸ 사업계획서 1부
 − 실질적인 사회복지사업이 이루어질 수 있는 사업계획서 작적성
▸ 예산서 1부
 − [사화복지법인 및 시설 재무회계 규칙] 제10조제3항의 별표 1~별표 10을 참고하여 작성
▸ 시설의 평면도 및 건물의 배치도 등
 ※ 개별법령에서 구비서류에 관하여 규정되어 있을 경우 해당 법령을 우선 적용함

4) 사회복지시설의 시설장 및 종사자 자격 등

(1) 시설장(법 제35조 관련)

▸ (자격사항) 시설의 장은 「사회복지사업법」 및 개별법령 등에 명시된 시설의 장의 결격사유에 해당하지 않아야 하고, 각 시설유형이 요구하는 자격기준을 갖춘 자여야 함
▸ (상근의무) 시설장은 상근의무가 있음.

(2) 종사자(법 제35조의2 관련)

▶ (자격사항)「사회복지사업법」및 개별법령 등에 명시된 종사자의 결격사유에 해당하지 않아야 하고, 각 시설유형이 요구하는 자격요건 등을 갖추어야 함

〈시설장 및 종사자의 결격사유〉

■ 시설장의 경우

1. 법 제19조제1하제1호, 제1호의2부터 제1호의8까지 및 제2호의2부터 제2호의4까지 어느 하나에 해당하는 사람

> ▶법 제19조제1항
>
> 1. 미성년자
>
> 1의2. 피성년후견인 또는 피한정후견인
>
> 1의3. 파산선고를 받고 복권되지 아니한 사람
>
> 1의4. 법원의 판결에 따라 자격이 상실되거나 정지된 사람
>
> 1의5. 금고 이상의 실형을 선고받고 그 집행이 끝나거나(집행이 끝난 것으로 보는 경우를 포함한다) 집행이 면제된 날부터 3년이 지나지 아니한 사람
>
> 1의6. 금고 이상의 형의 집행유예를 선고받고 그 유예기간 중에 있는 사람
>
> 1의7. 제1호의5 및 제1호의6에도 불구하고 사회복지사업 또는 그 직무와 관련하여「아동복지법」제71조,「보조금 관리에 관한 법률」제40조부터 제42조까지,「지방재정법」제97조,「영유아보육법」제54조제2항제1호,「장애아동 복지지원법」제39조제1항제1호 또는「형법」제28장·제40장(제360조는 제외한다)의 죄를 범하거나 이 법을 위반하여 다음 각 목의 어느 하나에 해당하는 사람
>
> > 가. 100만원 이상의 벌금형을 선고받고 그 형이 확정된 후 5년이 지나지 아니한 사람
> >
> > 나. 형의 집행유예를 선고받고 그 형이 확정된 후 7년이 지나지 아니한 사람
> >
> > 다. 징역형을 선고받고 그 집행이 끝나거나(집행이 끝난 것으로 보는 경우를 포함한다) 집행이 면제된 날부터 7년이 지나지 아니한 사람
> >
> > * 1의7과 관련하여 "그 직무"에 사회복지사업과 관련 없는 직무까지 포함되는 것은 아님(법제처 해석 19-0491)
>
> 1의8. 제1호의5부터 제1호의7까지의 규정에도 불구하고「성폭력범죄의 처벌 등에 관한 특례법」제2조의 성폭력범죄* 또는「아동·청소년의 성보호에 관한 법률」제2조제2호의 아동·청소년 대상 성범죄를 저지른 사람으로서 형 또는 치료감호를 선고받고 확정된 후 그 형 또는 치료감호의 전부 또는 일부의 집행이 끝나거나(집행이 끝난 것으로 보는 경우를 포함한다) 집행유예·면제된 날부터 10년이 지나지 아니한 사람)
>
> 2의2. 제26조에 따라 설립허가가 취소된 사회복지법인의 임원이었던 사람(그 허가의 취소사유 발생에 관하여 직접적인 또는 이에 상응하는 책임이 있는 자로서 대통령령으로 정하는 사람으로 한정한다)으로서 그 설립허가가 취소된 날부터 5년이 지나지 아니한 사람
>
> 2의3. 제40조에 따라 시설의 장에서 해임된 사람으로서 해임된 날부터 5년이 지나지 아니한 사람
>
> 2의4. 제40조에 따라 폐쇄명령을 받고 3년이 지나지 아니한 사람

2. 제22조에 따른 해임명령에 따라 해임된 날부터 5년이 지나지 아니한 사람

3. 사회복지분야의 6급 이상 공무원으로 재직하다 퇴직한 지 3년이 경과하지 아니한 사람 중에서 퇴직 전 5년 동안 소속하였던 기초자치단체가 관할하는 시설의 장이 되고자 하는 사람

■ 종사자의 경우

▶ 법 제35조의2제2항

1. 법 제19조제1항제1호의7 또는 제1호의8에 해당하는 사람

2. 제1호에도 불구하고 종사자로 재직하는 동안 시설이용자를 대상으로 「성폭력범죄의 처벌 등에 관한 특례법」 제2조에 따른 성폭력범죄 및 「아동.청소년의 성보호에 관한 법률」 제2조제2호에 따른 아동.청소 년대상 성범죄를 저질러 금고 이상의 형 또는 치료감호를 선고받고 그 형이 확정된 사람

〈사회복지시설장의 상근의무〉

■ 상근의무란

– 원칙적으로 상근의무란 휴일 기타 근무를 요하지 않은 날을 제이하고 일정한 근무계획 하에 매일 소정 의 근무시간 중 상시 그 직무에 종사하여야 하는 것을 말함

예시) 공무원의 상근시간: 평일 09시~18시

■ 겸직 허용범위

– 공무원의 경우영리 업무에 종사하는 것은 금지되어 있음(국가공무원 복무규정 제25조)

– 공무원에 준하여 그 상근관리가 이루어지는 시설장의 경우에도 영리를 목적으로 하는 업무는 당연히 그 종사가 불가능할 것이며, 영리업무에 해당하지 않는 경우라 할지라도 해당시설의 운영에 지장이 없는 경우에 한하여 겸직이 가능함. 단, 시설장이 겸직을 하고자할 때는 법인 등 채용주체의 1차적 판단을 받아 소관 지차단체에 보고하여야 함.

– 만일 법인 등에서 판단을 잘못하여 그 겸직업무가 영리업무에 해당하거나 시설운영에 지장을 초래하 는 경우, 행정처분(시설장 교체까지 가능) 대상이 됨.

〈겸직관련 사례〉

■ 겸임교수, 시간강사 등 영리추구가 현저하지 않거나 영리업무에 해당하지 않은 직으로서, 겸직을 하 더라도 시설의 정상적인 운영이 가능한 경우에는 겸직이 가능

※ 단, 출강 등 외출 시에는 근무상황부에 기록하도록 하며, 과도한 출강 등으로 정상적인 시설 운영 이 불가능할 경우에는 상근의무 위반에 해당

■ 시설종별협회의 비상근 임원으로 선임되어 관련 업무를 수행하는 경우 겸직 가능

※시설장의 상근 또는 타 직종 겸직과 관련하여 시설관련 개별법령이 따로 있는 경우 위 기준보다 우 선함.

5) 사회복지시설 운영위원회(법 제36조)

(1) 시설운영위원회 설치목적

사회복지시설 운영의 민주성, 투명성 제고 및 시설이용·생활자의 권익 향상 등을 위해 사회복지시설 운영위원회(이하 시설운영위원회)를 설치·운영함

(2) 시설운영위원회 설치 대상시설(법 제36조제1항)

(가) 모든 사회복지시설을 대상으로 함

(나) 사회복지 생활시설

　▶ 생활자 수가 20인 미만 시설의 경우

　　- 3개소 당 1개 운영위원회를 원칙으로 하되, 해당 시·군·구에 1개 소만 있을 경우 해당 시설에 운영위원회 1개 운영

　▶ 생활자 수가 20인 이상 시설의 경우

　　- 1개소 당 1개 운영위원회를 원칙으로 하되, 위원 수는 시설 생활자 수를 고려하여 시·군·구청장이 결정

　　→ 자치단체장은 생활자 수가 100인 이상의 대형시설, 정신요양시설, 장애인시설 등에서 운영위원회를 구성할 때 인권보호 강화 등의 측면에서 반드시 관계공무원을 운영위원회 위원으로 참여시켜야 함.

(다) 사회복지이용시설

시·군·구청장이 공동으로 운영위원회를 두는 것이 필요하다고 인정하는 경우에 3개 이내의 시설에 1개 공동위원회 가능

(3) 시설운영위원회의 구성(법 제36조제2항 및 시행규칙 제24조제1항)

(가) 위원회는 위원장 1인을 포함하여 5인 이상 15인 이하의 위원으로 구

성하고, 법 제36조제2항 각 호 중 같은 호에 해당하는 위원이 2명을 초과해서는 아니 됨.

(나) 위원회의 위원은 아래에 해당하는 자 중에서 관할 시·군·구청장이 임명 또는 위촉

‣ 시설의 장
‣ 시설 거가주자(이용자) 대표
‣ 시설 거가주자(이용자)의 보호자 대표
‣ 시설 종사자 대표
‣ 해당 시·군·구 소속의 사회복지업무를 담당하는 공무원
‣ 후원자 대표 또는 지역주민
‣ 공익단체에서 추천한 사람
  * 공익단체는 비영리단체를 말함
‣ 그 밖에 시설의 운영 또는 사회복지에 관하여 전문적인 지식과 경험이 풍부한 자
  ※ ①시설장의 친인척 ②설치·운영자인 법인의 임원 등 특수관계가 명확한 자(시설장 제외)는 위원으로 임명, 위촉되지 않도록 할 것
  ※ 지방의회의원은 자치단체로부터 운영비 등을 보조받는 사회복지사업을 하는 자가 설치·운영하는 사회복지시설의 운영위원회 위원이 도리 수 없음.

(다) 위원장은 호선, 위원의 임기는 3년으로 하되 연임할 수 있고, 보궐위원의 임기는 전임자의 잔여기간으로 함.

(4) 시설운영위원회의 심의사항(법 제36조제1항)

(1) 시설운영계획의 수입·평가에 관한 사항
(2) 사회복지프로그램의 개발·평가에 관한 사항

(3) 시설종사자의 근무환경 개선에 간한 사항

(4) 시설저구자의 생활환경 개선 및 고충처리 등에 관한 사항

(5) 시설 종사자와 거주자의 인권보호 및 권익증진에 관한 사항

(6) 시설과 지역사회와의 협력에 관한 사항

(7) 그 밖에 시설의 장이 운영위원회의 회의에 부치는 사항

〈시설운영위원회의 심의 관련〉

시설운영위원회의 의결사항이 시설장에 대한 법적 구속력이 있는 결정으로 보기 어려움. 다만, 시설의 장은 운영위원회의 심의사항을 배척할만한 합리적인 이유가 없는 한 위원회의 심의결과를 존중하는 것이 바람직 함.

(5) 시설운영위원회의 보고사항(법 제36조제3항)

▶ 시설의 회계 및 예산·결산에 관한 사항

▶ 후원금 조성 및 집행에 관한 사항

▶ 그 밖에 시설운영과 관련된 사건·사고에 관한 사항

  → 국가감염병 확산 등 특수한 상황이 있을 경우, 서면보고로 갈음 가능

(6) 시설운영위원회 운영

(가) 회의 개최

▶ 정기회의

 － 분기별 1회 이상 정기회의 개최;

▶ 수시회의

 － 시설운영위원회 운영규칙에 규정한 회의개최 요건에 해당할 경우(재적위원 1/3의 요청이 있을 경우 등) 수시회의 개최

▶ 회의 공개

 － 위원회 회의는 시설생활자, 종사자 등에게 공개를 원칙으로 하되, 개인정보보호 등 불가피한 사우 시 위원장이 비공개결정을 할 수 있음

(비공개사유는 공개해야 함)

▸ 서면심의나 서면에 의한 회의는 불가

　- 서면 또는 대리출석에 의한 시설운영위원회의 심의는 원칙적으로 불
　　가함, 단, 국가감염병 확산 등 특수한 상황의 경우, 전자적 방법을
　　활용하여 심의 가능

(나) 회의록 작성 및 보고

▸ 위원회의 간사는 매년 1회 정기 및 수시회의의 결과를 간략하게 요약하
　여 정본은 위원회에 보관하고, 사본 1부는 시·군·구청에게 제출하야 함

(다) 기타사항

▸ 위원회 운영에 필요한 예산은 원칙적으로 시설 운영비에서 지출
▸ 회의수당, 회의장소 등 위원회 운영에 세부적인 사항은 운영위원회 자
　율적으로 결정

3) 시설운영의 투명성 강화

(1) 시설 종사자(시설장 포함) 인건비 보조금 지급 연령 상한기준

　▸ 정부(지자체)에서 시설장 및 종사자의 인건비를 지원하는 시설에 대
　　해서는 아래의 인건비 지원기준을 정할 수 있으며, 기준을 초과하여
　　계속 근무하는 종사자의 인건비는 시설이 자체적으로 지급해야 함

　- 지급 상한:

　　ㅁ 시설장: 만 65세(단, 2002. 1. 1. 일부터 현재까지 재직 중인 설
　　　립자 및 설립자의 직계자족 1세대에 한해 만 70세)

　　＊ 설립자: 사회복지시설 설치·운영 신고 주체이자 동시에 시설장
　　　인 자, 법인 설치시설의 경우 실질적인 개인재산 출연자

　　＊＊ 직계가족 1세대: 설립자의 배우자 및 그 자녀

　　ㅁ 종사자: 만 60세

〈특례〉 60세 초과 종사자에 대한 인건비 보조금 지원이 가능한 경우

① 60세 초과 종사자를 대체할 사람을 공개모집 하였음에도 불구하고 응시자가 없는 경우

- 복지넷, 워크넷, 사회복지시설정보시스템 홈페이지 2곳 이상에 15일 이상 공개모집하여으나 응시자가 없는 경우, 1회 이상 다시 공개모집 절차를 진행하여야 하며, 2회 이상 응시자가 없는 경우 해당 결과를 주무관청에 제출
- 60세를 초과한 종사자의 근로계약은 1년으로 하되, 해당 종사자의 근로계약을 연장하고자 한다면 그 근로계약의 완료 전에 위의 방식으로 공개모집 절차를 반드시 실시할 것

② 50세 초과 종사자의 기본 인건비 내에서 청년 인력(만29세 이하)을 채용하는 경우

- 신규 채용 및 인력 운용 계획을 시설운영위원회 및 법인 이사회를 거쳐 주무관청에 제출
- 위의 계획에 60세 초과 종사자 및 신규 채용 인력 2인의 인건비를 60세 초과 종사자의 기존 인건비 100% 내에서 지급하되, 60세 초과자의 인건비를 기존 인건비의 50%를 초과할 수 없음
- 청년 인력에 대해서는 인건비 지급 가이드라인적용

사회복지시설 인건비지급 상한기준

□ **지급 상한기준**

설립자 및 설립자 직계가족 1세대	생년월일	~1950년	1951년	1952년~
	지급상한년	~2020년	2021년	2022년~
설립자 및 직계가족 1세대가 아닌 시설장	생년월일	~1955년	1956년	1957년~
	지급상한년	~2020년	2021년	2022년~
시설 종사자	생년월일	~1960년	1961년	1962년~
	지급상한년	~2020년	2021년	2022년~

→ 2002년 1월 1일 이후 설립된 시설 또는 신규채용(재취업 포함)된 시설장은 70세 특례규정 적용하지 않고 지급상한을 적용함

□ **지급상한기준일(지급상한일자는 해당 종사자(시설장 포함)의 출생일을 기준으로 함)**

- 1월에서 6월 사이 지급상한일자: 6월 30일
- 7월에서 12월 사이 지급상한일자: 12월 31일

1년 미만 근속근로자*의 퇴직급여, 퇴직적립금의 관리

* 근로계약 기간이 1년 이상이면서 근속기간이 1년 미만인 근로자

▸ (인건비 국고보조 대상 근로자) 근속기간이 1년 미만인 자가 퇴직한 경우 해당 근로자의 퇴직급여, 퇴직적립금 중 국고 및 자치단체 보조금은 회계연도 종료 후 3개월 이내에 반환해야 함
▸ (인건비 국고보조 대상이 아닌 근로자) 근속기간이 1년 미만인 자가 퇴직한 경우 해당 근로자의 퇴직급여, 퇴직적립금을 반환하지 않고 퇴직 후 3개월 이내에 퇴직급여, 퇴직적립금 목으로 여입(세출과목에 다시 입금) 후 타 목으로 재편성해야 함

(2) 시설운영비 지출 원칙

▸ 지출은 지출사무를 관리하는 자(대표이사, 시설장) 및 그 위임을 받아 지출명령이 있는 것에 한하여 지출원이 행함

▸ 지출은 예금통장 또는 「전자거래기본법」에 의한 전자거래[*]로 집행하며, 특히 보조금의 경우 보조금 전용카드로 집행할 것

 − 상용경비 또는 소액의 경비 지출이라도 1만원 이상 지출 시 카드를 사용하거나 현금영수증을 발급받아 지출할 것

  ※ 지역특성상 신용카드 사용이나 현금영수증 발급 등이 현실적으로 어렵다고 시·군·구청장이 인정하는 경우 간이영수증 또는 현금지출이 가능하며, 이 경우에도 그 확인이 가능한 증빙서류 구비

  ※ 농어촌지역이나 카드 미가맹점에 대해서는 5만원 이상 집행 시 온라인입금 활용

사회복지시설 보조금 전용카드 사용제한 업종(클린카드 기능)	
분류	보조금 사용제한 업종
유흥업종	룸까롱, 유흥주점, 단란주점, 나이트클럽, 주점으로 등록된 호프집, 맥주호프 칵테일바, 주류판매점, 카페, 카바레
위생업종	ㅇ;.미용실, 피부미용실, 사우나, 안마시술소, 발마사지 등 대인서비스, 스포츠마사지, 네일아트, 지압원
레저업종	실.내외 골프장, 노래방, 사교춤, 전화방, 비디오방, 골프연습장, 골프용품, 스크린골프, 당구장, PC방, 기원
사행업종	카지노, 복권방, 오락실
기타업종	성인용품점, 총포류 판매

※ "이·미용실, 사우나"는 시설특성상 생활자 등의 이용이 불가피한 경우라고 판단될 경우, 관련 증빙자료 구비를 통해 '보조금 전용카드 사용'을 허용할 수 있으며, 이 경우 시도별 [사회복지시설 보조금 전용카드 사용지침에 반영하여 운영할 것

 − 시설 운영비 지출을 보조금 전용카드 등으로 집행함에 따라 발생하는 포인트 또는 마일리지 등은 개인적으로 사용할 수 없고, 다시 시설운영에 사용할 것

▶ 수려한 보조금은 시설회계 중 보조금 수입으로 처리할 것

〈유의사항〉

사회복지법인의 경우 법인회계에서 우선 수입처리한 후 시설전출금으로 세출하고, 이를 시설회계에서 법인 전입금으로 처리하는 경우가 있으나, 법인회계나 시설회계가 사회복지법인의 회계 증의 일부이므로, 시설회 계에서 곧 바로 처리하는 것이 정상적인 처리절차임

4) 시설 생활자에 대한 인권보호 강화

▶ 시설 생활자에게 인권침해 사실 진정권에 대한 고지
▶ 시설 내에 진정함 설치·운용 의무
 － 시설 내 진정함 설치의무, 용지·필기도구 및 봉함용 봉투(위원회가 정한 규격) 비치
 － 진정함 살치 시 설치장소를 위원회에 통보, 생활자가 직접 진정서를 진정함에 넣도록 함
 － 소속 직원은 매일 지정된 시간에 진정함 확인 후, 진정서 등을 지체 없이 인권위원회로 송부
▶ 인권위원회가 보낸 서면의 열람금지
▶ 진정서의 자유로운 작성 및 제출
 － 진정서 작성의사 표명 시 방해금지 및 작성된 진정서의 열람·압수 폐 기 금지
 － 생활자가 징벌 중(징벌조사 포함)이라도 진정서 또는 서면 등의 자유 로운 작성·제출 보장

5) 인권침해 등 문제 시설에 대한 관리 강화

▶ 인권침해 등으로 정상적 운영이 불가능한 시설은 시·군·구청장이 1회 적발만으로 시설폐쇄를 명하도록 함.
 ※ 인권해로 인한 생활자 사망, 붕괴위험 절박성 등 시설의 정상적 운영 이 불가능함이 중대하고도 명백해야 하며, 시설폐쇄가 청문 등의 사유

로 지연될 경우 먼저 생활자를 전원조치 한 후 시설폐쇄를 추진할 것

위반행위가 4종 이상 또는 시설거주자에 대한 학대, 성폭력 등 중대한 불법행위로 인하여 시설의 정상적인 운영이 불가능하다고 인정되는 때에는 시행규칙 제26조의2 제2호의 개별기준에 부구하고 1차 위반 시에 시설의 폐쇄를 명할 수 있다

〈사회복지시설이 비치해야 할 서류(시행규칙 제25조)〉

– 법인의 정관, 법인설립허가증·사본(법인이 설치한 시설에 한 함)
– 사회복지시설 신고증(국공립시설은 국공립시설임을 알리는 안내문), 시설의 건축물관리대장
– 시설거주자·퇴소자 명부 및 상담기록부
– 시설의 운영계획서 및 예산결산서, 후원금품대장
– 시설의 장과 종사자의 명부

   ※ 개별법령에서 해당시설에 비치해야 할 서류를 규정하고 있을 경우, 개별법령의 비치서류가 우선임

   → 시설에 비치서류를 비치하지 않을 경우 300만원 이하의 과태료에 처함

6) 사회복지시설의 통합 설치·운영 및 시설 서비스 최저기준 시행

(1) 시설의 통합 설치·운영 등(법 제34조의2)

▸ 사회복지시설의 설치·운영과 관련하여, 지역특성과 시설분포의 실태를 고려하여 시설을 통합하여 하나의 시설로 설치·운영하거나 하나의 시설에서 둘 이상의 사회복지사업을 통합하여 수행할 수 있음

▸ 국가 도는 자치단체 외의 자는 통합하여 설치·운영하고자 하는 각각의 시설이나 사업에 관하여 해당관계 법령에 따라 신고하거나 허가 등을 받아야 함

> **시설 통합 설치·운영 등에 따른 시설 및 인력 기준(시행규칙 제22조 관련)**
>
> 1. 둘 이상의 시설을 통합하여 하나의 시설로 설치·운영하는 경우
>   가. 시설 및 설비기준: 시설 거주자 또는 이용자의 불편을 초래하지 않는 범위에서 자원봉사자실, 사무실, 상담실, 식당, 조리실, 화장실, 목욕실, 세탁장, 강당 등 상호 중복되는 시설·설비를 공동으로 사용할 수 있다.
>   나. 인력기준: 간호(조무)사, 사무원, 영양사, 조리(원), 위생원 등은 사업에 지장이 없는 범위에서 겸직하여 운영할 수 있다.
> 2. 하나의 시설에서 둘 이상의 사회복지사업을 통합하여 수행하는 경우
>   가. 시설 및 설비기준: 시설 거주자 및 이용자의 불편을 초래하지 않는 범위에서 상호 중복되는 시설·설비를 공동으로 사용할 수 있다.
>   나. 인력기준: 사업에 지장이 없는 범위에서 인력을 겸직하여 운영할 수 있다.

(2) 시설 서비스 최저기준(법 제43조)

▸ 사회복지시설의 운영자는 보건복지부장관이 정하는 시설의 서비스 최저기준 이상으로 서비스 수준을 유지하여야 함.

> **시설 서비스 최저기준(시행규칙 제27)**
>
> ① 법 제43조제1항에 따른 서비스 최저기준에는 다음 각호의 사항이 포함되어야 한다.
>   1. 시설 이용자의 인권
>   2. 시설의 환경
>   3. 시설의 운영
>   4. 시설의 안전관리
>   5. 시설의 인력관리
>   6. 지역사회 연계
>   7. 서비스의 과정과 결과
>   8. 그 밖에 서비스 최저기준 유지에 필요한 사항

7) 국고보조금통합관리시스템(e나라도움) 도입

(1) 추진배경

▸ 2017년 1월부터 모든 민간보조사업자가 보조금의 교부신청, 집행 등 업무처리에 의무적으로 사용하도록 함

(2) 사회복지시설의 e나라도움 사용

▸ (대상시설): 국고보조금사업으로 보조금을 지원받는 사회복지시설

　※ 국비 매칭없이 지방비로만 지원되는 보조사업은 e나라도움 상요대상
　　아님

▸ (사용시기) 2018년부터

▸ (사용방법) e나라도움을 통해 보조사업에 대한 회계처리

　※ e나라도움 홈페이지: www.gosims.go.kr

8) 기타 사항

(1) 종사자 복무규정 등 제규정 제정
　 – 각 시설별로 종사자 복무규정 등 제규정을 제정하여 운영할 것
(2) 사회복지시설 내 생활인들의 금융재산을 보관 및 관리할 시 현금보관
　　증이나 차용증을 작성하게 하고, 생활인들의 금융재산을 보호할 수 있
　　는 대책을 강구하여 시행할 것

2 사회복지시설 휴지·재개·자진폐지(법 제38조)

1) 시설의 휴지

▸ 시설의 운영을 휴지하고자 하는 때에는 휴지 3개월 전까지 시·군·구청
　장에게 신고하여야 함

▸ 구비서류(시행규칙 제25조제1항)

　 – 시설의 휴지사유서(법인의 경우 휴지를 결의한 이상회의 회의록 사
　　본) 1부

　 – 시설거주자에 대한 조치계획서(시설 거주자 자립 지원 또는 전원조
　　치 등 포함) 1부

　 – 시설 이용자가 납부한 시설 이용료 및 사용료의 반환조치계획서 1부

- 보조금·후원금의 사용 결과보고서와 이를 재원으로 조성한 잔여재산 반환조치계획서 1부
- 시설의 재산에 관한 사용 또는 처분계획서 1부

2) 시설의 재개

▸ 시설의 운영을 재개하고자 하는 때에는 재개 3개월 전까지 시·군·구청장에게 신고하여야 함
▸ 구비서류(시행규칙 제25조제1항)
　- 시설의 재개사유서(법인의 경우 재개를 결의한 이사회 회의록 사본) 1부
　- 시설 운영 중단 사유의 해소 조치보고서 1부
　- 향후 안정적 운영을 위한 시설의 운영계획서 1부

3) 시설의 폐지신고

▸ 시설을 폐지하고자 하는 때에는 폐지 3개월 전까지 시·군·구청장에게 신고하여야 함
▸ 구비서류(시행규칙 제25조제1항)
　- 시설의 폐지사유서(법인의 경우 폐지를 결의한 이사회 회의록 사본) 1부
　- 시설거주자에 대한 조치계획서(시설 거주자 자립 지원 또는 전원조치 등 포함) 1부
　- 시설 이용자가 납부한 시설 이용료 및 사용료의 반환조치계획서 1부
　- 보조금·후원금의 사용 결과보고서와 이를 재원으로 조성한 잔여재산 반환조치계획서 1부
　- 시설의 재산에 관한 사용 또는 처분계획서 1부
　- 사회복지시설 신고증 1부

3   상속인이 없는 재산처리(법 제45조의2)

▸ 사회복지시설을 설치·운영하는 자는 시설에 입소 중인 사람이 사망하고, 그 상속인의 존부가 분명하지 아니한 때에는 「민법」 제1053조부터 1059조까지의 규정에 따라 사망한 사람의 재산을 처리[*]

  * 「민법」에 따른 재산관리인 선임청구를 하고, 그 이후의 절차 전반에 대하여 법원 등의 요청에 따라 필요한 조치 등을 하는 것

    – 사망한 사람의 잔여재산이 500만원 이하인 경우에는 관할 시·군·구청장에게 잔여재산 목록을 작성하여 보고하는 것으로 그 재산처리를 갈음할 수 있음

    – 시·군·구청장은 제2조제4호의 사회복지시설별 소관 법률[*]에서 정하는 절차에 따라 사망인의 재산을 처리할 수 있음

  * 「노숙인 등의 복지 및 자립지원에 관한 법률」, 「노인복지법」, 「정신건강증진 및 정신질환자 복지서비스 지원에 관한 법률」, 「장애인복지법」의 해당 조문 및 개별 지침을 참고할 것

제2절   사회복지시설의 종류와 기능

1   사회복지설의 정의

1) 법률상의 정의

사회복지시설이란 「사회복지사업법」 제2조에 따른 "사회복지사업"을 행할 목적으로 설치된 시설을 의미함

→ 「노인복지법」, 「아동복지법」 등 개별 법령에 별도의 규정이 있을 경우 해당 법령을 우선 적용함.

2) 적용대상 사회복지시설

사회복지시설 여부는 실질적으로 사회복지사업을 행하는지에 따라 판단

〈미신고시설의 사회복지시설 범위〉

* 시설운영자가 사회복지사업을 목적으로 하지 않는다고 주장하더라도 아래의 경우, 시설명칭, 운영주체에 상관없이 사회복지시설로 분류

① [사회복지사업법[제2조의 개별법상 요보호대상자 중 거주 또는 종교 등을 선택할 수 있는 의사능력이 없거나 부족한 자를 보호하는 경우(가족의 의뢰에 의한 경우도 포함)

　{대표적인 예}

　－「장애인복지법」의 지적장애인, 정신장애인, 발달장애인, 뇌병변장애인 등

　－「노인복지법」의 치매노인, 자신의 의사를 표출할 수 없는 중증노인 등

　－「아동복지법」의 요보호아동 전체

　－ [정신건강복지법]의 정신질환자

② 시설이 주장하는 목적(종교활동 등)과 달리 사회복지 개별법상 요보호대상자 본인 또는 가족의 보호요청에 의해 동 시설에서 거주하고 있는 경우

　※ 생활자 본인의 의사와 관계없는 시설장의 일방적인 종교목적 주장은 수용 곤란

③ 사회복지시설임을 외부에 표방하여 운영하는 경우

　－ 외부 간판, 소식지, 홍보, 외부활동 등을 통해 사회복지시설임을 명시하거나 표방하는 경우

　－ 거주 및 보호를 목적으로 생활인을 모집하는 경우

　－ 보호하고 있는 생활인을 근거로 후원금품을 모집하는 경우

　→ 동 기준에 따라 사회복지시설로 분류되는 경우 개별 법률에 따른 시설 신고·인가 등이 필요한 대상임

　－ 신고·인가 등 없이 운영할 경우 벌칙이 적용됨을 유의

2　사회복지시설의 종류

사회복지시설은 설립 및 운영주체, 시설 이용행태, 이용대상에 따라 분류할 수 있다.

1) 설립 및 운영주체에 따른 분류

사회복지시설은 설립 및 운영주체에 따라 국·공립시설과 사립시설로 구분된다. 국·공립 시설은 국가나 지방자치단체가 직접 설립·운영하는 국·공립 공영시설과 설립은 국가나 자치단체가 하고 운영은 법인이나 민간에게 위탁하는 국·공립 민영시설로 구분된다.

사립시설도 민간이 설립하고 운영하는 사립 국·공영시설과 민간이 설립하

고 민간이 국가 또는 자치단체의 지원을 받아 운영하는 사립 민영시설, 민간이 설립하고 민간의 비용으로 운영하는 개인운영시설 등으로 분류할 수 있다.

(1) 국·공립 공영시설

국가 또는 자치단체가 설립하여 직접 운영하는 사회복지시설이다.

(2) 국·공립 민영시설

국가 또는 자치단체가 설립하고 민간 법인에 위탁 운영하는 사회복지시설이다.

(3) 사립 국·공영시설

민간이 설립하고 국가 또는 자치단체에 기증하여 운영하는 사회복지시설이다.

(4) 사립 민영 시설

민간이 설립하고 민간이 국가나 자치단체의 지원을 받아 직접 운영하는 사회복지시설이다.

(5) 개인 운영시설

개인이 설립하고 운영하는 사회복지시설이다.

2) 시설 이용형태에 따른 분류

사회복지시설은 크게 서비스 제공 방식에 따라 거주(생활)시설과 이용시설로 구분한다. 거주(생활)시설은 주거서비스를 비롯하여 제반 사회복지서비스를 제공하는 시설을 말하며, 이용시설은 주거서비스를 제외한 제반 사회복지서비스를 제공하는 시설을 말한다. 구체적으로 거주(생활)시설은 주거서비스를 필요로 하는 사람을 거주시켜 일상생활의 보호와 동시에 필요한

서비스를 제공하는 시설을 의미한다. 이용시설은 통원시설로서 클라이언트
들이 자신의 집에 거주하며 시설ο네서 제공하는 전문적 프로그램서비스를
이용할 수 있도록 하는 시설이다.

(1) 거주(생활)시설

클라이언트를 거주시켜 24시간 보호하는 생활시설이다.

(2) 이용시설

재가 또는 보호시설의 클라이언트를 통원토록 하여 낮 동안 서비스를 제
공하는 시설이다.

3) 이용 대상에 따른 분류

사회복지시설은 제공되는 사회복지서비스 이용대상에 따라 크게 아동복지
시설, 노인복지시설, 장애인복지시설, 한부모가족복지시설, 기타 복지시설
등으로 분류 할 수 있는데 구체적인 사회복지시설의 종류는 아래의 〈표 2.1〉
과 같다.

〈표 2.1〉 보건복지부 소관 대상자별 사회복지시설 종류

대상자별	형태		시설종류	소관부서	관련법령
노인	생활	ο의료	· 노인요양시설	요양보험 운영과	「노인복지법」 제31조
			· 노인요양공동생활가정		
		ο주거	· 양로시설, 노인 공동생활가정	노인정책과	
			· 노인복지주택		
		ο학대피해노인전용쉼터			
	이용	ο재가	· 재가노인복지시설(방문요양, 주·야 간보호, 단기보호, 방문목욕, 재가 노인지원, 방문간호)	요양보험 운영과	
		ο여가	· 노인복지관	노인지원과	
			· 경로당, 노인교실		
		ο노인보호전문기관		노인정책과	
		ο노인일자리지원기관		노인지원과	

대상자별	형태	시설종류		소관부서	관련법령
아동	생활		○아동양육시설, 공동생활가정	아동권리과	「아동복지법」 제52조
			○아동일시보호시설		
			○아동보호치료시설		
			○자립지원시설		
			○공동생활가정(학대피해아동쉼터로 지정된 곳에 한함)	아동학대 대응과	
	이용		○아동상담소, 아동전용시설, 가정위탁지원센터	아동권리과	
			○지역아동센터	인구정책 총괄과	
			○아동보호전문기관	아동학대 대응과	
			○다함께돌봄센터	인구정책 총괄과	「아동복지법」 제44조의2
장애인	생활	○ 생활 시설	· 장애유형별 거주시설	장애인권익 지원과	「장애인복지법」 제58조
			· 중증장애인 거주시설		
			· 장애영유아 거주시설		
			· 장애인단기 거주시설		
			· 장애인공동생활가정		
			· 피해장애인쉼터		
	이용	○ 지역 사회 재활 시설	· 장애인복지관		
			· 장애인주간보호시설		
			· 장애인체육시설, 장애인수련시설, 장애인생활이동지원센터		
			· 수어통역센터, 점자도서관, 점서 및 녹음서 출판시설		
			○장애인의료재활시설	장애인정책과	
		○ 직업 재활 시설	· 장애인보호작업장, 장애인근로사업장, 장애인직업적응훈련시설	장애인자립 기반과	
			○장애인생산품판매시설		
영유아	이용	○어린 이집	국공립, 법인, 직장, 가정, 부모협동, 민간	보육기반과	「영유아보육법」 제10조
정신 질환자	생활		○정신요양시설, 정신재활시설 중 생활시설	정신건강 정책과	「정신건강증 진 및 정신질환자 복지서비스 지원에 관한 법률」 제22조 및 제26조
	이용		○정신재활시설 중 이용시설		

대상자별	형태	시설종류	소관부서	관련법령
노숙인 등	생활	○노숙인자활시설 ○노숙인재활시설 ○노숙인요양시설	자립지원과	「노숙인 등의 복지 및 자립지원에 이용 관한 법률」
	이용	○노숙인종합지원센터 ○노숙인일시보호시설 ○노숙인급식시설 ○노숙인진료시설 ○쪽방상담소		
지역주민	이용	○사회복지관	사회서비스 자원과	「사회복지사 업법」
기타시설	복합	○결핵·한센시설	질병관리본부 (결핵·에이즈 관리과)	「사회복지사 업법」
	이용	○지역자활센터	자립지원과	「국민기초생 활 보장법」

※ 자료: 보건복지부(2022), 사회복지시설 관리 안내.

(1) 아동복지법에 따른 시설로는 아동양육시설, 아동일시보호시설, 아동보호치료시설, 자립지원시설, 공동생활가정, 아동상담소, 아동전용시설, 지역아동센터 등이 있다.

(2) 노인복지법에 따른 시설은 노인주거복지시설, 노인의료복지시설, 재가노인복지시설, 노인여가복지시설, 노인보호전문기관, 노인일자리지원기관 등으로 세분화된다.

(3) 장애인복지법에 따른 장애인 복지시설은 장애유형별 거주시설, 중증장애인 거주시설, 장애영유아 거주시설, 장애인 단기거주시설, 장애인공동생활가정, 장애인지역사회재활시설, 장애인직업재활시설, 장애인의료재활시설, 장애인생산품판매시설 등이 있다.

(4) 정신보건법에서 정한 정신보건시설로는 정신요양시설 사회복귀시설 등이 있다.

(5) 한부모가족지원법에 규정된 시설은 모자가족복지시설, 부자가족복지시설, 미혼모자가족복지시설, 일시지원복지시설 등으로 세분화할 수 있다.

(6) 노숙인 등의 복지 및 지원에 관한 법률에 따른 시설로는 노숙인자활시설, 노숙인재활시설, 노숙인요양시설, 노숙인종합지원센터, 노숙인일시보호시설, 노숙인급식시설, 노숙인진료시설, 쪽방상담소 등이 있다.

(7) 그밖에 국민기초생활보장법에 규정된 시설로는 지역자활센터가 있고, 다문화가족지원법에 대한 시설로는 다문화가족지원센터가 있으며, 사회복지사업법에 따른 사회복지관 및 성폭력 관련법에 규정된 성매매피해지원시설, 성폭력피해자보호시설, 가정폭력보호시설 등으로 구분할 수 있다.

(8) 우리나라 소관부처에 따른 사회복지시설의 종류는 다음 〈표 2.2〉와 같다.

〈표 2.2〉 소관부처에 따른 사회복지시설의 종류(2022년 기준)

소관부처	시설종류	세부종류		관련법
		생활시설	이용시설	
보건복지부	노인복지시설	○노인주거복지시설 ○노인의료복지시설 ○학대피해노인전용쉼터	○재가노인복지시설 ○노인여가복지시설 ○노인보호전문기관 ○노인일자리지원기관	「노인복지법」
	복합노인복지시설	○농어촌지역에 한해 「노인복지법」 제31조 노인 복지시설을 종합적으로 배치한 복합노인복지시설을 설치·운영 가능		「농어촌주민의 보건복지 증진을 위한 특별법」
	아동복지시설	○아동양육시설 ○아동일시보호시설 ○아동보호치료시설 ○자립지원시설 ○공동생활가정	○아동상담소 ○아동전용시설 ○지역아동센터 ○아동보호전문기관 ○가정위탁지원센터	「아동복지법」
	장애인복지시설	○장애유형별 거주시설 ○중증장애인 거주시설 ○장애영유아 거주시설 ○장애인단기 거주시설 ○장애인공동생활가정 ○피해장애인쉼터	○장애인지역사회재활시설 ○장애인직업재활시설 ○장애인의료재활시설 ○장애인생산품판매시설	「장애인복지법」
	어린이집		○어린이집	「영유아보육법」
	정신보건시설	○정신요양시설 ○정신재활시설 중 생활시설	○정신재활시설 중 이용시설	「정신건강증진 및 정신질환자 복지서비스 지원에 관한 법률」

소관부처	시설종류	세부종류		관련법
		생활시설	이용시설	
보건복지부	노숙인시설	○노숙인자활시설 ○노숙인재활시설 ○노숙인요양시설	○노숙인종합지원센터 ○노숙인일시보호시설 ○노숙인급식시설 ○노숙인진료시설 ○쪽방상담소	「노숙인 등의 복지 및 자립지원에 관한 법률」
	사회복지관 결핵 한센시설	○결핵·한센시설	○사회복지관	「사회복지사업법」
	지역자활센터		○지역자활센터	「국민기초생활보장법」
	다함께돌봄센터		○다함께돌봄센터	「아동복지법」
여성가족부	성매매피해지원시설	○일반지원시설 ○청소년지원시설 ○외국인지원시설 ○자립지원공동생활시설	○자활지원센터 ○성매매피해상담소	「성매매방지 및 피해자 보호 등에 관한 법률」
	성폭력피해보호시설	○성폭력피해자보호시설	○성폭력피해상담소	「성폭력방지 및 피해자 보호 등에 관한 법률」
	가정폭력보호시설	○가정폭력피해자보호시설	○가정폭력상담소 ○긴급전화센터	「가정폭력 방지 및 피해자 보호 등에 관한 법률」
	한부모가족복지시설	○모자가족복지시설 　(기본, 공동, 자립) ○부자가족복지시설 　(기본, 공동, 자립) ○미혼모자가족복지시설 　(기본, 공동) ○일시지원복지시설	○한부모가족복지상담소	「한부모가족지원법」
	다문화가족지원센터		○다문화가족지원센터	「다문화가족지원법」
	건강가정지원센터		○건강가정지원센터	「건강가정기본법」
	청소년복지시설	○청소년쉼터 ○청소년자립지원관 ○청소년치료재활센터 ○청소년회복지원시설		「청소년복지지원법」

※자료: 보건복지부(2022), 사회복지시설 관리 안내.

3   사회복지시설의 기능

사회복지시설의 개념이 과거 거주 위주의 시설에서 지역주민의 다양한 욕구를 충족하기 위한 통원 또는 상시 이용할 수 있는 각종 사회복지시설을 포함하는 넓은 의미로 변화되면서 사회복지시설의 기능과 역할도 변화되고 있다.

1) 기초적 기능

사회복지시설의 기초적 기능은 인간의 생명유지를 위한 일상적 보호로, 필요한 생활환경을 제공하는 보호적 기능과 입소자들을 지원하는 교육적 기능, 입소자가 해결하거나 도달해야 할 생활 과제를 설정하고 이를 위한 치료·훈련·자립지원 등의 서비스 등을 제공하는 전문처우적 기능이 있다. 사회복지시설은 사회·경제적으로 생활의 저해를 받고 있는 사람, 여러 가지 장애로 인하여 자립생활이 곤란한 사람들의 생활의 장으로서 여러 환경조건을 갖추고 자립생활이 가능하도록 적절한 원조서비스를 제공한다. 즉, 단순한 생명의 안전이나 유지 차원에서부터 전문적인 서비스의 제공에 이르기까지 다양한 서비스가 필요하다.

2) 고유적 기능

고유적 기능에는 문화적 기능, 변호적 기능이 있는데 문화적 기능은 시설이 시설보호대상자의 문화 활동, 사회참여, 가치 있는 삶을 추구하기 위한 문화적 생활기반을 확충해야 한다는 의미이다. 이와 더불어 지역사회 주민에게도 시설을 개방하여 시설과 지역의 상호교류를 촉진시키는 사회복지시설로서의 역할을 수행해야 한다. 즉, 사회복지시설은 지역사회 복지인프라로 자리매김 되어야 한다. 지역사회 욕구에 적극적으로 대응하여 지역사회 중심 프로그램을 개발하고, 지역사회 공동체와 연계를 실천함으로써 지역사회복지를 증진시킨다. 클라이언트와 지역사회 주민이 함께 어우러져 진정한 이웃으로 나눔의 삶을 살아갈 수 있도록 체험의 장이 되어야 한다. 또한 클라이언트에 대한 지역사회 주민과 관계기관의 차별·편견·소외 등에 대응하

여 클라이언트의 권익을 보호하고 후견 등의 기능을 수행하는 변호적 기능도
중요하다.

3) 파생적 기능

파생적 기능에는 조정개발적 기능, 진단 긴급 단기지원 기능이 있는데 이
는 기초적 기능과 고유적 기능이 상호관계를 가지면서 앞으로 시설이 확충,
강화해 나가야 하는 기능이다. 단위시설로서는 대처하기 어려운 경우, 여러
사회자원의 개발과 연결, 조정, 네트워크를 통하여 입소자의 복잡 다양한 생
활문제를 해결해 나가는 조정개발적 기능이 필요하다. 또한 긴급한 상황에
처한 요보호대상자에게 일시보호나 단기 입소를 제공하여 긴급 상황을 잘 극
복할 수 있도록 지원하는 긴급단지지원 기능도 필요하다.

제3절 사회복지시설의 운영철학

1 사회복지시설 운영·철학의 변화

최근 사회복지시설의 환경은 급속한 변화를 겪고 있다. 과거 시설에서 제
공되는 서비스는 클라이언트의 일차적인 욕구와 필요, 즉 생리적 욕구 충족,
주거서비스 제공과 같은 보호 중심의 서비스가 주를 이루었다. 그러나 현재
는 단순한 거주, 보호의 차원을 넘어서 클라이언트의 삶의 질 제고를 위한
다양하고 포괄적인 서비스를 제공하도록 요구받고 있다. 조승석·맹두열·김
학재(2019)가 제시하는 시설 운영의 방향성으로 안내하는 운영철학은 다음
과 같다.

1) 인권보장의 철학

인권이란 우리나라 헌법과 국내·외 인권에 관한 규범에 근거하여, 모든 사
람이 인간의 존엄과 가치를 스스로 행복을 추구할 수 있어야 한다는 기본적,

필수적, 당위적 권리다. 그러므로 누구나 법 앞에 평등하며 자유롭게 인간다운 삶을 누릴 수 있는 거주, 직업, 사생활, 종교, 양심, 통신, 학문, 재산, 정치, 언론 등의 제반 권리가 개별적, 사회적으로 보호되어야 한다(국가인권위원회 2006).

인권보장의 철학은 인간의 기본적인 권리로서 인간의 존엄성, 생존권, 생명존중에 가치. 인간다운 생활을 할 권리 등이 보장되어야 한다는 것을 의미한다. 따라서 사회복지시설의 운영과정에서 가장 우선시 되어야 하는 철학이 바로 인권보장의 철학이다.

인권보장의 철학에서 규정한 인권의 영역은 천부적 권리, 규범적 권리, 형성적 권리로 구분된다. 천부적 권리는 생명권, 자유권, 평등권을 의미한다. 규범적 권리는 생활, 직업, 교육, 언론, 재산, 참정권, 권리구제에 관한 것을 의미한다. 형성적 권리는 우리의 사회공동체를 위한 구성원으로서의 권리, 재구성 되어야 할 인권, 차별 금지 등에 관한 것이다(보건복지부, 2007).

2) 정상화의 철학

정성화의 철학은 1950년대 후반 북유럽에서 시설 내 장애인의 생활환경 개선을 위해 제기된 철학이다. 이 철학의 주요 내용은 시설 장애인도 지역사회에 대해 일반 주류 시민들과 동일한 생활 방식과 환경에 가깝도록 처우되어야 한다는 것이다. 즉, 사회의 일상생활에서 장애인이 사회의 보편적인 흐름에 합류하기 위해 문화적인 수단을 사용해야 하며 그 문화적 수단으로 '가치 있는 사회적 역할 강조(social role valorization)'를 해야 한다는 이론을 주장하였다.

정성화의 철학은,

- 첫째, 장애인의 정상적이고 일상적인 생활 리듬을 존중해야 한다는 것.
- 둘째, 장애인 개인의 성장과 발달에서 정상적인 발달경험을 하도록 할 것.
- 셋째, 장애인 자신의 삶에 중요한 영향을 미치는 일상사건에의 참여와 선택이 중요하다는 것.

• 넷째, 사회에서 가치절하에 놓일 위기가 있는 클라이언트를 위해 가능한 클라이언트의 내재화된 잠재력과 사회적 역할을 강화하기 위한 자원을 제공하여 방어해 주는 것을 강조하고 있다(김용득, 김진우, 유동철, 2007).

즉, 가치 있는 사회적 역할을 강조함으로써 이전에 가치절하와 사회적 역할이 박탈되었던 클라이언트가 지역사회에서 가치 있는 시민으로서 사회 참여를 할 수 있도록 돕는 이념적 철학이다.

3) 사회통합의 철학

사회통합의 철학은 시설에 입소한 클라이언트라도 사회구성원으로서 역할을 수행하며 살아가는 것을 의미한다. 진정한 사회구성원으로 살아가기 위해서는 그 사회에서 인정하는 생활방식과 기회에 완전하게 참여해야 한다. 사회복지시설은 사회통합을 촉진시키기 위해 물리적, 심리적, 문화적인 제약 조건들을 제거하기 위한 노력을 기울여야 한다(정무성, 2004).

사회통합을 이루기 위한 단계는 다음과 같다.

• 첫째, 시설 내부에서 지역사회로 이전하는 것으로 물리적 통합을 이루는 것이다.
• 둘째, 기능적인 통합으로 지역사회 내에서 사는 것이다.
• 셋째, 조직적으로 지역사회의 조직들을 활용하는 것이다.
• 넷째, 사회적 통합으로 지역사회 주민들과 사회적으로 혼합되는 것이다.
• 다섯째, 개인적, 심리적으로 지역사회 주민들과 친밀한 관계를 유지하는 것이다.
• 마지막으로 지역사회에 완전히 통합되는 것이다.

사회통합이 원활히 이루어지기 위해서는 시설에서 계획한 모든 사업과 프로그램이 지역사회 안에서 개방적으로 이루어져야 한다. 다음은 사회통합의 차원을 설명한 것이다.

(1) 물리적 통합

물리적 통합은 사회적 상호작용을 촉진시킬 수 있는 물리적 환경을 마련하는 것이다.   물리적 특징은 다음과 같다.

- 첫째, 시설의 위치, 서비스의 비중이 지역사회에 쉽게 흡수될 수 있는 구조여야 한다.
- 둘째, 시설이 지역사회와 물리적으로 조화로워야 한다.
- 셋째, 접근성이 보장되어야 한다. 교통수단이 편리하고 쉽게 접근할 수 있어야 한다.
- 넷째, 서비스를 제공하는 시설은 인구특성에 따라 분산되어 있으면서도 클라이언트들이 모든 자원을 활용하기 용이하도록 분포 되어야 한다. 그리고 프로그램은 대규모 형태보다는 소규모 형태로 제공되어야 한다.

(2) 사회적 통합

통합은 물리적 조건에 의해서도 영향을 받지만 사회적인 조건에 의해 촉진되거나 감소될 수 있다. 사회적 통합을 촉진시키기 위한 요소는 다음과 같다.

- 첫째, 시설입소 클라이언트에게 낙인 대신 긍정적인 명칭을 사용해야 한다. 클라이언트에게 낙인을 부여할 수 있는 명칭, 시설 및 장소에 대한 명칭 등은 올바른   인식을 향상시키기 위해 고려되어야 한다.
- 둘째, 지역주민과의 긍정적인 접촉이 이루어질 수 있도록 사회적으로 수용되는 태도, 외모, 행동과 같은 요소를 강화하는 프로그램들이 마련되어야 한다.
- 셋째, 직원과 시설종사자의 클라이언트에 대한 태도나 모습도 외부환경의 반응에 영향을 미친다. 클라이언트 이미지를 개선할 수 있는 우수하고 역량 있는 직원의 모습을 나타내야 한다.

4) 자립생활의 철학

자립생활의 철학은 인간이 스스로의 삶을 선택하고 결정하며, 자신의 생활 전반에 대한 통제력을 가지고 있음을 나타내는 것이다. 이는 클라이언트가 어떤 생활 방식을 선택할 것인지, 누구와 어디에서 살 것인지 등을 스스로 결정하는 것이다. 즉, 수동적인 입장에 있지 않으며, 클라이언트가 능동적이고 주체적인 삶의 양식을 가질 수 있다는 이념이다. 따라서 그 선택과 결정에 대한 책임도 클라이언트 당사자에게 있다. 자립생활의 철학은 다음과 같은 내용으로 클라이언트의 시민권과 존엄성을 존중한다(오혜경, 1999).

- 첫째, 모든 인간의 삶은 가치 있는 것이다.
- 둘째, 인간은 누구나 자신을 스스로 선택할 수 있는 능력이 있다.
- 셋째, 다양한 형태의 사회적 제약이 있더라도 자신의 생활 전반을 관리하고 조정할 수 있는 권리가 있다.
- 넷째, 사회생활 전반에 참여할 권리가 있다.

5) 강점중심의 철학

강점중심의 철학은 클라이언트의 잠재능력, 재능, 자질을 강화시켜 줌으로써 사회적 적응을 보다 가능하게 하는데 초점을 둔 운영 철학이자 접근방법이다. 이 접근은 클라이언트의 병리 보다는 강점, 자기결정을 강조한다. 따라서 사회복지전문가들이 클라이언트를 문제가 있는 사람, 결핍자 등의 병리학적 측면에서 접근했던 기존의 조건들을 강하게 비판한다.

이 철학은 클라이언트의 강점과 잠재력에 초점을 맞추는 것은 물론 개인 문제보다는 사회·환경적인 문제의 해결에 더욱 초점을 둔다. 그러므로 실천의 목표로 지역사회, 사회구조, 제도 등에 영향을 미치고자 한다. 이 접근의 실천범위는 개인 중심의 협력 관계부터 지역사회의 내의 중간적인 측면, 사회구조 및 제도개선의 가시적인 측면을 모두 포함한다.

강점중심 철학적 접근의 특성은 다음과 같다.

- 첫째, 문제가 아닌 도전을 강조한다. 클라이언트의 문제를 수치감, 비난,

죄책감, 낙인을 수반하는 전제가 아닌 도전, 성장의 기회로 생각한다.

- 둘째, 병리가 아닌 강점을 강조한다. 문제를 병리의 측면에서 바라보면 대상자나 실천전문가의 강점과 능력을 과소평가할 수 있기 때문이다.
- 셋째, 과거가 아닌 미래를 강조한다. 클라이언트의 미래 성장을 위해 현재의 자원을 탐색하고 사정하며 이를 통합할 수 있는 기회를 강조한다.

따라서 이러한 접근과 철학에서 시설운영자와 사회복지전문가는 다음과 같은 특성을 인지해야 한다.

- 첫째, 사람들은 성장과 변화를 위한 개별적, 본래적 능력을 갖고 있다는 것을 인식한다.
- 둘째, 클라이언트 체계는 자원과 능력을 원천적으로 지니고 있음을 인식한다.
- 셋째, 상호작용과 협력을 통해 기존의 자원을 증대시킬 수 있음을 인식한다.
- 넷째, 긍정적인 변화는 희망과 미래의 가능성 위에 구축됨을 인식한다.
- 다섯째, 클라이언트 체계는 그들의 상황을 가장 잘 아는 체계며, 문제해결을 위한 대안이 주어지면 가장 좋은 해결책을 결정할 수 있음을 확신한다.
- 여섯째, 무력감을 증대시키기보다는 완수감과 능력을 증대시키는 과정을 지지한다. 일곱째, 체계의 결함보다는 체계간의 상호교류 과정에서 도전과 관심을 제기한다.

이러한 특성을 실천하기 위한 실천상의 지침은 다음과 같다.

- 첫째, 클라이언트를 믿는다. 클라이언트가 정직하고 신뢰할 만한 사람이라는 것을 믿고, 모든 사람은 삶의 도전에 대처하고 다른 사람과 상호작용하는 방법 속에서 긍정적인 변화를 할 수 있다고 가정한다.
- 둘째, 강점에 관심을 나타낸다. 클라이언트의 능력, 기술, 자원, 동기를 나타내는 모든 것에 주의를 집중하고, 클라이언트에게 이를 환기시킨다.

- 셋째, 클라이언트의 정체성, 명확성 그리고 클라이언트가 기관에서 기대하는 것을 보다 명확하게 이루도록 돕기 위해 노력한다.
- 넷째, 클라이언트를 자신의 삶, 행동, 상황, 변화 노력이나 치료계획을 가장 잘 수행할 수 있는 전문가로 가정한다.
- 다섯째, 클라이언트에 대한 사정과 개입계획 과정을 클라이언트와 사회복지사가 공동으로 활동하는 것이라고 생각한다.
- 여섯째, 사정을 하지만 진단은 하지 않는다. 또한 클라이언트의 대해 진단적 분류를 사용하는 것을 피한다.
- 일곱째, 이전에 클라이언트가 시행하였던 일들에 대한 논의는 피한다. 이전의 문제 상황을 해결하기 위하여 클라이언트가 시도하여 실패했던 일들에 대한 논의는 대부분 비생산적이다. 그러므로 그 대신 향후 해결해 하는 것에 대해 더 많은 시간과 에너지를 사용하도록 한다.
- 여덟째, 클라이언트의 가족, 사회적 관계망, 지역사회 등의 공식적, 비공식적 자원을 모두 활용한다.
- 아홉째, 개입계획은 클라이언트와 그 상황에 따라 구체적이고 개별화하여 세우도록 한다.

6) 역량강화의 철학

역량강화란 능력을 가지는 것, 능력을 향상시키는 것으로 볼 수 있다. 구체적으로 살펴보면, 목적적 의미에서는 '자신의 삶에 대한 집단적 통제력을 획득하는 것'으로 정의될 수 있다. 과정적 의미로는 '사회복지사들이 사람들의 결여된 힘을 증대시키기 위해 추구하는 방법' 또는 '서비스에서 클라이언트의 참여와 자주 운동을 강화시키는 과정'으로 정의될 수 있다. 도구적 의미에서 보면, '개인, 집단, 지역사회가 그들의 환경에 대한 통제력을 얻고, 그들 자신의 목표를 달성하여 결과적으로 그들 자신과 다른 사람을 원조하여 삶의 질을 최대화시켜 나가는 수단'이라고 정리할 수 있다.

역량강화의 철학은 클라이언트가 스스로 자신의 삶을 운영하도록 개인생활, 대인 관계, 정치적·사회적·경제적·문화적 능력을 증가시키는 목적 또는 과정에 초점을 둔다. 이 철학은 클라이언트 자신의 강점, 이웃과 지역사회의 자원들, 해결이 가능하다는 신념 등에서 출발하여 결과적으로는 사회적·조직적 환경에 대한 개인의 역량강화를 의미한다.

이 철학적 조건의 특성은 다음과 같다.

- 첫째, 생태체계적 관점을 통합하고 있다.
- 둘째, 클라이언트의 결함보다는 감정을 지향한다.
- 셋째, 문제 확인 보다는 문제해결을 추가한다.
- 넷째, 처방에 따른 치료보다는 능력향상, 역량강화에 초점을 둔다.
- 다섯째, 전문가의 전문적 능력보다는 클라이언트가 변화과정의 모든 국면에서 완전한 동반자로 참여해야 한다는 전제를 가지고 있다. 그래서 클라이언트와 전문가 간의 협력적인 동반자적 관계를 강조한다.
- 여섯째, 환경에는 많은 잠재적 자원이 있으므로 다양한 환경적 자원을 활성화하는데 역점을 둔다. 이와 더불어 클라이언트 자신을 자원으로 인식하도록 돕는다.

실천과정에서 역량강화를 위한 개입과정은 다음 세 가지 단계로 구분한다.

- 첫째, 대화 단계이다. 이 단계는 전문가와 클라이언트 간에 상호신뢰라는 협력적 관계를 확립하고 유지시키기 위해 함께 준비하기, 동반자 관계 형성하기, 해결해야 할 일 설명하기, 강점 확인하기, 방향 정하기 등의 활동을 수행한다.
- 둘째, 발견 단계이다. 이 단계에서는 전문가와 클라이언트는 체계적으로 해결에 필요한 자원발굴 방법을 모색하는데, 여기에는 자원체계 조사하기, 자원의 능력 분석하기, 해결책 고안하기 등이 있다.
- 셋째, 발달 단계이다. 이 단계는 클라이언트와 전문가가 기존의 자원을 활성화하고 클라이언트가 목적에 도달할 수 있도록 새로운 대안들을 개발한다. 또한 자원을 조직하고 확대시키며, 결과목적을 달성하기 위해

일하며 공식적인 개입과정을 결정짓는다. 이 단계에는 자원을 활성화시키기, 기회 확장하기, 성공을 인식하기, 결과들을 통합하기 등이 있다.

제4절 사회복지시설 업무의 전자화

1 사회복지시설 업무의 전자화

1) 목적

▶ 사회복지시설의 회계, 인사, 후원금, 서비스 이력관리 등 정보화기반 지원으로 시설 업무처리 지원 및 회계 투명성 제고

▶ 사회보장정보시스템(행복e음) 구축과 함께 온라인 보고 등 시회복지시설 업무를 전자적으로 수행할 수 있도록 업무처리절차 제시

2) 적용시기 : 2010년 1월 4일부터

3) 적용대상 시설

▶ 노인, 장애인, 지역자활센터, 노숙인 등 아동, 사회복지관 등 복지부 소관 사회복지지설
  - 사회복지 사업관련 다음 법률에 의해 신고(지정)한 사회복지지설 중 보건복지부 소관의 시설
  - 사회복지사업법, 노인복지법, 아동복지법, 장애인복지법
  - 정신건강증진 및 종신질환자 복지서비스 지원에 관한 법률, 국민기초생활보장법
  - 농어촌주민의 보건복지증진을 위한 특별법, 노숙인 등의 복지 및 자립지원에 관한 법률
▶ 한부모가족, 성매매, 성폭력, 가정폭력시설 등 여성가족부 소솬 시설은 여성가족부의 별도 지침에 따라 적용

4) 용어의 정리

▶ 사회보장정보시스템(행복e음): 「사회보장기본법」 제37조에 의거 사회
보장수급권자 선정 및 급여 관리 등에 관한 정보를 통합·연계하여 처리·
기록 및 관리하는 시스템

▶ 사회복지시설정보시스템: 「사회복지사업법」 제6조의2에 의거 사회복지
법인 및 시설업무의 전자화를 위하여 구축한 사회복지시설 통합업무관
리시스템

　– 통합회계관리: 회계, 예산, 세무, 인사, 급여, 자산 등 관리

　– 통합고객관리: 후원자, 후원금 관리

　– 시설 유형별 사회복지서비스 이력관리

　– 온라인 보고: 행복e음으로 시설 수급자 생계급여, 운영비 등 보조금
　신청.정산, 입소자·종사자, 예: 결산 등 보고

▶ 민간개발정보시스템: 사회복지시설 등이 민간업체가 개발·보급한 상용
S/W를 구입하거나 자체개발하여 사용하는 정보시스템으로

　– 동 시스템 사용 시설은 사회복지지설정보시스템의 표준연계모듈을
　통해 연계하여 행복e음으로 온라인 업무보고를 처리

2 사회복지시설정보시스템의 활용

1) 사회복지시설정보시스템의 운영기관

　– 한국사회보장정보원

　※ 사회복지시설정보시스템 홈페이지: http://www.w4c.go.kr

2) 주요기능

▶ 통합회계관리

　– 회계, 예산, 세무, 인사, 급여, 자산(비품, 소모품) 관리

* 예산관리: 시설 → 지자체
* 회계, 인사, 급여, 자산, 세무: 시설
* 온라인 보고: 시설 → 지자체
▶ 통합고객관리
　- 후원자, 후원금 관리
　- 후원약속사항(기탁서) 등록, 수입사용 내역 관리 및 공시
* 후원자 등록, 후원금(품)관리, 회계반영: 회계담당
* 온라인 보고: 시설 → 지자체
▶ 온라인 보고
　- 행복e음으로 시설 수급자 생계급여, 운영비 등 보조금 신청·정산, 입
　　소자·종사자, 예산·결산, 후원금 등 보고 및 신청
　- 지자체 공지사항, 질의응답 등 지역사회 내의 의사소통정보 연계
▶ 시설 유형별 사회복지서비스 이력관리(11종)
　- 생활인 및 이용객 관리, 수혜서비스 관리, 사례관리, 각종 일지 관리
　　등
※ 노인생활·재가, 아동생화/지역아동센터, 장애인생활/직업재활, 지역
　자활, 한부모가족, 노숙인 등 노인/사회복지관, 종신보건(11종) 구축

구분	노인생활/재가	노인복지관	아동생활	지역아동	장애인생활	장애인직업재활	사회복지관	지역자활	한부모가족	노숙인	정신보건
대상자관리	O	O	O	O	O	O	O	O	O	O	O
사업관리	O	O	O	O	O	O	O	O	X	O	O
서비스/프로그램관리	O	O	O	O	O	O	O	O	O	O	O
상담 및 사례관리	O	O	O	O	O	O	O	O	O	O	O
일지 및 회의관리	O	O	O	O	O	O	O	O	O	O	O
현황 및 통계	O	O	O	O	O	O	O	O	O	O	O
급식관리	O	O	O	O	O	O	O	X	X	O	O

▶ 온라인 보고 및 절차

적용대상	제출서 유형		보고대상 문서	보고주기
사회복지 시설공통	보조금 보고	보조금 교부신청	운영비 - 보조금교부신청서, 보조금교부청구서, 예산신청 내역서, 인건비 산출내역서, 갸인별시간외근무 내역서, 이용아동명부(지역아동센터)	월/분기/ 반기/년
			생계비 - 생계급여 산출명단	월
		보조금 정산	보조금정산보고서, 보조금정산내역서(명부 포함), 총계정원장	월/분기/ 반기/년
		기능보강 보조금 교부신청	기능보강사업 보조금교부신청서, 기능보강사업보 조금교부청구서, 기능보강사업 예산신청내역서	월/분기/ 반기/년
		기능보강 보조금 정산보고	기능보강사업 정산보고서, 기보강사업정산내역서, 구입장비 세부목록	월/분기/ 반기/년
	입고자 보고	입소자 입퇴소 발생보고	입소자 입퇴소발생보고, 입소자 사망발생보고	발생즉시
		입소자 등록정보 변경보고	입소자 등록정보변경보고	발생즉시
		병원입 퇴원보고	입원입퇴원보고	발생즉시
	종사자 보고	종사자 입퇴사 발생보고	종사자 입퇴사발생보고, 자격증보고	발생즉시
		종사자 등록정보 변경보고	종사자 등록정보변경보고	발생즉시
		종사자 수당신청	종사자 수당신청	월
	복지시설 변경보고		복지시설 변경보고(명칭, 소재지 등)	발생즉시
	예산서		예산총괄표, 예산서 내역, 사업계획서(파일첨부)	년
	추경예산서		추경예산종괄표, 추경예산서내역, 수정사업계획서 (파일첨부)	년
	세입·세출 결산보고		결산총괄표, 세입결산서, 세출결산서, 사업수입명 세서, 정부보조금 명세서, 후원금품 수입사용내역 서 등	년
	비정형 업무보고		비정형 업무보고(파일첨부)	수시

적용대상	제출서 유형	보고대상 문서	보고주기
지역아동 센터	이용자 보고	이용자 이용/종결 발생보고	발생즉시
장기요양	장기요양 연력변경 보고	변경심고서, 인력변경현황	발생즉시
노숙인	노숙인 이용종료 보고	이용종료 보고	발생즉시

▶ 온라인 보고 범위

시설유형	보고문서 범위				
	보조금 신청/정산	종사자	입소자	후원금	예·결산
보조금 지급시설	○	○	○	○	○
보조금 미지급시설	×	○	○	○	○
지자체 설치시설(위탁운영)	○	○	○	○	○

※ 시도에서 직접 보조금을 지급하는 시설의 경우 온라인보고 여부 및 보고절차 등을 자체 판단하여 시행

▶ 온라인 보고 절차
- 사회복지시설은 사회복지시설정보시스템에서 보고문서(보조금 신청, 종사자 보고, 입소자 보고, 후원금품 보고 등) 작성 및 행복e음으로 보고문서 작성
- 지자체 및 사회복지시설 간 보고문서 처리 결과 공유

3) 주요 온라인 보고 세부 절차

(1) 생활시설 입소자 보고

▶ 생활시설에서 입소자에 대한 신변변화가 발생 시 온라인 보고를 통해 즉시 보고
- 보고대상: 입·퇴소자 발생보고, 사망 발생 보고, 입소자정보 변경보고
▶ 온라인 보고는 입소 시 전입신고, 사망 이 사망신고 등과는 별도로 보고함
　※ 입·퇴소 보고 시 전체 입소자는 반드시 주민등록변경(전입·전출) 신고가 선행되어 있어야 하며, 주민등록변경일자를 기준으로 입·퇴소

일자를 보고하도록 함

▶ 입소자의 입퇴소일자 등이 변경되는 경우 입소자정보 변경보고를 수행함

(2) 종사자 보고

▶ 모든 종사자에 대한 입·퇴사 발생 시 온라인 보고를 통해 보고
  - 보고대상: 입·퇴사 발생 보고, 종사자 등록정보 변경보고
▶ 종사자의 입퇴사일자, 직종 등이 변경되는 경우 종사자등록정보 변경보고를 수행함
▶ 종사자 처우개선을 위해 지자체에서 직접 수당을 지급(지자체 → 종사자)하는 경우 종사자 수당신청 보고를 활용할 것

(3) 보조금 교부신청 및 정상

▶ 지자체에서 배정한 보조사업(생계급여, 운영비, 사업비 등)에 따라 보조금 교부신청을 온라인으로 시행
  - 입소자 생계급여 처리절차
  - 시설에서는 생계급여 대상자 명단만 제출
  - 운영비(인건비), 사업비, 기능보강사업비 등 처리절차
  - 보조금 신청기능을 활용하여 온라인 보고
▶ 신청한 보조금에 대한 정산내역을 온라인으로 보고

(4) 민간서비스 연계 및 민간 서비스 이용 대상자 보고

▶ 지역사회 민관협력 강화를 위해 복지서비스 대상자 및 자원 정보를 지자체와 공유

(5) 후원금(품) 수입/사용 보고

▶ 사회복지시설정보시스템을 이용하여 후원금(품)에 대한 수입/사용 내역을 입력

▶ 대표이사와 시설장은 결산보고서를 제출할 때에 후원금(품) 수입 및 사용결과 보고서를 사회복지시설정보시스템을 통해 행복e음으로 보고
- 반드시 전자파일로 제출하여야 함
- 후원금 수입 및 사용결과보고서를 3개월 간 법인이나 시설의 게시판과 인터넷 홈페이지에 공개(시설정보시스템을 통해 공시한 경우 인터넷 공개는 생략가능)

(6) 개인정보 보호 및 유출방지

▶ 시설장은 복지시설에서 관리하고 있는 개인정보가 본래의 목적 외 다른 용도로 사용되어지거나 외부로 유출되지 않도록 관리·감독 철저
- 입소/이용자, 후원자 등의 개인정보 수집에 대한 동의를 받고자 하는 경우, [개인정보보호법] 제15조제2항에 따라 ① 개인정보의 수집·이용 목적 ② 수집하려는 개인정보의 항목, ③ 개인정보의 보유 및 이용기간, ④ 동의를 거부할 권리가 있다는 사실과 동의 거부에 따른 불이익이 있는 경우 그 불이익의 내용 등을 사전에 고지하고, 개인정보 수집·이용 및 제3자 제공동의서를 작성할 것

3) 사용대상

- 사회복지시설(노인, 장애인, 아동 등) 중 보건복지부 소관의 사회복지시설 및 사회복지법인(사회복지시설을 설치·운영하는 법인 또는 보조금을 받는 법인)
- 다만, 어린이집, 경로당, 노인교실 등은 대상 시설에서 제외
- 시설 폐지 신고를 한 경우 폐지신고 수리 전까지 회계처리, 보조금 정산 등의 업무처리를 마무리 하여야함. 다만, 시설 폐쇄 명령으로 시설이 폐지되는 경우 폐지 시점부터 1개월 후까지 사용이 가능함.

사회복지시설 인적자원(종사자) 관리

제1절 채용절차

1 모집

1) 직무분석

시설에 필요한 인력을 모집할 때 가장 먼저 해야 할 일은 직무를 수행하는 데 필요한 능력(지식, 기술, 태도)을 국가가 표준화한 NCS(National Competency Standards, 국가직무능력표준*)를 활용해서 해당 직무에서 수행하는 업무의 내용과 직무수행을 위해 필요한 능력(지식, 기술, 태도 등)을 제시하는 직무기술서를 준비하여야 한다.

* NCS를 활용하게 될 경우 장점		
1. NCS를 활용해서 조직 내 직무를 체계적으로 분석하고 이를 토대로 직무 중심의 인사제도들(채용, 배치, 승진, 교육, 임금 등)운영할 수 있습니다.		
활용분야	**내용**	**기대효과**
채용	NCS 직무기술서를 바탕으로 지원자의 역량을 평가할 수 있는 채용 프로세스 설계 및 도구(채용공고/서류/필기/면접) 개발	직무능력중심 인재채용 (기업·지원자 미스매칭 해소) 입사 시 재교육비용 절감
재직자훈련 (교육)	직급별로 요구되는 직무중심의 교육 훈련 이수 체계 마련	체계적인 교육·훈련시스템 마련 직무 맞춤교육으로 생산성 향상 근로자의 학습참여 촉진
배치·승진	NCS 사내 경력개발경로 개발 배치·승진 체크리스트 개발	인재에 대한 회사의 기대와 근로자의 역량 간 불일치 해소
임금	NCS를 기반으로 한 직무분석으로 연공급 중심의 임금체계를 '직무급' 구조로 전환	근로자의 직무역량과 능력에 따라 적정 임금 지급

2. 취업준비생은 기업이 어떤 능력을 지닌 사람을 채용하고자 하는지 명확히 알고 이에 맞춰 직무능력을 키울 수 있어 스펙 쌓기 부담이 줄어듭니다.

3. 교수자(교육훈련기관, 교사, 교수 등)는 NCS를 활용하여 교육과정을 설계함으로써 체계적으로 교육훈련과정을 운영할 수 있고, 이를 통해 산업현장에서 필요로 하는 실무형 인재를 양성할 수 있습니다.

4. 국가기술자격을 직무 중심(NCS 활용)으로 개선하여 실제로 그 일을 잘 할 수 있는 사람이 자격증을 딸 수 있도록 해줍니다.

* 자료: NCS국가직무능력표준(ncs.go.kr)

※ 직무기술서(job describtions)

직무분석을 통하여 해당 직무의 성격이나 직무개요, 요구되는 자질, 직무내용, 직무방법 및 절차, 작업조건 등을 알아낸 후, 분석한 직무에 대한 주요사항 등을 정리, 기록한 문서이다. 직무기술서는 일반적으로 직무개요, 직무내용, 직무요건 등으로 나누어 전반적인 사항을 기술하면 된다. 또한, 직무기술서는 양식이 따로 정해져 있는 것은 아니므로, 활용목적에 따라 내용과 양식을 달리할 수 있다.

NCS기반 직무기술서는 다음 〈표〉와 같다.

【NCS기반 직무기술서 : 전문직(물리치료사)】

직무 분야	물리치료	NCS 분류체계			
		대분류 06.보건/의료	중분류 01.보건	소분류 01.의료기술지원	세분류 02.물리치료
주요사업	○ 산재노동자 및 지역주민의 보건향상과 복지증진을 위해 의료서비스, 전문재활서비스 등의 기능 수행				
직무수행 내용	○ **(물리치료)** 만성통증 및 신체기능장애를 가진 환자를 대상으로 물리적인 방법 즉 온열치료, 전기치료, 광선치료, 수치료, 기계 및 기구치료, 마사지, 기능훈련, 신체교정운동 및 재활훈련과 이에 필요한 기기, 약품의 사용관리 기타 물리요법적 치료를 적용하는 업무 등				
능력 단위	○ **(물리치료)** 01. 해부학 02. 생리학 03. 운동치료 04. 전기치료 05. 광선치료 06. 수치료 07. 물리치료 검사 및 평가 08. 정형계 물리치료 09. 신경계 물리치료 10. 심폐피부계 물리치료 11. 보장구 의지 12. 스포츠 물리치료 13. 보건행정 14. 물리치료실 및 병원 인증 및 각종 평가관리 15. 통계 분석				
전형 방법	○ 서류전형 → 면접전형 → 최종합격자 발표				
일반 요건	무관				

직무 분야	물리치료	NCS 분류체계			
		대분류	중분류	소분류	세분류
		06.보건/의료	01.보건	01.의료기술지원	02.물리치료
교육 요건	공고문 참고				
자격 요건	물리치료사 면허증 소지자				
필요 지식	○ (물리치료) 인체의 구조, 형태, 병리에 대한 지식, 운동치료의 개념과 운동중재의 원리 그리고 운동기법 적용에 따른 적응증, 금기증에 대한 지식, 물리적인자(전기, 광선, 물) 응용에 대한 과학적 이해와 각 치료별 적용부위, 특성 및 금기증과 적응증에 대한 지식, 환자의 전반적인 상태를 확인하기 위한 각 질환(근골격계, 신경계, 심혈관계, 스포츠 손상등)을 이해하고 질환별 치료법에 대한 지식, 보조기와 의지의 생체 역학을 고려하여 사용목적과 적응증의 이해, 절단부에 대한 적절한 관리와 의지의 선택과 착용방법에 대한 이해, 보건통계 관련 지식, 의료폐기물 관련 지식, 감염관리 지침 및 유해물질 안전관리 지식, 의료관계법규, 보건통계 및 의학통계 기초지식 등				
필요 기술	○ (물리치료) 운동치료의 목적에 따른 기법 적용과 신체 부위에 따른 치료적 운동을 적용시킬 수 있는 기술, 여러 질환의 특성에 맞는 평가 방법들을 적용 기술, 여러 질환의 특성에 맞는 물리적 인자(전기, 광선, 물)치료적용 기술, 질환별(근골격계, 신경계, 심장호흡계)을 파악하고 평가지를 확인할 수 있는 기술, 환자기록지를 보고 평가와 치료계획을 설정할 수 있는 기술, 환자를 대상으로 치료적 운동을 적용을 할 수 있는 기술, 환자에게 알맞은 보조기와 의지를 선택하여 올바른 착용 방법을 훈련시킬 수 있는 기술, 신의료기술 수행을 위한 자료 수집 능력, 의료장비 관리 능력, 보고서 작성 및 전산 업무를 위한 컴퓨터 활용능력, 연구 결과에 대한 해석 및 정리 능력 등				
직무수행 태도	○ (물리치료) 전문성 향상을 위한 적극적인 학습태도, 정확하고 신속하게 검사 결과를 산출하려는 태도, 효율적인 의사결정을 위한 적극적인 의사소통 태도, 성실하고 꼼꼼한 업무 수행 태도, 환자에게 친절한 태도, 지속적으로 자신을 관리하는 태도(시간, 체력, 감정 등), 합리적 문제 해결 능력, 행정관리 능력, 갈등 해결 능력, 유관부서 업무 이해 능력, 연구 자료에 대한 치밀한 분석 태도, 연구 결과물을 명료하게 정리하려는 자세				
직업기초 능력	○ 의사소통능력, 대인관계능력, 문제해결능력, 수리능력, 기술능력, 자원관리능력, 정보능력, 직업윤리				
참고 사이트	○ www.ncs.go.kr 국가직무능력표준(NCS) 홈페이지 ○ www.kpta.co.kr 대한물리치료사협회 홈페이지				

*자료: NCS국가직무능력표준(ncs.go.kr)

【NCS기반 직무기술서 : 의료사회복지사】

직무 분야	사회 복지	NCS 분류체계			
		대분류	중분류	소분류	세분류
		07. 사회복지·종교	01. 사회복지	02. 사회복지서비스	01.사회복지프로그램운영 02.일상생활기능지원 03.사회복지면담 04.사회복지사례관리

주요사업	○ 생명을 존중하며, 인간의 건강과 행복에 기여하기 위해, 최상의 진료, 교육, 연구, 공공보건의료 등 다양한 의료관련 사업수행
직무수행 내용	○ (사회복지) 의료사회복지사는 환자들이 심리사회적, 경제적, 정서적 그리고 기타 개인적인 문제들로 인하여 질환의 치료, 회복 그리고 예방이 원활하지 않을 때, 의료진과의 협진함으로써 병원 내 치료는 물론 원활한 사회 기능을 유지할 수 있도록 돕는데 일조하고 있으며, 공공보건의료에 관한 법률에 따른 공공보건의료사업 관련 업무를 한다.
능력 단위	○ (사회복지) 01. 의료사회복지업무(상담 및 지역사회연계 등) 02. 기타 공공보건의료사업 등
전형방법	○ 서류전형 → 면접전형 → 최종합격자 발표
일반요건	무관
교육요건	공고문 참고
자격요건	사회복지사 2급 이상 자격증 소지자
필요 지식	○ (사회복지) 사회복지 윤리강령, 사회복지 및 의료사회복지제도 관련 지식 및 활용방법, 환자와 가족의 심리·사회적 특성에 대한 지식, 의료사회복지 상담 기술, 기초의학용어 숙지, 의료환경에 대한 이해, 의무기록/의료사회복지 기록 작성방법, 의료사회사업의 행정 실무, 팁접근, 기타 공공보건의료사업에 대한 이해
필요 기술	○ (사회복지) 개인력, 가족 및 사회적 배경 조사, 정서적 심리사회적 문제의 사정, 평가 및 지지, 경제적 상황 평가 및 지역사회 연계, 퇴원 계획, 치료팀과의 협진, 집단 상담 및 교육, 의료사회복지관련 학회 및 협회 참여, 의료사회복지 기획 및 평가, 문서 수발, 의료사회복지기록 및 정리 보관, 기타 공공보건의료사업 참여
직무수 행태도	○ (사회복지) 업무수행 지침 및 규준 준수, 개인정보보호 준수, 성실하고 꼼꼼한 업무 수행태도, 발생되는 오류에 대해 정직함, 대민 친절성 및 마찰해소 노력, 환자에 대한 공감적이며 친절한 태도, 맡은 업무에 대한 끈기, 직장 동료와의 업무협조 정도, 전문성 향상을 위한 적극적인 학습태도, 업무처리에 대한 정확성과 민첩성, 종합실무능력 등
직업 기초능력	○ 의사소통능력, 대인관계능력, 문제해결능력, 수리능력, 기술능력, 자원관리능력, 정보능력, 직업윤리
참고 사이트	○ www.ncs.go.kr 홈페이지 → NCS 학습모듈 검색

*자료: NCS국가직무능력표준(ncs.go.kr)

2) 모집 공고

(1) 공개모집 원칙

사회복지법인 또는 시설에서 직원 채용 시에는 해당 법인 또는 시설 홈페이지, 지자체 홈페이지, 워크넷, 복지넷, 사회복지시설정보시스템 중 2곳 이상의 사이트(단, 사회복지시설정보시스템에는 반드시 공고) 등에 채용 관련 사항을 15일 이상 공고한 후 법인 및 시설 내규 등에 의해 채용할 것

   ※ 시설운영위원회를 신규직원 선발과정에 활용하는 방안의 모색이 필요하며,

   ※ 긴급한 업무처리 등 불가피한 사유가 있는 경우, 공고기간을 자체사정에 따라 7일 이상 15일 이하로 단축 가능하며,

   ※ 특히, 시설 재무·회계담당자는 법인임원이나 시설장과 독립적인 자로 선발하여 법인 및 시설운영의 투명성 제고가 요구됨.

   채용 과정에서 종교 관련 정보, 가족관계, 출신지역 정보 등 개인정보 취합 금지.

(2) 공개모집 원칙의 예외

   ① 다음 각 목의 어느 하나에 해당하는 경우, 아래의 조건을 모두 충족하는 전제 하에 공개모집 원칙을 완화하여 적용할 수 있음.

[전제 사항]

㉮ 종전에 공개모집 절차에 따라 채용된 사람일 것
㉯ 동일한 설치·운영자와 근로·고용계약이 체결되어 있을 것
㉰ 해당 시설을 운영하는 법인의 임원, 운영자 개인 또는 시설장과 특별한 관계가 없을 것
㉱ 해당 직위와 관련하여 법령에 따른 자격기준을 충족시킬 것

   가. 동일한 시설 내에서 승진, 인사이동 등으로 보직이 변경되는 경우
      ※ 채용 당시 ①에서 제시된 전제 조건을 모두 충족하여 채용된 기간제 근로자 등이 정규직 전환이 필요한 경우에도 시설 내에서 보직

　　　　이 변경되는 경우로 적용 가능

나. 동일한 설치·운영자*가 각각 설치·운영하는 시설 간 인사 이동

　　* 다만, 시설장으로 근무 중인 성직자가 소속 종교단체의 인사발령으로 타 시설의 시설장으로 인사 이동하는 경우, 해당 종교단체를 [동일한 설치·운영자]로 볼 수 있음

다. 설치·운영자가 법인인 경우로서 해당 법인의 사무국*에 근무하다, 그 법인이 설치·운영하는 시설로 인사이동 하는 경우

　　* 법인 정관 또는 하위 규정에 따른 사무국 조직 및 정원 등 관련 규정이 있는 경우

라. 법령에 따라 사회복지시설이 통합되는 경우나 시설 위·수탁 계약에 따라 종전 종사자의 고용승계를 하는 경우

마. 출산 또는 육아를 위해 휴직한 사람을 대체하기 위해서 고용된 경우*로서, 그 고용의 원인이 된 출산·육아 휴직기간이 연장되어, 그에 따라 해당 근로계약 기간을 연장하고자 하는 경우

　　* 대체근무자로 최초로 고용되는 경우에는 공개채용 하여야 함

② ①의 가, 나, 다목에서 명시하고 있는 특별한 관계에 있는 사람의 범위는 다음과 같음

[특별한 관계 있는 사람의 범위]
■ 시설 설치·운영자인 법인의 임원, 운영자 개인 또는 시설장과의 관계가 다음 어느 하나에 해당하는 사람 　가. 6촌 이내의 혈족 　나. 4촌 이내의 인척 ■ 법인의 임원, 운영자 개인 또는 시설장의 금전 그 밖의 재산에 의하여 생계를 유지하거나, 그와 생계를 함께 하는 사람

③ ①의 가, 나, 다목에 따른 인사이동으로 인해 발생한 공석은 가, 나, 다목에 따라 충원되지 않았을 시 공개모집 절차로 충원할 것

④ 공개모집 원칙의 예외를 적용할 경우, 시설의 설치·운영자는 그 시설장, 종사자 등과의 근로계약관계에 있어서 관계법령의 위반이 없도록

할 것

⑤ 종교, 학교법인 소속 시설에 대한 각 법인 관계자의 임명 건은 '19년 1월 1일 이전 건에 한하여 인정함

2 선발

선발이란 응시자 중 시설에 적합하다고 판단되는 지원자를 선발하는 과정이다. 선발을 위해서는 서류전형, 시험 및 면접 등의 절차에 따라 이루어진다.

1) 서류전형

서류전형은 지원자가 제출한 서류를 통해 해당 직무에 적합한 인재를 일차적으로 선발하는 과정으로 사전에 마련된 심사평가기준에 따라 평가를 하게 된다. 서류전형의 절차는 다음과 같다.

① 제출된 서류를 정렬 기준에 따라 정리한다.

② 제출된 서류의 내용 검토를 통해 적격성 여부를 확인하고, 오류나 진위 여부를 확인한다.

③ 부적격자를 제외하고 명부를 만든다.

④ 지원자들의 서류를 심사평가서(심사평가기준표 제시)와 함께 복수의 심사자에게 심사를 의뢰한다.

⑤ 심사결과의 순위에 따라 명부를 작성한다.

⑥ 시험 또는 면접 대상자를 선발하고 대상자에게 개별 통보한다.

시험대상자는 결격자를 제외하고 가능한 전원을 대상으로 하고, 면접대상자는 대체로 서류전형 합격자 중 모집인원의 3배수 또는 5배수로 압축한다.

2) 시험 및 면접

서류전형 합격자에 대해 해당 직무의 전문성에 대한 객관성을 확보하거나 대규모 인원을 선발하는 경우에는 시험심사를 실시하지만 소규모인 1~2명을 선발하는 경우에는 시험심사를 생략하고 면접심사로 선발한다.

3 임용

서류전형, 시험 및 면접 심사를 거쳐 합격자가 결정되면 인사위원회의 심의·의결 후 임용후보자 명부를 작성하고, 다시 한번 결격사유를 확인 후 근로계약을 체결하고 해당 직무를 수행하도록 하는데 이를 임용이라 한다.

1) 임용후보자 명부작성

시설의 인사담당자는 선발과정을 거쳐 합격자가 결정되면 임용후보자 명부를 작성하고, 임용후보자에게 채용 신체검사, 범죄경력조회 동의서 등의 구비서류를 제출하도록 한다.

2) 적격성 확인

시설 종사자 등 결격사유 조회를 통하여 최종 적격성 여부를 확인한다.
※ 종사자 등 결격사유 조회 시 유의사항
　임원, 시설장 및 종사자 등에 대한 결격사유 조회는 「형의 실효 등에 관한 법률」 제6조 각 호에 따라 최소한의 범위에서 가능
　- 기존 직원에 대한 범죄 관련 수사 등으로 인해 평소의 근무상태에 변화가 초래되거나 기타 다른 사유로 인해 기존 근무를 계속 유지할 수 없는 사정이 발생하는 등의 경우가 아닌 아무 이유 없이 범죄경력 조회가 이루어지는 것은 개인정보 침해 및 경찰청 범죄경력 조회의 과중한 업무 부담을 초래할 수 있으므로 단지 점검 목적의 이유로 범죄경력 조회는 지양할 것.

3) 호봉 획정

시설에 신규로 임용되는 종사자는 신규임용 전에 초임 호봉을 획정한다. 초임 호봉은 1호봉으로 하되, 인정되는 경력이 있는 경우 환산된 근무경력 1년을 1호봉으로 가산하여 초임 호봉을 획정한다. 초임호봉의 획정에 반영되지 아니한 1년 미만의 잔여기간은 다음 승급기간에 산입한다.

4) 근로계약 체결

임용이 확정된 자는 시설과 근로계약을 체결하고 직무를 수행하게 된다. 근로계약은 「근로기준법」을 준수하여 근로조건을 종사자에게 불리하게 해서는 아니 됨. 근로계약서에는 근로계약의 당사자, 근무 장소, 근무일 및 근로시간, 임금 및 지급방법, 계약기간, 기타사항 등이 포함된다. 근무일 및 근로시간은 주당 근무하는 날자와 휴일 요일과 1일 및 주간의 소정 근로시간을 말하며, 그 외에도 시업 및 휴업시간, 휴일, 연차 및 유급휴가 등을 명시하기도 한다. 임금은 시급, 일급, 월급, 연봉의 형태를 말하며, 임금체계 내역으로 기본급과 제수당 그리고 상여금 등을 명시한다.

> ※ 종사자 채용계약 시 준수사항
> ▸사회복지사업법 제35조의3
>   – 해당 법인 또는 시설의 종사자를 채용할 때 정당한 사유 없이 채용광고의 내용을 지원자에게 불리하게 변경하여 채용할 수 없음
>   – 해당 법인 또는 시설은 종사자를 채용한 후에 정당한 사유 없이 채용광고에서 제시한 근로조건을 종사자에게 불리하게 변경하여 적용할 수 없음
>   * 제35조의3제1항 및 제2항을 위반하여 근로조건을 변경·적용한 경우 500만원 이하의 과태료 부과대상

※ 근로기준법 등 적용

▸ (원칙) 사회복지시설에도 「근로기준법」 등 관계법령에 의한 근로기준을 적용하여 시설종사자의 기본적 생활을 보장 및 향상시키며 사회복지시설 관리의 효율성, 민주성을 기할 것

▸ (비정규직 문제) 비정규직 차별 문제의 시정을 위해 관계법령 등 준수할 것

〈기간제 및 단시간근로자 보호 등에 관한 법률〉
제5조(기간의 정함이 없는 근로자로의 전환) 사용자는 기간 정함이 없는 근로계약을 체결하고자 하는 경우에는 당해 사업 또는 사업장의 동종 또는 유사한 업무에 종사하는 기간제종사자를 우선적으로 고용하도록 노력하여야 한다. **제7조(통상근로자로의 전환 등)** ① 사용자는 통상근로자를 채용하고자 하는 경우에는 당해 사업 또는 사업장의 동종 또는 유사한 업무에 종사하는 단시간근로자를 우선적으로 고용하도록 노력하여야 한다.

▸ (4대 보험 경비) 관련 법상 4대 보험 가입 대상을 확인하여 관련 법령에 위반되지 않도록 할 것

표준근로계약서(기간의 정함이 없는 경우)

_____(이하 "사업주" 라 함)과(와)_____(이하 "근로자" 라 함)은 다음과
같이 근로계약을 체결한다.

1. 근로개시일 :   년   월   일부터

2. 근 무 장 소 :

3. 업무의 내용 :

4. 소정근로시간 : __시__분부터 __시__분까지 (휴게시간 : 시 분~ 시   분)

5. 근무일/휴일 : 매주 __일(또는 매일단위)근무, 주휴일 매주 __요일

6. 임 금
   - 월(일, 시간)급 : _____원
   - 상여금 : 있음 (   ) _____원, 없음 (   )
   - 기타급여(제수당 등) : 있음 (   ),   없음 (   )
     · _____원, _____원
     · _____원, _____원
   - 임금지급일 : 매월(매주 또는 매일) ____일(휴일의 경우는 전일 지급)
   - 지급방법 : 근로자에게 직접지급(   ),   근로자 명의 예금통장에 입금(   )

7. 연차유급휴가
   - 연차유급휴가는 근로기준법에서 정하는 바에 따라 부여함

8. 사회보험 적용여부(해당란에 체크)
   ☐ 고용보험 ☐ 산재보험 ☐ 국민연금 ☐ 건강보험

9. 근로계약서 교부
   - 사업주는 근로계약을 체결함과 동시에 본 계약서를 사본하여 근로자의 교부요구와 관
     계없이 근로자에게 교부함(근로기준법 제17조 이행)

10. 근로계약, 취업규칙 등의 성실한 이행의무
    - 사업주와 근로자는 각자가 근로계약, 취업규칙, 단체협약을 지키고 성실하게 이행하여
      야 함

11. 기   타
    - 이 계약에 정함이 없는 사항은 근로기준법령에 의함

                        년   월   일

(사업주) 사업체명 :   (전화 :   )
         주   소 :
         대 표 자 :   (서명)

(근로자) 주   소 :
         연 락 처 :
         성   명 :   (서명)

표준근로계약서(기간의 정함이 있는 경우)

_____(이하 "사업주" 라 함)과(와) _____(이하 "근로자" 라 함)은 다음과 같이 근로계약을 체결한다.

1. 근로계약기간 :   년   월   일부터   년   월   일까지

2. 근 무 장 소 :

3. 업무의 내용 :

4. 소정근로시간 : __시__분부터 __시__분까지 (휴게시간 : 시 분~ 시 분)

5. 근무일/휴일 : 매주 __일(또는 매일단위)근무, 주휴일 매주 __요일

6. 임 금
   - 월(일, 시간)급 : _____원
   - 상여금 : 있음 (   ) _____원, 없음 (   )
   - 기타급여(제수당 등) : 있음 (   ),   없음 (   )
     · _____원, _____원
     · _____원, _____원
   - 임금지급일 : 매월(매주 또는 매일) ____일(휴일의 경우는 전일 지급)
   - 지급방법 : 근로자에게 직접지급(   ),   근로자 명의 예금통장에 입금(   )

7. 연차유급휴가
   - 연차유급휴가는 근로기준법에서 정하는 바에 따라 부여함

8. 사회보험 적용여부(해당란에 체크)
   ☐ 고용보험 ☐ 산재보험 ☐ 국민연금 ☐ 건강보험

9. 근로계약서 교부
   - 사업주는 근로계약을 체결함과 동시에 본 계약서를 사본하여 근로자의 교부요구와 관계없이 근로자에게 교부함(근로기준법 제17조 이행)

10. 근로계약, 취업규칙 등의 성실한 이행의무
    - 사업주와 근로자는 각자가 근로계약, 취업규칙, 단체협약을 지키고 성실하게 이행하여야 함

11. 기 타
    - 이 계약에 정함이 없는 사항은 근로기준법령에 의함

                        년   월   일

(사업주) 사업체명 :   (전화 :   )
        주   소 :
        대 표 자 :   (서명)

(근로자) 주   소 :
        연 락 처 :
        성   명 :   (서명)

※ 기타 주의사항

종사자 채용 시 결혼, 임신, 출산 등에 대한 사항을 질문할 경우, 해당 질문이 지원자를 우대, 배제, 구별하거나 불리하게 대우하려는 의도를 내포한다면 차별행위에 해당함

– 정당한 사유 없이 단순히 장애가 있다는 사실만으로 서류심사 등에서 탈락시키거나, 종교행사에 참석을 강요하고, 적극적 참여를 하지 않거나 비협조적이라는 이유로 근로계약을 종료하는 경우 장애나 종교를 이유로 한 차별행위에 해당함

5) 종사자 보고 및 인사기록부 작성

사회복지시설에서 사회복지사 자격을 가진 종사자를 임면한 경우에는 그 임면이 있는 달 말일까지 시설정보시스템 또는 서면으로 해당 사실을 시·군·구청장에게 보고할 것. 시설에서 시스템을 통한 종사자 보고가 이루어지면 인건비는 자동으로 생성된다.

사회복지시설은 임용자 개인별 인사기록카드를 비치해야 하며, 필요한 내용을 정기적으로 업데이트한다. 인사기록카드에는 입사 전 경력사항, 입사 후 교육 및 연수 참가기록, 포상, 업무평가기록, 인사고과기록, 승진기록 등의 내용이 포함되며 개인별로 관리한다.

인사기록카드는 인사관련 서류철에 보관한다. 채용 시 제출받은 인사관련 서류철을 별도로 보관하고, 이력사항의 변동사항 또는 건강진단서 등 추가 서류를 첨부하여 둔다. 서류철에는 출근부와 근무상황부가 비치관리 되며, 인사관련 서류는 시설정보시스템에 입력한 후 출력하여 보관한다.

제2절 종사자 교육훈련 및 복무관리

1 교육훈련

교육훈련은 시설 종사자들의 소양과 능력 개발, 직무수행에 필요한 지식과 기술의 향상, 가치관과 태도 등을 바람직한 방향으로 변화시키기 위한 활동이다. 시설 종사자에 대한 교육훈련은 교육사정, 전략의 선택, 교육 및 평가의 과정으로 진행한다. 각 시설은 종사자 교육훈련 계획을 수립하여 실시하여야 한다.

2 슈퍼비전

슈퍼비전이란 시설 종사자가 서비스를 효과적이고 효율적으로 전달하기 위해 필요한 지식과 기술을 잘 사용할 수 있게 도와주는 활동이다. 슈퍼비전을 주는 사람을 슈퍼바이저(supervisor)라 하고, 받는 사람을 슈퍼바이지(supervisee)라고 한다. 슈퍼비전은 실습생 뿐만 아니라 신입직원, 재직 직원들에게도 실시된다. 사회복지서비스는 전문직무로서 재교육이 지속적으로 이루어지고, 내용면에서도 다양하고 깊이 있게 다루어져야 한다는 점에서 시설의 모든 종사자은 슈퍼비전의 대상이 된다. 우리나라에서는 직속 상급자가 종사자에게 슈퍼비전을 하게 되는데 이 때 슈퍼바이저는 행정직 상급자, 교육자, 상담자로서의 역할을 한다(Kadushin, 1992). 행정직 상급자로서는 정책, 과정, 규칙에 잘 따르도록 지도·감독하고, 교육자로서는 전문적 지식과 기술을 증진시키며, 상담자로서는 사회적 지지를 제공하는 역할을 하게 된다.

1) 슈퍼비전의 내용

① 업무할당과 수행을 위한 개인 및 집단의 목표 설정

② 참여적 의사결정 수행

③ 집단과정 지도

④ 기획업무 및 사례관리

⑤ 의사소통 네트워크 개발

⑥ 종사자의 사기 진작

⑦ 종사자와 클라이언트에 대한 옹호

⑧ 갈등 관리

⑨ 사례 자문 및 전문직업적지지

2) 슈퍼비전의 모형

(1) 개별 슈퍼비전

슈퍼바이저와 슈퍼바이지가 1대 1의 관계로 구성되며, 일정한 간격을 두고 지속적으로 슈퍼비전이 수행된다.

(2) 집단 슈퍼비전

한명의 슈퍼바이저와 5~7명의 슈퍼바이지 집단으로 구성되며, 슈퍼바이지 집단이 슈퍼바이저 역할을 부분적으로 수행할 수도 있다. 집단 슈퍼비전은 비용 절감과 자신 및 다인에 대한 이해와 협동능력을 발전시키는데 유용하다.

(3) 동료 슈퍼비전

시설의 모든 종사자들이 다른 동료의 업무에 대해서 건설적, 비판적으로 참여하는 것으로 슈퍼비전에 참여하는 모두가 동등한 책임을 갖는다. 동료 슈퍼비전은 집단의 응집력이 큰 경우 유용하다.

(4) 팀 슈퍼비전

같은 업무를 공유하는 팀이 슈퍼비전의 단위가 되고, 팀이 역량강화를 위해 수행된다. 물론 팀에는 사회복지사만이 아니라 다양한 업무 종사자들이 포함되므로 역동적 측면이 강조된다. 따라서 사회복지사들로만 구성된 슈퍼비전과는 차이가 있다.

3 복무관리

복무는 어떤 직무에 힘써 일하는 것을 의미한다. 복무에는 업무와 관련된 휴가, 출근, 당직근무, 파견 등의 모든 행위를 포함된다. 복무에 대한 사항을 문서로 명시한 것이 복무규정이다. 복무규정을 작성할 때에는 특정 부서에만 해당하는 내용이 아닌 기업 내에 근무하는 모든 직원에게 포괄적으로 적용되는 규칙을 작성하여야 한다. 업무별로 자세하게 기재하여 후에 새롭게 채용된 직원도 복무규정을 숙지하여 업무에 임할 수 있도록 하여야 한다.(붙임 14 참조)

〈종사자의 복무의무〉
시설 종사자는 다음 사항을 준수하여야 한다.
① 종사자는 맡은 바 직무를 충실히 수행하여야 한다.
② 종사자는 재직 중이나 퇴직 후에도 직무상 취득한 비밀을 엄수하고 기밀을 누설해서는 아니 된다.
③ 종사자는 시설의 제반 규정을 준수하고, 상사의 정당한 직무상 지시에 따라야 한다.
④ 종사자는 종사자로서 품위를 손상하거나 시설의 명예를 실추시키는 행위를 하여서는 아니 된다.
⑤ 종사자는 상사의 허가 없이 중요서류를 차출 또는 타인에게 열람시키지 못한다.

⑥ 종사자는 영리를 목적으로 하는 직무에 종사하지 못하며 시설장의 허가 없이 다른 직무를 겸할 수 없다.

⑦ 종사자는 업무와 관련하여 외부로부터 직·간접적인 사례, 증여, 향응에 응해서는 아니 된다.

사회복지시설 조직구조의 설계

조직구조 설계의 기본개념으로 직위와 권한이 있다. 조직구성의 기본 단위는 직위(職位, position)이다. 직위는 조직 내의 한 사람에게 부여된 조직상의 지위(status)로서 직무와 책임 즉, 직무와 이와 관련하여 주어진 권한과 의무 등을 포함한다. 이에 직위는 조직의 직능구조 및 지배구조의 기초단위가 된다.

직위는 과업(task)과 구분되는 바, 과업은 직위에 포함된 개개의 일의 최소 수행단위로서 일의 단위를 더 쪼갤 수 없는 단위를 말한다. 따라서 조직 속의 한사람은 하나의 직위를 수행하면서 여러 가지 과업을 수행하게 된다.

1 조직설계의 원리

조직구조 설계의 기본적인 원리는 분업과 조정의 원리로 구분할 수 있다(오석홍, 2005: 376-378). 분업과 관련된 원리는 분업의 원리, 부성(문)화의 원리, 참모조직의 원리 등이다. 한편 조정과 통합에 관한 원리는 조정의 원리, 계층제의 원리, 명령통일의 원리, 통솔범위의 원리 등을 들 수 있다.

분업의 원리(division of work principle)는 일은 가능한 한 세분화하여야 한다는 원리이다. 부성(문)화의 원리(departmentalization principle)는 동질적이거나 유사한 업무를 묶어 조직 단위를 구성하여야 한다는 원리이다. Gulick(1937: 15-35)은 부성(문)화의 기준으로 목적 또는 기능, 과정과 절차, 수혜자 도는 취급물, 그리고 지역 또는 장소 네 가지를 제시하였다. 조정의 원리(coordination principle)는 권한의 구조를 통하여 분화된 활동을 통합하여야 한다는 원리이다.

계층제의 원리(principle of hierarchy)는 권한과 책임의 정도에 따라 공식구조를 구성하는 구성원들 간에 상하 계층을 설정하여 각 계층 간에 권한과 책임을 부여하고 명령계통과 지휘-복종관계를 확립하는 원리이다.

명령통일의 원리(unity of command principle)는 조직구성원은 한 사람의 상관으로부터만 지시와 명령을 받고, 한 사람의 상관에게만 보고를 하여야 한다는 원리이다.

통솔(감독) 범위의 원리(span of control principle)는 상관이 부하를 효율적으로 통제하고 감독하기 위해 대상 인원의 범위를 적절하게 제한해야 한다는 원리이다. Koontz, O'Donnel, & Weihrich(1986: 236-238)은 통솔 범위에 영향을 주는 요소로는 조직방침의 명확성 정도, 객관적 표준 이용의 가능성, 부하의 과업 성격, 전문 보좌관의 이용 가능성, 부하의 능력, 지역적 위치, 환경의 안정성 등을 제시하고 있다.

2 조직구조의 형태

조직구조의 대표적인 형태는 기능식 부문화와 사업부제 부문화로 구분된다.

1) 기능식 부문화

기능식 부문화는 [그림 2-1]에서 보는 바와 같이 유사하거나 관련성이 있는 기능을 가진 전문가들을 한 부서로 편재시키는 것이다. 여기에서 기능이란 조직의 목적 달성을 위해 수행해야만 하는 기본적인 활동이나 기능을 amlal하며, 사회복지관의 사례관리, 서비스제공, 지역조직화 등과 같은 활동이다.

조직은 목적달성을 위해 필요한 매우 기본적인 기능과 활동만을 먼저 시작한다. 그리고 조족의 성장에 따라 조직이 해야 할 일이 더욱 많아지게 되면, 새로운 전문적인 활동이 더욱 필요하게 되고 그런 전문적인 활동을 위한 부서의 필요성이 증대되게 된다. 이에 따라 조직이 전문화된 기능별로 세분화를 하는 것이다.

조직구조의 기능적 부문화는 전문가 양성의 용이함, 자원의 효율적 활용, 경제적 규모의 달성 용이, 기능 내에서 조정 용이, 경쟁자에 대한 기술적 우위 확보의 가능성 등의 장점이 있으나, 한편으로 기능간 문제해결 지연, 최고계층으로 의사결정권의 몰림, 순차적 특성으로 병목현상 발생, 성과에 대한 불명확한 평가 등의 단점이 있다.

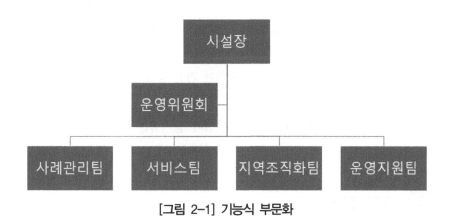

[그림 2-1] 기능식 부문화

2) 사업부제 부문화

사업부제 부문화는 [그림 2-2]와 같이 독립적인 사업부로 부문화 후 각 사업부 내부에 기능적 부문화가 이루어지는 형태이다.

이러한 사업부제 하에서의 단위 사업부는 다른 상업부들과는 독립적으로 운영할 수 있는 자원을 가지고 있다는 측면에서 상당히 자족적이다. 각 사업부의 장은 사업부의 성과와 발전에 대한 책임과 더불어 조직 전체의 성과에 대한 책임이 있는 관리자들이 맡게 된다.

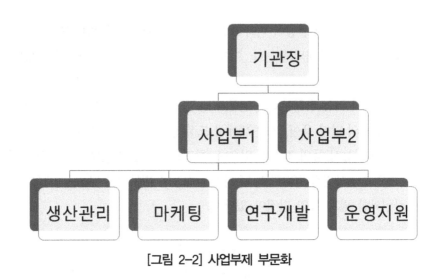

[그림 2-2] 사업부제 부문화

이와 같은 사업부제로 조직이 변화하는 가장 중요한 이유는 조직이 다각화 전략*을 추구하기 때문이다.

* 하나의 조직이 서로 다른 여러 산업에 참여하는 것

3 조직 체계

1) 통합체계

통합(integration)이란 조직이 일정한 목표의 달성을 위해 활동하는데 있어서 구성원 각 개인이나 단위조직 들의 기능이 합목적적이 되도록 조정하고 선도하며, 또 언제 어디서나 발생할 수 있는 일탈을 예방 및 통제하는 것을 뜻한다. 따라서 통합체제는 조직의 최고위층에 위치하면서 여러 가지 방법 즉, 기획(planning), 인사(staffing), 지휘(directing), 조정(coordinating), 보고(reporting), 예산(budgeting) 등의 수단을 사용하여 하위 부서들의 역할을 유기적으로 연결하고, 조직 목표의 달성을 위한 최대의 효과를 거둘 수 있도록 하는 것이다(배득종 외, 2006). 조직의 최고관리자는 오로지 통합기능만을 위주로 존재하는 체계라는 점에서 통합체계라고 한다.

2) 지원체계

조직의 최고관리자의 지휘 하에 각 부서가 클라이언트들을 대상으로 복지서비스를 수행하게 된다. 이처럼 각 부서가 업무를 수행하기 위해서는 여러 가지 자원이 필요하다. 우선 사람이 필요하고, 그들이 모여서 일을 할 조직이 필요하며, 돈도 필요하고, 행동 지침이 되는 규칙도 필요하다. 이렇듯 각 부서들이 일을 하기 위해 필요한 자원들을 공급해 주는 부서들이 바로 지원체계이다. 만약 이런 지원체계들이 각 집행부서에서 필요한 자원을 공급해 주지 않으면 각 집행부서는 일을 제대로 수행할 수 없게 된다.

조직 체계 중에서 지원체계에 속하는 부서(운영지원팀)들은 클라이언트를 대상으로 업무를 직접 수행하는 부서들이 아니다. 이들은 조직 구성원들을 대상으로 한 지원업무를 펼친다.

3) 집행체계

집행체계는 클라이언트를 대상으로 직접 복지서비스를 수행하는 부서들을 말한다. 지원체계가 서비스의 집행에 필요한 자원을 제공하는 체계라면 집행체계는 각종 자원을 가지고 복지서비스를 직접 만들어 제공해주는 사업수행 부서 또는 사례관리팀, 서비스팀, 지역조직화팀 등과 같은 체계이다.

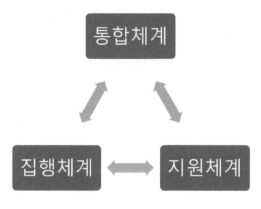

[그림 2-3] 사업부제 부문화

문서관리

제1절 문서의 개요

1 문서의 의의와 필요성

1) 문서의 의의

문서란 문자나 숫자 또는 기호를 사용하여 어떠한 물체 위에 특정인의 구체적 의사를 연속적 상태로 표시한 것을 말함

2) 문서의 필요성

일반적으로 다음과 같은 경우 문서가 필요하다.

① 내용이 복잡하여 문서가 없이는 당해 업무 처리가 곤란할 때
② 사무처리 결과의 증빙자료로서 문서가 필요한 때
③ 사무처리의 형식상 또는 체제상 문서의 형식이 필요한 때
④ 사무처리에 대한 의사소통이 대화로는 불충분하여 문서에 의한 의사소통이 필요한 때
⑤ 사무처리의 결과를 일정기간 동안 보존할 필요가 있을 때 등

2 문서처리의 원칙

1) 즉일처리 원칙

문서는 내용이나 성질에 따라 그 처리기간이나 방법이 다르지만 효율적인 업무수행을 위하여 그날로 처리하는 것이 바람직하다.

2) 책임처리 원칙

문서는 정해진 사무분장에 따라 각자의 직무의 범위 내에서 책임을 가지고 관계규정에 따라 신속, 정확하게 처리하여야 한다.

3) 적법성 원칙

문서는 법령의 규정에 따라 일정한 형식 및 요건을 갖추어야 하며, 권한 있는 자에 의해 작성, 처리되어야 한다. 즉, 중요한 요건을 결함으로써 문서의 신뢰성을 저해하거나 법령위반 문제가 발생하지 않도록 하여야 한다.

3 문서의 종류

1) 작성주체에 의한 분류

(1) 공문서

공문서는 행정기관 또는 공무원이 직무상 작성 또는 접수한 문서를 말함. 따라서 공문서에는 일반적인 문서는 물론 도면, 사진, 디스크, 필름과 슬라이드 등도 포함된다.

☛ 공문서가 유효하게 성립되기 위한 일반적 요건
① 당해기관의 의사표시가 명확하게 표시될 것
② 위법·부당하거나 시행 불가능한 사항이 없을 것

③ 당해기관의 권한 내의 사항 중에서 작성될 것

④ 법령에 규정된 절차에 따라 형식이 정리될 것

(2) 사문서

사문서는 개인이 사적인 목적을 위하여 작성한 문서

☞ 사문서도 각종 신청서 등과 같이 행정기관에 제출하여 접수가 되면 공
문서가 됨.

2) 유통대상에 의한 분류

(1) 대내문서

당해 기관 내부에서 지시, 명령 또는 협조를 하거나 보고 또는 통지를 위
하여 수발하는 문서

(2) 대외문서

국민이나 단체 또는 다른 행정기관(소속기관 포함) 간에 수발하는 문서

(3) 전자문서

컴퓨터 등 정보처리능력을 가진 장치에 의해 전자적인 형태로 작성, 송.수
신 또는 저장된 문서

4 문서의 작성형식

1) 법규문서: 조문형삭, 누년 일련번호 사용

(예: ○○○ 법률 제1234호)

2) 훈령: 조문형식 또는 시행문형식, 누년 일련번호 사용

(예: 훈령 제5호)

3) **지시**: 시행문형식, 연도표시-일련번호 사용

　　(예: 지시 제2022-5호)

4) **예규**: 조문형식 또는 시행문형식, 누년 일련번호 사용

　　(예: 예규 제5호)

5) **일일명령**: 시행문형식 또는 회보형식, 연도별 일련번호 사용

6) **고시**: 연도표시-일련번호 사용

　　(예: 고시 제2022-5호)

7) **공고**: 연도표시-일련번호 사용

　　(예: 공고 제2022-5호)

8) **일반문서**: 시행문 또는 서식형식, 문서번호 사용

　　(예: 운영지원과-100)

9) **회보**: 회보형식, 연도별 일련번호 사용

　　(예: 회보 제5호)

10) **보고서**: 기안문 또는 간이서식형식, 문서번호 사용

　　(예: 운영지원과-505)

※ 용어의 정리

① 누년 일련번호: 연도구분 없이 누년 연속되는 일련번호

② 연도별 일련번호: 연도별로 구분하여 매년 새로 시작되는 일련번호로써 연도표시가 없는 번호

③ 연도표시-일련번호: 연도표시와 연도별 일련번호를 붙임표(-)로 이은 번호

5 문서의 성립과 효력발생

1) 문서의 성립

(1) 성립시기

당해 문서에 대한 결재권자의 서명*(전자문자서명·, 자이미지서명 및 행

정전자서명을 포함)이 있음으로써 성립됨

* "서명"이라 함은 기안자·검토자·협조자·결재권자 또는 발신명의인이 공문서(전자문서를 제외한다)상에 자필로 자기의 성명을 다른 사람이 알아볼 수 있도록 한글로 표시하는 것을 말함(행정자치부, 2003, 10, 사무관리규정 주요 개정내용).

※ 결재권자: 행정기관의 장과 같은 조직의 최고책임자, 위임전결규정에 의하여 행정기관의 장(최고책임자)으로부터 결재권을 위임받은 자(전결자) 및 권한을 대행하여 대결하는 자(대결자)

(2) 성립요건

① 정당한 권한이 있는 공무원/직원이
② 직무의 범위 내에서 공무/직무상 작성하고
③ 결재권자의 결재가 있어야 문서가 성립됨

2) 효력발생 시기: 도달주의 원칙

(1) 일반문서: 수신자에게 도달된 때
(2) 공고문서: 고시 또는 공고가 있은 후 5일이 결과한 날. 다만, 효력발생 시기가 법령에 규정되어 있거나, 공고문서에 특별히 명시되어 있는 경우는 제외
(3) 전자문서: 수신자의 컴퓨터파일에 기록된 때

6 문서수발의 원칙

① 문서는 직접 처리하여야 할 기관에 발신. 다만, 필요한 경우에는 조직상의 계통에 따라 발신
② 하급기관에서 직근 상급기관 이외의 상급기관(당해 하급기관에 대한

지위·감독권을 갖고 있는 기관)에 발신하는 문서 중 필요하다고 인정
되는 문서는 그 직근 상급기관을 경유하여 발신
③ 상급기관에서 직근 하급기관 외의 하급기관에 문서를 발신하는 경우에
도 ②항과 같이 경유하여 발신

7 각종 대장·서식의 전산처리

각종 대장과 서식 등은 특별한 사유가 없는 한 전산화, 자동화가 용이하도
록 컴퓨터파일로 관리하여야 함.

제2절 문서작성의 일반사항

1 용지의 규격

① 기본 규격: 가로 210mm, 세로 297mm(A4 용지)
② 장부 및 대장의 규격
　　1종: 210mm × 297mm(A4)
　　2종: 182mm × 257mm(B5)
　　3종: 257mm × 264mm(B4)
　　※ 필요한 경우 그 용도에 적합한 규격을 정하여 사용 가능

2 문서의 여백

　위로부터　3cm
　좌측에서　2cm

우측에서   1.5cm
아래로부터 1.5cm

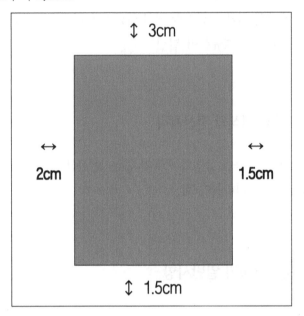

※ 문서의 편철위치나 용도에 따라 각 여백을 달리할 수 있음

3 문서의 용어

① 글자: 한글로 작성하되, 올바른 뜻의 전달을 위해 필요한 경우 괄호 안에 한자 기타 외국어를 넣어 쓸 수 있으며, 한글 맞춤법에 따라 가로로 씀.
(예시: 법규문서는 조문형식(條文形式)에 의하여 …

② 숫자: 아라비아 숫자

③ 연호: 서기연호는 쓰되 "서기"는 표시하지 않음

④ 날짜: 숫자로 표기하되 년, 월, 일의 글자는 생략하고 그 자리에 온점 (.)을 찍어 표시
(예시: 2022. 8. 31)

⑤ 시분: 24시각제에 따라 숫자로 표기하되, 시분의 글자는 생략하고 그

사이에 쌍점(:)을 찍어 구분

(예시: 오후 3시 30분 → 15:30)

4 문서의 수정

1) 종이문서의 수정

(1) 문서의 일부분을 삭제 또는 수정하는 경우

① 원 안의 글자를 알 수 있도록 삭제 또는 수정하려는 글자의 중앙에 가로로 두 선을 그어 삭제 또는 수정하고,

② 삭제 또는 수정한 자가 그 곳에 서명 또는 날인함

(예시)

흰색

문서에 쓰이는 용지의 색깔은 ~~하얀색~~으로 하고

(2) 문서의 중요한 내용을 삭제 또는 수정하는 경우

문서의 여백에 삭제 또는 수정한 자수를 표시하고 서명 또는 날인함

(예시)

응시번호	성 명	주민번호	주소
10	김길동	560023-1******	○○○시 시청로 100
15	홍귀동 홍길동	701130-2******	○○○군 행구로 130

3자 수정

(3) 시행문을 수정한 경우

문서의 여백에 수정한 자수를 표시하고 관인으로 날인함

(4) 전자문서를 수정하는 경우

① 수정한 내용대로 재작성하여 시행하되,

② 수정전의 문서는 처리과의 장이 보존할 필요하다고 인정하는 경우에는 이를 보존할 것

5 첨부물의 표시

1) 본문이 끝난 다음 줄에 첨부의 표시

2) 첨부물이 두 가지 이상인 경우 항목을 구분하여 표시

(예시)

```
(본문) ........................................................하시기 바랍니다.
 첨부 1. ******** 계획서 1부
      2. ooooooooo서류 1부. x끝.
```

6 문서의 '끝' 표시

1) 본문이 끝났을 경우: 1자(2타) 띄우고 '끝'자를 씀

(예시)   **** 하여 주시기 바랍니다.x 끝.

* x는 1자(2타) 표시임

2) 첨부물이 있는 경우

첨부의 표시를 한 다음에 1자(2타) 띄우고 '끝'자를 씀.

(예시)

첨부 1. 서식승인 목록 1부

     2. 승인서식 2부.x 끝.

3) 본문 또는 첨부의 표시문이 오른쪽 한계선에서 끝났을 경우

다음 줄의 왼쪽 기본선에서 1자(2타) 띄우고 '끝'자를 씀.
(예시)

　첨부　** 1부
　x 끝.

4) 서식을 작성하는 경우

(1) 기재사항이 서식의 중간에서 끝나는 경우

　기재사항의 마지막 다음 줄에 '이하빈칸' 이라고 표시

응시번호	성 명	주민번호	주소
10	김길동	560023-1******	○○○시 시청로 100
15	홍귀동	701130-2******	○○○군 행구로 130
		이 하 빈 칸	

(2) 기재사항이 서식의 마지막 칸까지 작성되는 경우

　서식의 칸 밖 다음 줄의 왼쪽 기본선에서 1자(2칸) 띄우고 '끝'자를 씀.

응시번호	성 명	주민번호	주소
10	김길동	560023-1******	○○○시 시청로 100
15	홍귀동	701130-2******	○○○군 행구로 130

　x 끝.

7 금액의 표시

유가증권 및 문서에 금액의 표시: 금 15,790원(금 일만오천칠백구십원)
※ 개별 법령에 표시방법이 있는 경우 그 법령에 따름

8 문서의 면표시

전후관계를 명백히 할 필요가 있는 [중요한 문서]*가 2장 이상으로 이루어진 경우: 문서의 아래 중앙에 전체면의 수와 그 면의 일련번호를 붙임표(–)로 이어 기입. (예시: 2-1, 2-2)

※ [중요한 문서]란

① 전후관계를 명백히 할 필요가 있는 문서
② 사실 또는 법률관계의 증명에 관계되는 문서
③ 허가·인가·등록 등에 관계되는 문서
④ 권리·의무관계 문서

9 항목의 구분

문서 작성 시 항목의 구분은 아래의 순으로 구분한다(행정자치부, 2003).

구 분	항 목 부 호
첫째 항목	1., 2., 3., 4 ....
둘째 항목	가., 나., 다., 라., ...
셋째 항목	1), 2), 3), 4) ....
넷째 항목	가), 나), 다), 라) ....
다섯째 항목	(1), (2), (3), (4) ....
여섯째 항목	(가), (나), (다), (라) ....
일곱째 항목	①, ②, ③, ④ ....
여덟째 항목	㉮, ㉯, ㉰, ㉱ ....

☞ 항목구분 시 필요한 경우에 특수한 기호를 표시할 수 있음.

제3절 문서의 구성체계

1 문서의 구성

기안문과 시행문은 두문, 본문, 결문으로 구성된다.
- **두문** : 기관명, (경유) 및 수신자로 함.
- **본문** : 제목·내용 및 붙임으로 함. 다만, 전자문서인 경우에는 제목 및 내용으로 할 수 있음.
- **결문** : 발신명의, 수신자란(수신자가 다수일 경우), 기안자·검토자·협조자·결재권자의 직위 또는 직급 및 서명(전자문자서명·전자이미지서명 및 행정전자서명을 포함한다. 이하 같다), 생산등록번호와 시행일자, 접수등록번호와 접수일자, 행정기관의 우편번호·주소·홈페이지주소·전화번호·모사전송번호, 공무원의 공식 전자우편주소 및 공개구분으로 함.

[일반기안문(시행문 겸용) 통합서식]

기 관 명

수신자   (   )

(경유)

제목 _____

발 신 명 의 ㉧

기안자(직위/직급) 서명   검토자(직위/직급) 서명   결재권자
(직위/직급) 서명
협조자(직위/직급) 서명

시행   처리과명-일련번호 (시행일자)   접수   처리과명-일련번호
(접수일자)

우   주소   / 홈페이지 주소
전화 ( )   전송 ( )   / 직원의 공식 전자우편주소 / 공개구분

───── 〈 처리요령〉 ─────

1. 기관명 : 그 문서를 기안한 부서가 속한 행정기관명을 기재한다.
2. 수신자(   ) : 수신자명 또는 수신자기호를 먼저 쓰고, 이어서 괄호 안에는 처리할
   자(보조기관 또는 보좌기관을 말한다)의 직위를 쓰되, 처리할 자의 직위가 분명하
   지 아니한 경우에는 ○○업무담당과장 등으로 쓰며, 수신자가 많아 본문의 내용을
   기재할 란이 줄어들어 본문의 내용을 첫 장에서 파악하기 곤란한 경우는 두문의
   수신자란에 "수신자 참조" 라고 쓰고, 결문의 발신명의 밑의 왼쪽 기본선에 맞추
   어 수신자란을 설치하여 수신자명 또는 수신자기호를 표시한다.
3. (경유): 경유문서인 경우에 (경유)란에 "이 문서는 경유기관의 장은 ○○○(또는
   제1차 경유기관의 장은 ○○○, 제2차 경유기관의 장은 ○○○)이고, 최종 수신기
   관의 장은 ○○○ 입니다." 라고 표시하고, 경유기관의 장은 제목란에 "경유문서
   의 이송" 이라고 표시하여 순차적으로 이송하여야 한다.
4. 제목: 그 문서의 내용을 쉽게 알 수 있도록 간단하고, 명확하게 기재한다.
5. 발신명의: 기관의 장의 명의를 기재하고, 보조기관 또는 보좌기관 상호간에 발신
   하는 문서는 그 보조기관 또는 보조기관의 명의를 기재한다. 내부결재문서의 경우
   대내·외적으로 시행하지 않으므로 발신명의를 표시하지 않는다.
6. 기안자·검토자·협조자·결재권자의 직위/직급: 직위가 있는 경우에는 직위를 온전
   하게 쓰고, 직위가 없는 경우에는 직급을 온전하게 쓴다. 다만, 기관장과 부기관장
   의 직위는 간략하게 쓴다.
7. 시행 처리과명-일련번호(시행일자) 접수 처리과명-일련번호(접수일자): 처리과명(처
   리과가 없는 기관은 10자이내의 기관명의 약칭)을 기재하고, 일련번호는 연도별
   일련번호를 기재하며, 시행일자와 접수일자란에는 연월일을 각각 온점(.)을 찍어
   숫자로 기재한다. 다만, 민원문서인 경우로서 필요한 경우에는 시행일자와 접수
   일자란에 시·분까지 기재한다.
8. 우편주소 우편번호를 기재한 다음, 기관이 위치한 도로명 및 건물번호 다음에 괄호하여 주소를
   기재하고, 사무실이 위치한 층수와 호수를 괄호안에 기재한다. (예) 우03044 서울특별시 종로구
   효자로 37)
9. 홈페이지 주소 기관의 홈페이지 주소를 기재한다.(예) www.mogaha.go.kr
10. 전화( ) 전송( ): 전화번호와 모사전송번호를 각각 기재하되, ( )안에는 지역번호를 기재한다.
    기관 내부문서의 경우는 구내 전화번호를 기재한다.
11. 공식 전자우편주소 : 기관에서 직원에게 부여한 전자우편주소를 기재한다.
12. 공개구분 : 공개·부분공개·비공개로 구분하여 표시한다. 부분공개·비공개인 경우에는 공
    공기관의기록물관리에관한법률시행규칙 제16조의 규정(별표 11)에 의한 공개여부 구
    분번호를 선택하여 ( )안에 표시한다.
13. 관인생략 등 표시 : 발신명의의 오른쪽에 관인생략 또는 서명생략을 표시한다.

※ **기안자·검토자 및 결재권자 (직위/직급) 서명:** "기안자·검토자 및 결재권자"의 용어는 표시하지 아니하고, 기안자·검토자 및 결재권자의 직위/직급을 쓰고 서명한다.

※ **협조자(직위/직급) 서명:** "협조자"의 용어를 표시한 다음, 이어서 직위/직급을 쓰고 서명한다.

※ **전결 및 서명표시 위치:** 사무관리규정 제16조제2항 및 동규정시행규칙 제19조제1항의 규정에 의하여 결재권이 위임된 사항을 전결하는 경우에는 행정기관의 장의 결재란을 설치하지 아니하고 전결하는 자의 서명란에 "전결"표시를 한 후 서명한다.

※ **전결·대결 및 서명표시 위치:** 사무관리규정 제16조제3항 및 동규정시행규칙 제19조제2항의 규정에 의하여 위임전결사항을 대결하는 경우에는 행정기관의 장의 결재란을 설치하지 아니하고 전결하는 자의 서명란에 "전결"표시를 한 후 대결하는 자의 서명란에 "대결"표시를 하고 서명하며, 위임전결사항이 아닌 사항을 대결한 경우에는 행정기관의 장의 결재란을 설치하지 아니하고 대결하는 자의 서명란에 "대결"표시를 하고 서명한다.

2 결재문서의 간인

1) 간인과 대상 문서

간인이란 2장 이상으로 이루어지는 중요문서의 앞장의 뒷면과 뒷장의 앞면에 걸쳐 찍는 도장 또는 그 행위를 말하며, 간인 대상문서는

① 전후관계를 명백히 할 필요가 있는 문서
② 사실 또는 법률관계의 증명에 관계되는 문서
③ 허가·인가·등록 등에 관계되는 문서
④ 권리·의무관계 문서
⑤ 기타 결재권자가 중요하다고 인정하는 문서

2) 간인 방법

① 기안문과 시행문: 관인으로 간인
② 민원서류 발급: 간인에 갈음하여 천공방식으로 할 수 있음
③ 전자문서: 면표시 또는 발급번호 기재 등의 방법으로 할 수 있음

3 관인날인 대상문서

기관장의 명의로 발신하는 시행문, 임용장, 상장 및 각종 증명서에 속하는
문서, 게시판 등에 고시 공고하는 문서에는 관인(전자관인 포함)을 날인함.

4 문서의 발송

- 종이문서 : 기안문을 복사한 후에 관인을 찍어 발송(기안문에 관인을 찍
  으면, 시행문이 됨)
- 전자문서 : 기안문에 처리과의 문서수발업무담당자가 전자이미지관인을
  찍은 후에 전자문서시스템상에서 그대로 발송(기안문에 전자이미지관
  인을 찍으면, 시행문이 됨), 또한 전자문서는 기관의 홈페이지 또는 직
  원의 공식 전자우편주소(기관이 직원에게 부여한 전자우편주소를 말함)
  를 이용하여 기관 외의 자에게 발송할 수 있음.

사회복지시설의 안전관리

1 보험가입

▶ 사회복지시설은 화재 및 안전사고로 인한 손해배상책임의 이행을 위해 책임보험[*] 또는 책임공제[**]에 가입할 의무가 있음(「사회복지사업법」 제34조의3)

* 책임보험: '피보험자가 타인의 신체나 재산에 손해를 입혀 법률상 손해배상의 책임을 지게된 경우, 그 배상으로 말미암아 생기는 피보험자의 손해를 보상할 것을 목적으로 하는 손해보험'

** 책임공제: 「사회복지사 등의 처우 및 지위 향상을 위한 법률」 제4조 규정에 따라 설립한 한국사회복지공제회의 책임공제

※ 보험에 가입하지 않는 사회복지시설에 대해 300만 원 이하의 과태료 처분

2 시설안전점검 실시

1) 자체 안전점검실시

▶ (정기안전점검) 시설장은 매 반기마다 시설에 대해 정기안전점검을 실시하고 그 결과를 시·군·구청장에게 제출하여야 함

▶ (수시안전점검) 시설장은 정기안전점검 결과 해당시설의 구조·설비의 안전도가 취약하여 위해의 우려가 있는 때에는 안전점검기관에 수시안전점검을 의뢰하여 그 결과를 시장·군수·구청장에 제출하여야 함

- 안전점검기관 : 「시설물의 안전관리에 관한 특별법」 제28조에 따른 안전진단전문기관 또는 「건설산업기본법」 제9조에 따른 시설물의 유지관리를 업으로 하는 전문건설업자
- 안전점검기준 : 「시설물의 안전관리에 관한 특별법」 제21조의 규정에 의한 안전점검 및 정밀안전진단 지침
▶ 시설안전점검 실시 후 결과보고는 시스템을 통해 온라인으로 보고
- 사회복지시설은 시설정보시스템으로 지자체에 보고하며, 지자체는 행정업무지원시스템을 통해 결과 보고 및 안전점검 이력관리 수행
※ 시설안전점검을 수행하지 않을 경우　300만 원 이하의 과태료 처분
▶ 국가 또는 지방자치단체는 예산의 범위 내에서 안전점검, 시설의 보완 및 시설의 개보수에 소요되는 비용의 전부 또는 일부를 보조 가능

2) 지자체 안전점검

시·도 및 시·군·구에서는 하·동절기(5월 및 11월) 등 취약시기에 보건복지부에서 통보하는 안전점검 계획에 따라 종사자 대상 교육훈련* 및 안전점검표에 따른 현지점검 실시 후 그 결과를 보건복지부에 보고

3) 민관 합동점검

정부·지자체·전문가 등으로 합동점검단을 구성하여 중점점검 대상시설에 대하여 안전취약시기(하·동절기, 태풍발생 시 등)에 시설물 안전관리실태, 매뉴얼 준수여부, 안전의식, 교육·훈련 등 종합점검 실시

4) 국토안전관리원 소규모 취약시설 안전점검(「시설물의 안전 및 유지관리에 관한 특별법」 제19조)

▶ 국토안전관리원에서 「시설물의 안전 및 유지관리에 관한 특별법」 제19조에 따라 보건복지부와 협의하여 무상으로 '소규모 취약시설 안전점검'*을 실시하고 있으므로, 시설장 및 시·군·구 담당자는 이를 적극 활용할 것

▶ 안전에 취약하거나 재난의 위험이 있다고 판단되는 시설에 대해 시설장이 요청(또는 지자체 직권)하여 지자체(시·군·구 → 시·도)가 보건복지부 주무부서에 신청(필요시 신청 전 지자체 현장 확인 실시)

▶ 시설장 및 지자체는 점검결과에 따라 보수·보강 등의 조치를 적극적으로 이행하고, 조치실적이 있는 경우 「시설물의 안전관리에 관한 특별법 시행규칙」 제16조의2제4항에 따라 그 실적을 국토교통부장관에게 제출하여야 함

〈소규모취약시설 자율안전점검 앱 활용 안내〉

국토안전관리원에서 시설물 관리자의 점검능력 배양 및 교육을 위한 자율안전점검 앱을 개발하여 배포 중이므로 자체안전점검 등 시설물 관리 시 이를 적극 활용할 것
* Play 스토어에서 "소규모취약시설 자율안전점검" 검색 및 설치 후 사용 가능

---

3   안전관리 인력 확보

▶ 안전관리책임과 지정

- (대상시설) 사회복지시설은 시설장을 '안전관리책임관'으로 지정하여 시설장 책임 하에 안전관리 및 점검을 철저히 실시

- (안전관리책임관의 임무) 안전업무 실무자를 관리하고, 안전관리 전반을 지휘·감독·지원하도록 함

- 시설별 안전계획서 작성을 통해 직원별 임무를 명확히 하여 안전사고를 예방하고 사고 발생 시 신속히 대응토록 교육·훈련을 반복할 것

▶ 소방안전관리자 선임

- (대상시설) 「화재예방, 소방시설 설치·유지 및 안전관리에 관한 법률」 (이하 「소방시설법」) 제20조제2항 및 동법 시행령 제22조에 따라 소방안전관리자를 두어야 하는 사회복지시설은 「소방시설법 시행령」 제23조의 자격을 갖춘 자를 '소방안전관리자'로 선임하여야 한다.

* 상세 기준 및 내용은 「소방시설법」 제20조(특정소방대상물의 소방안전관리)제2항, 동법 시행령 제22조(소방안전관리자를 두어야 하는 특정소방대상물) 및 제23조(소방안전관리자 선임대상자)를 참조할 것

** 소방안전관리자 선임 및 해임에 대해서는 소방본부장이나 소방서장에게 신고해야 함

- (소방안전관리자의 임무) 「소방시설법」 제20조제6항에 따라 소방안전관리자는 소방계획서의 작성 및 시행, 자위소방대 및 초기대응체계의 구성·운영·교육, 피난시설, 방화구획 및 방화시설의 유지·관리, 소방훈련 및 교육, 소방시설 및 소방관련 시설의 유지·관리, 화기(火氣) 취급의 감독 및 그 밖에 소방안전 관리에 필요한 업무를 수행

4) 안전관리 교육·훈련

▶ 소방훈련 및 교육실시

- 소방안전관리자를 선임하여야 하는 사회복지시설의 관계인(소유자, 점유자, 관리자 등)은 「화재예방, 소방시설 설치·유지 및 안전관리에 관한 법률」 제22조제3항의 규정에 의하여 그 장소에 상시 근무하거나 거주하는 사람에게 소화·통보·피난 등의 훈련과 소방안전관리에 필요한 교육을 연1회 이상 실시하여야 함

- 이 경우 피난훈련은 그 소방대상물에 출입하는 사람을 안전한 장소로 대피시키고 유도하는 훈련을 포함하여야 함

  ※ 「영유아보육법」 등 개별 시설관련법 교육·훈련에 관한 별도 규정이 있을 경우 별도 규정에 따름

  ※ 아동·노인·장애인·정신질환자 거주시설은 개별사업지침에 따라 연2회 이상 훈련 실시

  ※ 피난훈련 시 사회복지시설 유형별 모의대피훈련 동영상(보건복지부 홈페이지 - 정보 - 홍보 - 영상 코너에서 조회 또는 유투브에서 '모의 대피'로 검색)을 참고하여, 시설 유형에 맞는 효과적인 대피훈련 실시

5) 건축물 및 소방관계 법령 준수 여부 확인

▶ 사회복지시설은 「화재예방, 소방시설 설치·유지 및 안전관리에 관한 법률 시행령」 별표6에 따라 스프링클러설비, 간이스프링클러설비, 물분무 등 소화설비 또는 옥내소화전설비, 자동화재탐지설비 등을 설치해야 함

▶ 화재안전 성능보강
- 「건축물관리법」 제27조 및 28조, 같은법 시행령 제19조에 따라 보강 대상 건축물의 관리자는 화재안전성능보강 계획에 따라 보강을 실시 하고 그 결과를 12월 31일까지 지자체에 보고하여야 함
- 지자체는 보완이 필요하다고 인정되는 경우 기한을 정하여 보완을 명 할 수 있음

※ 보강에 대한 지원 및 특례는 2022년 12월 31일까지 유효

6) 재난·안전 관련 주체별 주요 임무

▶ 주체별 주요 임무

보건복지부	- 전국사회복지시설 안전관리에 대한 총괄 지도감독 - 시설안전사고 지도·점검 등 예방조치 - 대규모 재난시설 발생 시 중앙사고수습본부 설치운영(필요시)
시도 및 시·군·구	- 관내 시설의 안전관리에 대한 종합계획 수립 및 총고라 지도감독 - 관내 시설의 안전관리에 대한 정기·수시 지도점검, 문제시설 조치 - 안전사고 관련 예산확보 등 재정적 지원 - 시설안전관리 교육 실시 및 비상연락망 구축 - 사고발생 시 시·도, 시·군·구 사고수습본부 설치운영(필요시) - 사고수습 후 사고발생요인 분석 및 재발방지대책 수립
사회복지시설	- 시설자체 안전점검 계호기 수립 - 시설자체 안전점검 실시 및 실시결과 보고 - 비상대비 모의훈련 실시, 비상연락망 구축 - 시설자체 응급처치 및 사후북구체계 구축

▶ 재난발생 시 연락체계

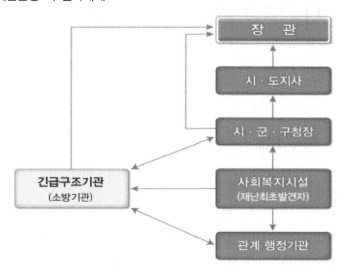

사회복지법인 및 시설의 회계처리

제1절 회계 일반

1 회계처리 적용 법규

▶ 법인 및 시설의 회계 업무는 사회복지사업법(제23조제4항), 사회복지법인 및 시회복지시설 재무회계규칙을 우선 적용해야 하며,

▶ 해당 규정이 없는 경우에 한해서 '국가보조금법', '지방보조금법', '국가재정법', '지방재정법', 지방계약법', '자치단체 예산 및 기금의 회계관리에 관한 규칙' 등을 준용하여 처리하여야 함

2 회계의 원칙

명 확 성	개서, 삽입, 삭제, 정정, 도말 제한, 금액정정 불가
공 정 성	계약시 입찰 등을 통한 기회균등, 경쟁의 원칙
투 명 성	객관적인 자료, 증명서류, 간단.명료하게 작성
엄 정 성	기명 날인, 또는 전자서명으로 책임소재 명확화

3 회계 총칙

1) 수입 및 지출사무의 관리주체: 법인의 대표이사 및 시설장
   ※ 해당 사무를 소속직원에게 위임가능
2) 수입과 지출의 집행기관
   - 수입과 지출의 현금출납업무를 담당하기 위하여 법인과 시설에 수입원과 지출원을 두되, 소규모인 경우 수입원과 지출원을 동일인으로 할 수 있음
   - 수입원과 지출원은 법인의 대표이사와 시설장이 임면함
3) 회계 방법: 단식부기로 하되, 법인회계와 수익사업회계는 복식부기 가능
4) 법인 및 시설 비치 회계장부
   - 법인 및 시설이 비치해야 할 장부는 ① 현금출납부 ② 총계정원장 ③ 재산대장 ④ 비품관리대장 이다.
   ※ 전자장부를 사용하는 경우에는 회계장부를 둔 것으로 봄. 다만, 회계감독 차원에서 지자체에서 요청하는 경우 출력물 보관 필요
   - 장기요양기관장이 제10조에 따른 예산서와 제19조에 따른 결산보고서를 기한 내에 제출하지 않은 경우에는 '현금출납부 및 총계정원장'(해당 회계연도의 다음연도 1월~6월까지의 회계장부)을 해당 회계연도의 다음연도 8월 15일까지 시·군·구청장에게 정보시스템을 통하여 제출해야 함
   예시) 2019년도 결산보고서를 2020.3.31.까지 미 제출한 경우, 20202년도 1월~6월까지의 회계장부를 2020년 8월 15일까지 제출

4 수입

1) 수입금의 수납관리

- 모든 수입금의 수납은 이를 금융기관에 취급시키는 경우를 제외하고는

수입원이 아니면 수납하지 못함
- 수입원이 수납한 수입금은 그 다음날까지 금융기관에 입금해야 함
- 수입금에 대한 금융기관의 거래통장은 회계별(법인회계, 시설회계, 수익사업회계)로 구분될 수 있도록 보관 관리

2) 과년도 수입, 반납금, 과오납금 처리

- 출납완결 연도(과년도)에 속하는 수입, 기타 예산외 수입은 모두 현년도 예산에 편입
- 지출된 세출의 반납금은 각각 지출한 세출의 당해 과목에 다시 넣을 수 있음
- 과오납된 수입금은 수입한 세입에서 직접 반환

5 지출

1) 지출 원칙

- 지출은 지출관리자(대표이사 및 시설장) 및 그 위임을 받아 지출명령(예산 범위 내에서)이 있는 것에 한하여 지출원이 행함
- 지출은 상용의 경비 또는 소액의 경비지출을 제외하고는 예금통장에 의하거나 전자거래로 해야 함
  ※ 상용의 경비 또는 소액의 경비 지출은 현금으로 가능하며 이를 위해 지출원은 100만원 이하의 현금을 보관할 수 있으며, 상용경비 또는 소액의 경비 지출의 범위는 시·도지사가 자체적으로 정함
  ※ 상용의 경비 또는 소액의 경비 지출 시에도 영수증 등 증빙 서류 관리 철저

2) 지출의 특례(선금지급, 추산지급)

– 선금지급을 할 수 있는 경비 범위

① 외국에서 직접 구입하는 기계, 도서, 표본 또는 실험용재료 대가

② 정기간행물 대가

③ 토지 또는 가옥의 임대료와 용선료

④ 운임

⑤ 소속직원 중 특별한 사정이 있는 자에게 지급하는 급여의 일부

⑥ 관공서(정부투자기관 및 특별법에 의하여 설립된 특수법인 포함)에 대하여 지급하는 경비

⑦ 외국에서 연구, 조사에 종사하는 자에 대하여 지급하는 경비

⑧ 보조금과 사례금

⑨ 계약금액이 1천만원 이상인 공사나 제조 또는 물건의 매입 시 계약금액의 100분의 50을 초과하지 아니하는 금액

– 추산지급을 할 수 있는 경비 범위

*추산지급: 지출금액이 미확정인 채무에 대하여 지급의무가 확정되기 전에 추산(推算: 짐작하여 셈함)으로 지급하는 것

① 여비 및 판공비(업무추진비)

② 관공서에 대하여 지급하는 경비

③ 보조금

④ 소송비용

6 계약

– 계약에 관한 사항은 「지방자치단체를 당사자로 하는 계약에 관한 법률」, 동법 시행령 및 시행규칙을 준용하여 처리

  ※ 다만, 국가·지자체·사회복지법인 이외의 주체가 설치·운영하는 시설은 그러하지 아니함

7 물품

1) 물품 관리

(1) 물품: 현금 및 유가증권을 제외한 동산
(2) 물품관리 주체(물품관리자): 법인 대표이사 및 시설장
　※ 소속직원에게 위임가능
　　– 물품의 출납보관을 위해 소속직원 중 물품출납원 지정
　　– 물품관리자와 물품출납원은 선량한 관리자의 주의의무로 물품
　　　관리
(3) 물품 관리
　　– 물품의 출납은 물품관리자의 출납명령에 의해 물품출납원의 출납
　　　행위를 통해서만 가능함
　　※ 물품출납원은 물품관리자의 출납명령 없이는 물품을 출납할 수
　　　없음
(4) 물품조사 및 처리

2) 물품 조사 및 처리

(1) 재물조사 실시
　　– 연 1회 법인 및 시설에 대한 정기 재물조사 실시(의무사항)
　　– 필요시 수시 재물조사 실시(대표이사 및 시설장의 재량사항)

(2) 불용품의 처리
　　– 사용 불가능 또는 재사용이 불가능한 물품은 불용 결정
　　– 불용품 매각 시 그 대금은 당해 법인 또는 시설의 세입예산에 편입

8   후원금(품) 관리

1) 후원금(품)의 접수

▶ 후원금(품)의 범위 등
- 정의: 아무런 대가 없이 무상으로 받은 금품이나 그 밖의 자산
- 후원금(품)의 수입·지출 내용을 공개하여야 하며, 그 관리에 명확성이 확보되도록 하여야 하고
- 후원금(품)에 관한 영수증 발급, 수입 및 사용결과 보고 등을 하지 않은 경우 300만원 이하의 과태료 부과
  ※ 사회복지법인 및 시설에서 후원금(품) 모집 및 사용 시 [기부금품의 모집 및 사용에 관한 법률] 상 기부금품의 모집절차 및 사용방법 등에 관한 규정을 준수하여야 함

▶ 후원금(품) 영수증 발급
- 후원금(품)을 받은 때에는 기부금 영수증 서식에 따라 후원금(품) 영수증을 발급, 후원자에게 교부
- 금융기관이나 체신관서의 계좌입금을 통해 후원금을 받은 경우에는 법인 또는 시설명칭이 부기된 후원금전용계좌를 사용해야 함
  ※ 이 경우 후원자가 원하는 경우를 제외하고는 영수증 발급을 생략할 수 있음

▶ 후원금 전용계좌 개설
- 후원금을 받을 때에는 각각의 법인 또는 시설별 후원금전용계좌를 구분하여 사용하고, 미리 후원자에게 후원금전용계좌 등의 구분에 관한 사항을 반드시 안내할 것
  ※ 후원근전용계좌에서 발생하는 이자도 후원금 관리기준에 따라 사용하여야 하며, 법인의 후원금전용계좌와 법인시설의 후원금 전용계좌를 별도로 두어야 함

2) 후원금(품)의 관리

▶ 후원금(품) 발급 목록장부 비치
 - 후원금(품) 영수증 교부 후 발급목록 장부를 별도로 관리하여 비치
  할 것

연번	일시	후원자(법인)	후원금 유형 및 금액		지정후원금 용도	비고
			지정	비지정		
1	2019.1. 15	OOO법인	500,000원		아동급식지원	

▶ 후원금(품) 수입 및 사용내용 통보
 - 연 1회 이상 해당 후원금(품)의 수입 및 사용내용을 후원금을 낸 법
  인·단체 또는 개인에게 통보
 - 정기간행물 또는 홍보지 등을 이용하여 일괄통보 가능하며 후원자
  각각에게 개별통보도 가능

▶ 후원금 수입 및 사용결과 보고·공개
 - 시·군·구청장에게 결산보고서 제출할 때 후원금 수입 및 사용결과
  보고서 함께 제출. 이 경우 반드시 전자파일로 제출하여야 하며, 출
  력한 보고서도 추가제출 가능
 ※ (주의) 후원금사용명세서의 '사용내역'란에 구체적 사항을 반드
   시 기재하되, 지원대상자의 민감정보가 기입되지 않도록 개인정
   보보호에 유의해야 함
 - 후원금 수입 및 사용결과보고서를 제출한 날부터 20일 이내에 법인
  및 시설의 게시판이나 인터넷 홈페이지에 3개월 이상 공개할 것,
  단, 후원자 성명(법인의 명칭)은 공개하지 말 것
 - 후원금 수입 및 사용결과 보고·공개 의무 위반 시 300만원 이하의
  과태료 부과

▶ 후원금의 용도 외 사용 금지
 - 후원금을 후원자가 지정한 용도 외에로 사용할 수 없음.
  ※ 다만, 지정후원금의 15%는 후원금 모집, 관리, 운영, 사용, 결과
   보고 등에 필요한 비용으로 사용가능. 단, 어린이재단을 통한 지
   정후원금 및 생활자에 대한 결연후원금은 제외
 - 후원자가 용도를 지정하지 않은 비지정후원금은 법인이나 시설 운
  영비로 사용하되, 아래의 기준을 따를 것.

〈비지정후원금의 사용 기준〉

▶ 비지정후원금은 법인 운영비 및 시설 운영비로 사용하되, 간접비로 사용하는 비율은 50%*를 초과하지 못함
  * 간접비 사용 비율 50%는 당해연도 후원금 지출금액을 기준으로 함

> (예시) 2019년도 말기준, 비지정후원금 지출금액이 700천원일 경우 간접비 사용금액 한도는?
> ☞ 비지정후원금 간접비 사용금액은 지출금액 기준 700천원에 대한 50%인 350천원을 초과하지 못하며,
> 2012년도에 지출하지 못한 비지정후원금 300천원은 2013년도 세입예산과목 중 전년도이월금(후원금)
> 으로 처리함.

▶ 다만, 간접비 중에서도 업무추진비(기관운영비, 직책보조비, 회의비), 법인회계전출금, 부채상환금, 잡지
  출, 예비비 등으로는 사용 금지(구체적인 내용은 후면 참고)
  ※ 업무추진비 중 후원금 모집 등을 위한 운영비, 회의비는 당해연도 비지정후원금 지출금액의 15%범위
    내에서 사용 가능

▶ 자산취득비로 사용하는 것은 원칙적으로 금지하나, 토지·건물을 제외하고 시설 운영에 필요한 집기, 장비
  등은 구입 가능

▶ 시설비는 건물 노후화, 정원대비 협소한 공간 등 시설 입소·이용자의 불편을 해소하기 위하여 시설 증·개축
  이 필요하다고 인정되는 경우에는 관할 주무관청의 승인을 받아 사용 가능

▶ 인건비로 사용 가능하되, 후원금으로 직원 수당을 지급하는 경우에는 근로기준법 또는 "사회복지시설 종사
  자 가이드라인"에서 정하고 있는 수당(명절휴가비, 시간외근무수당, 가족수당), 사회복지업무수당
  (다만 사회복지공무원에게 지급되는 수당 이상을 초과할 수 없으며 전체 비지정후원금의 50% 한도 내에서
  만 수당 지급 가능)과 지방자치단체에서 별도로 정하고 있는 수당에 한하여 편성·지급해야 함을 원칙으로
  함. 다만, 개별 사회복지법인 및 사회복지시설에서는 지방자치단체와 협의하여 수당 항목을 추가로 정할
  수 있음
  ※ 사회복지업무수당이란 종사자 처우 개선을 위한 특수업무수당, 직무수당, 종사자 장려수당, 종사자 복
    지수당 등
  ※ 종사자 처우 관련 수당을 이미 지급하고 있는 시·도 또는 시·군·구의 경우 기존대로 지급
  ※ 분기별 정산 원칙으로, 전(前)분기에서 수령한 비지정 후원금의 50% 이내에서 현(現)분기에 사회복지
    업무수당 지급 가능하며 필요시 지자체와 협의 하에 조정 가능

> (사례 예시)
> – 종사자에게 지급되는 사회복지업무수당이 공무원에게 지급되는 사회복지업무수당 이상의 금액으로 지
>   급되고 있던 경우
>   → 기존대로 사회복지업무수당 지급 가능하되, 비지정 후원금으로 추가 지급 불가능
> – 종사자에게 지급되는 사회복지업무수당이 공무원에게 지급되는 사회복지업무수당 이하의 금액으로 지
>   급되고 있던 경우
>   → 공무원 사회복지업무수당과의 차액만큼 비지정 후원금으로 추가 지급 가능
> – 사회복지업무수당이 지급되지 않았던 경우
>   → 비지정 후원금으로 공무원에게 지급되는 사회복지업무수당 한도 내에서 지급 가능

※ 비지정후원금 사용을 위한 법인 운영비 구분

과 목		직접비	간접비	비 고
관	항	목		
사무비	인건비	○급여 ○제수당 ○일용잡급 ○퇴직금 및 　퇴직적립금 ○사회보험부담금 ○기타 후생경비		수당은 근로기준법 또는 이 지침에서 정하고 있는 수당, 사회복지 업무수당 (다만 사회 복지 공무원에게 지급되는 수당 이상을 초과할 수 없으며 전체 비지정후원금의 50% 한도 내에서만 수당 지급 가능) 및 지방자치단체에서 별도로 정하고 있는 수당에 한함. 다만, 지방자치단체와 협의하여 수당 항목을 추가로 정할 수 있음
	업무추진비		○기관운영비 ○직책보조비 ○회의비	사용불가(다만, 15%이내에서 후원금 모집을 위한 회의비, 운영비로 사용가능)
	운영비	○공공요금 ○차량비 ○연료비 ○여비 ○수용비 및 수수료 ○제세공과금	○기타 운영비	
재산조성비	시설비	○시설장비유지비	○시설비 ○자산취득비	시설비는 시설 증·개축이 필요하다고 인정되는 경우에는 관할 주무관청의 승인을 받아 사용 가능 자산취득비는 토지, 건물을 제외한 시설 운영에 필요한 집기, 장비 등 구입 가능
사업비	일반사업비	○○○사업비		단, 수익사업 사업비로는 사용 불가
전출금	전출금	○○○시설 전출금		
과년도지출	과년도지출		○과년도지출	
상환금	부채상환금		○원금상환금 ○이자지급금	사용불가
잡지출	잡지출		○잡지출	사용불가
예비비 및 기타	예비비 및 기타		○예비비 ○반환금	사용불가

※ 비지정후원금 사용을 위한 시설 운영비 구분

─ 세출예산과목은 시설유형에 따라 사회복지법인 및 사회복지시설 재무·회계 규칙 [별표 4], [별표 6] 적용

과 목		직접비	간접비	비 고
관	항	목		
사무비	인건비	○급여 ○제수당 ○일용잡급 ○퇴직금 및 퇴직적립금 ○사회보험부담금 ○기타 후생경비		수당은 근로기준법 또는 이 지침에서 정하고 있는 수당, 사회 복지 업무수당(다만 사회 복지 공무원에게 지급 되는 수당 이상을 초과할 수 없으며 전체 비지정후원 금의 50% 한도 내에서만 수당 지급가능) 및 지방 자치단체에서 별도로 정하고 있는 수당에 한함. 다만, 지방자치단체와 협의 하여 수당 항목을 추가로 정할 수 있음
	업무 추진비		○기관운영비 ○직책보조비 ○회의비	사용불가(다만, 15%이내 에서 후원금 모집을 위한 회의비, 운영비로 사용가능)
	운영비	○공공요금 ○차량비 ○여비 ○수용비 및 수수료 ○제세공과금	○기타 운영비	
재산 조성비	시설비	○시설장비 유지비	○시설비 ○자산취득비	시설비는 시설 증·개축이 필요 하다고 인정되는 경우에는 관할 주무관청의 승인을 받아 사용 가능 자산취득비는 토지, 건물을 제외한 시설 운영에 필요한 집기, 장비등 구입 가능
사업비	운영비	○생계비 ○수용기관경비 ○피복비 ○의료비 ○장의비 ○직업재활비 ○자활사업비 ○특별급식비 ○연료비		

과 목		직접비	간접비	비 고
관	항	목		
	교육비	○수업료 ○학용품비 ○도서구입비 ○교통비 ○급식비 ○학습지원비 ○수학여행비 ○교복비 ○이미용비 ○기타 교육비		
	○○사업비	○○○사업비		
전출금	전출금		○법인회계전출금	사용불가
과년도지출	과년도지출		○과년도지출	
상환금	부채상환금		○원금상환금 ○이자지불금	사용불가
잡지출	잡지출		○잡지출	사용불가
예비비 및 기타	예비비 및 기타		○예비비 ○반환금	사용불가
적립금	운영충당 적립금		○운영충당적립금	사용불가
준비금	환경개선 준비금		○시설환경개선준비금	사용불가

- 후원금은 세입·세출예산에 편성하여 사용하고, 가급적 적립·이월하지
않고 회계연도 내에 집행할 수 있도록 노력할 것
- 후원금을 이월하거나 타 회계로 전출할 경우, 그 세입이 후원금이라는
것을 반드시 명시해야 하며, 이월·전출된 후원금은 다음의 후원금 관리
기준에 따라 사용하여야 함(별표 1-3 참고).

※ [별표 1] 법인회계 세입예산과목구분 중

과 목					내역
관		항		목	
08	이월금	81	이월금	811	전년도이월금	전년도 불용액으로서 이월된 금액
				812	전년도이월금 (후원금)	전년도 후원금에 대한 불용액으로서 이월된 금액

※ [별표 2] 법인회계 세출예산과목구분 중

과 목					내역
관		항		목	
04	전출금	41	전출금	411	○○시설전출금	전년도 불용액으로서 이월된 금액
				412	○○시설전출금 (후원금)	전년도 후원금에 대한 불용액으로서 이월된 금액

※ [별표 3] 시설회계 세입예산과목구분 중

과 목					내역
관		항		목	
08	이월금	81	이월금	811	법인전입금	법인으로부터 전입금
				812	법인전입금 (후원금)	법인으로부터 전입금(후원금)
09	이월금	91	이월금	911	전년도이월금	전년도 불용액으로서 이월된 금액
				912	전년도이월금 (후원금)	전년도 후언금에 대한 불용액으로서 이월된 금액

제2절 | 사회복지법인 및 시설의 회계처리

1 법인의 회계처리

▶ 법인의 회계는 다음과 구분하여 관리할 것
- 법인회계: 법인 업무 전반에 관한 회계
- 시설회계: 법인이 설치·운영하는 사회복지시에 관한 회계
  ※ 법인 이외 자가 시설을 설치·운영 하는 경우에도 시설회계를 반드시 두어야 하고, 시설이 여러 개인 경우 각 시설별로 구분하여 관리해야 함
- 수익사업회계: 사회복지법인이 수행하는 수익사업에 관한 회계
  ⓔ 임대사업, 판매사업, 사업장의 운영 등

〈참고〉 회계구분 위반 사례
- 시설에서 받은 보조금으로 법인의 전화요금, 핸드폰 요금을 납부하는 사례
- 시설의 보조금으로 법인에서 일하는 직원의 인건비가 지급되는 사례
- 법인회계와 시설회계를 구분하지 않고 하나로 운영하는 사례

〈참고〉 회계 간 금전 전출
- 법인회계와 수익회계 간: 수익사업 회계 → 법인회계(가능)
- 법인회계와 시설회계 간: 법인회계 → 시설회계(가능)
ⓔ 법인수익금을 시설로 보낼 경우
법인 회계(시설전출금) → 시설회계(법인전입금)
- 시설회계와 법인회계 간: 시설회계 → 법인회계(불가)
다만, 시설에서 법인으로 전출이 가능한 경우
- 시설이 장기요양기관인 경우
- 동일법인 산하의 타 시설 중 자연재해로 인한 개·보수가 필요한 경우
- 법인 산하의 시설회계 간: A시설회계 → B시설회계(불가)

2 회계연도 및 소속 구분

▶ 법인 및 시설의 회계연도는 정부의 회계연도(1.1 ~ 12.31)와 동일함
- 다만, 어린이집의 회계연도는 매년 3월 1일 ~ 다음 연도 2월말까지
▶ 수입 및 지출의 발생, 자산 및 부채의 증감에 관하여는 그 원인 되는
사실이 발생한 날을 기준으로 하여 연도 소속을 구분하되, 그 사실이 발
생한 날을 정할 수 없는 경우에는 그 사실을 확인한 날을 기준으로 함.

3 회계의 감독 및 행정처분

▶ 회계부정 등 불법행위가 발견된 경우 해당 법인의 임원해임, 시설의 개
선, 사업정지, 시설장교체, 시설폐쇄 등 조치(「사회사업법」 제22조 및
제40조)

위반행위	근거법령	행정처분기준		
		1차 위반	2차 위반	3차 위반 이상
가. 국가나 지방자치단체의 보조금 또는 후원금을 사용용도 외의 용도로 사용한 때	법 제40조 제1항 제3호의2	개선명령	시설장교체	시설장교체
나. 회계장부를 기재하지 아니하거나 허위로 기재한 때	법 제40조 제1항 제3호의2	개선명령	시설장교체	시설장교체
다. 기타 회계 및 시설운영과 관련한 부당행위가 발생한 때	법 제40조 제1항 제3호의2	개선명령	개선명령	시설장교체

4 출납기한

▶ 회계연도에 속하는 법인 및 시설의 세입·세출의 출납은 회계연도가 끝
나는 날까지 완료해야 함

5　정보통신매체에 의한 재무·회계 처리

▸ 법인 및 시설의 재무·회계는 컴퓨터 프로그램으로 처리할 수 있음
▸ 정부로부터 보조금을 받는 법인과 시설의 경우, 시설정보시스템 또는 표
준연계모듈이 적용된 정보시스템을 사용하여 재무·회계를 처리하여야 함
　─ 보조금을 받지 않는 경우 위 시스템을 사용하지 않을 수 있으나, 지
　　자체장이 위 시스템의 사용을 권장할 경우 이에 협력하여야 함
　─ 어린이집, 경로당, 노인교실은 사용하지 않을 수 있음

제3절　예산

1　예산 편성

1) 예산총계주의 원칙

　회계연도의 모든 수입은 세입으로 하고 모든 지출은 세출로 하되, 세입과
세출은 모두 예산에 계상하여야 함

2) 예산편성 절차

예산편성 절차는 다음 표와 같다.

일정	주요 내용	주체
회계연도 개시 2개월 전까지	시·군·구청에서 예산편성지침 통보	시·군·구청장
⇩		
회계연도 개시 1개월 전까지	법인은 법인과 산하 시설의 예산편성 지침 결정	법인 대표이사
⇩		
회계연도 개시 전까지	회계별(법인, 시설, 수익사업) 예산 편성	법인 대표이사 및 시설장
⇩		
예산안 편성 완료시	시설회계 예산안에 대한 시설운영위원회 보고 ※법인의 시설인 경우도 이사회 의결전 시설운영위원회 보고	시설장
⇩		
예산안 편성 완료시	회계별(법인, 시설, 수익사업) 예산안에 대한 이사회의 의결 및 예산안 확정 ※법인의 시설이 아닌 경우 시설운영위원회 보고로 예산안 확정	법인 이사회
⇩		
회계연도 개시 5일 전까지	확정된 예산안을 시·군·구청장에게 제출	법인 대표이사 및 시설장
⇩		
예산안 제출 20일 이내	회계별(법인, 시설, 수익사업) 세입·세출명세서를 시·군·구, 법인, 시설의 게시판과 인터넷 홈페이지에 20일 이상 공고	시·군·구청장, 법인 대표이사, 시설장

3) 예산편성의 방법과 제출 서류

가) 예산편성 시 고려사항

예산을 편성할 때 다음의 사항을 고려해서 편성하여야 함

- 전년도 사업 실적 및 성과 고려
- 전년도 결산액을 토대로 예·결산 분석
- 전년도 이월금 및 차기 년도 세입재원의 가능성과 규모
- 직원의 인건비 변화 및 지출이 예상되는 사업의 예측
- 특정목적사업, 적립금, 준비금 등의 설정여부

나) 법인과 시설의 예산과목

- 법인회계의 예산과목: 법인회계 세입·세출예산과목에 따라 편성

■ 사회복지법인 및 사회복지시설 재무·회계 규칙 [별표 1] <개정 2012.8.7.>

법인회계 세입예산과목구분(제10조제3항 본문 관련)

과목				내역
관	항		목	
01 재산수입	11 기본재산수입		111 임대료수입	부동산 임대수입
			112 배당 및 이자수입	소유주식배당수입, 예금이자수입
			113 재산매각수입	부동산매각수입
			114 기타수입	불용재산매각 등 그 밖의 재산수입
02 사업수입	21 사업수입		211 ○○사업수입	법인의 자체사업으로 얻어지는 수입 ※ 법인의 수익사업은 수익사업회계로 처리
03 과년도수입	31 과년도수입		311 과년도수입	전년도에 세입조정된 수입으로서 금년도에 수입으로 확정된 것
04 보조금수입	41 보조금수입		411 국고보조금	국가로부터 받은 경상보조금 및 자본보조금
			412 시도 보조금	시·도로부터 받은 경상보조금 및 자본보조금
			413 시·군·구보조금	시·군·구로부터 받은 경상보조금 및 자본보조금
			414 기타 보조금	그 밖에 국가, 지방자치단체 및 사회복지사업 기금 등에서 공모사업 선정으로 받은 보조금
05 후원금수입	51 후원금수입		511 지정후원금	국내외 민간단체 및 개인으로부터 후원명목으로 받은 기부금·결연후원금·위문금·찬조금 중 후원목적이 지정된 수입
			512 비지정후원금	국내외 민간단체 및 개인으로부터 후원명목으로 받은 기부금·결연후원금·위문금·찬조금 중 후원목적이 지정되지 아니한 수입과 자선행사 등으로 얻어지는 수입
06 차입금	61 차입금		611 금융기관 차입금	금융기관으로부터의 차입금
			612 기타차입금	개인·단체 등으로부터의 차입금
07 전입금	71 전입금		711 다른 회계로부터의 전입금	수익사업회계 및 시설회계로부터의 전입금
08 이월금	81 이월금		811 전년도이월금	전년도 불용액으로서 이월된 금액
			812 전년도이월금 (후원금)	전년도 후원금에 대한 불용액으로서 이월된 금액
			813 ○○이월사업비	전년도에 종료되지 못한 ○○ 사업의 이월된 금액
09 잡수입	91 잡수입		911 불용품매각대	비품·집기·기계·기구 등과 그 밖의 불용품의 매각대
			912 기타예금이자수입	기본재산예금 외의 예금이자 수입
			913 기타잡수입	그 밖의 재산매각수입, 변상금 및 위약금수입 등과 다른 과목에 속하지 아니하는 수입

■ 사회복지법인 및 사회복지시설 재무·회계 규칙 [별표 2] <개정 2015.12.24.>

법인회계 세출예산과목구분(제10조제3항 본문 관련)

과 목				내 역
관	항		목	
01 사무비	11 인건비	111	급 여	법인 임·직원에 대한 기본봉급(기말·정근수당 포함)
		112	제수당	법인 임·직원에 대한 상여금 및 제수당(직종·직급별로 일정액을 지급하는 수당과 시간외근무수당·야간근무수당·휴일근무수당 등) 및 기타 수당
		113	일 용 잡 급	일급 또는 단기간 채용하는 임시직에 대한 급여
		115	퇴 직 금 및 퇴직적립금	법인 임·직원퇴직급여제도에 따른 퇴직급여 및 퇴직적립금(충당금)
		116	사회보험부담금	법인 임·직원의 사회보험(국민연금, 국민건강보험, 고용보험, 산업재해보상보험 등)부담금
		117	기 타후생경비	법인 임·직원의 건강진단비·기타 복리후생에 소요되는 비용
	12 업무추진비	121	기관운영비	기관운영 및 유관기관과의 업무협의 등에 소요되는 제경비
		122	직책보조비	법인 임·직원의 직책수행을 위하여 정기적으로 지급하는 경비
		123	회 의 비	법인의 이사회·후원회 등 각종 회의의 다과비등에 소요되는 제경비
	13 운영비	131	여 비	법인 임·직원의 국내·외 출장여비
		132	수 용 비 및 수 수 료	사무용품비·인쇄비·집기구입비(물건의 성질상 장기간 사용 또는 고정자산으로 취급되는 집기류는 212목에 계상)·도서구입비·공고료·수수료·등기료·운송비·통행료 및 주차료·소규모수선비·포장비등
		133	공 공 요 금	우편료·전신전화료·전기료·상하수도료·가스료 및 오물수거료
		134	제세공과금	법령에 의하여 지급하는 제세(법인세·자동차세등), 협회가입비, 화재·자동차보험료, 기타 보험료
		135	차 량 비	차량유류대·차량정비유지비·차량소모품비
		136	연 료 비	보일러 및 난방시설연료비
		137	기타운영비	그 밖에 운영경비로 위에 분류되지 아니한 경비
02 재산 조성비	21 시설비	211	시 설 비	시설 신·증축비 및 부대경비, 기타 시설비
		212	자산취득비	법인운영에 필요한 비품구입비, 토지·건물·기타 자산의 취득비
		213	시설장비유지	건물 및 건축설비(구축물·기계장치)·공구·기구·비품수선비(소규모수선비는 132목에 계상) 기타 시설물의 유지관리비
03 사업비	31 일반사업비	311	○○사 업 비	법인에서 시설운영외의 지원사업 등을 하는 경우의 사업비 예 : 학자금지원·저소득층지원 등 사업별로 목을 설정함
04 전출금	41 전출금	411	○○시설전출금	법인이 유지·경영하는 시설에 대한 부담금을 시설별로 목을 설정함
		412	○○시설전출금 (후원금)	법인이 유지·경영하는 시설에 대한 부담금(후원금)을 시설별로 목을 설정
05 과년도 지출	51 과년도지출	511	과년도지출	과년도미지급금 및 과년도사업비의 지출
06 상환금	61 부채상환금	611	원금상환금	차입금원금상환금
		612	이자지급금	차입금이자지급금
07 잡지출	71 잡지출	711	잡 지 출	법인이 지출하는 보상금·사례금·소송경비 등
08 예비비 및 기타	81 예비비 및 기타	811	예비비	예비비
		812	반환금	정부보조금 반환금

- 시설회계(생활시설)의 예산과목: 시설회계 세입·세출예산과목에 따라 편성

■ 사회복지법인 및 사회복지시설 재무·회계 규칙 [별표 3] 〈개정 2012.8.7.〉

시설회계 세입예산과목구분(제10조제3항 본문 관련)

과목				내역
관	항		목	
01 입소자부담금 수입	11	입소비용수입	111 ○○비용수입	입소자로부터 받는 보호에 소요되는 비용수입을 종류별로 목을 설정
02 사업수입	21	사업수입	211 ○○사업수입	시설운영으로 인하여 발생되는 사업수입을 종류별로 목을 설정 예: 입소자가 제작한 물품판매 수입
03 과년도수입	31	과년도수입	311 과년도수입	전년도에 세입조정된 수입으로서 금년도에 수입으로 확정된 것
04 보조금수입	41	보조금수입	411 국고보조금	국가로부터 받은 경상보조금 및 자본보조금
			412 시도 보조금	시·도로부터 받은 경상보조금 및 자본보조금
			413 시·군·구조금	시·군·구로부터 받은 경상보조금 및 자본보조금
			414 기타 보조금	그 밖에 국가, 지방자치단체 및 사회복지사업 기금등에서 공모사업 선정으로 받은 보조금
05 후원금수입	51	후원금수입	511 지정후원금	국내외 민간단체 및 개인으로부터 후원명목으로 받은 기부금·결연후원금·위문금·찬조금 중 후원목적이 지정된 수입
			512 비지정후원금	국내외 민간단체 및 개인으로부터 후원명목으로 받은 기부금·결연후원금·위문금·찬조금 중 후원목적이 지정되지 아니한 수입과 자선행사 등으로 얻어지는 수입
06 요양급여수입	61	요양급여수입	611 장기요양급여수입	노인장기요양보험급여 수입
07 차입금	71	차입금	711 금융기관차입금	금융기관으로부터의 차입금
			712 기타차입금	개인·단체 등으로부터의 차입금
08 전입금	81	전입금	811 법인전입금	법인으로부터의 전입금(국가 및 지방자치단체의 보조금은 제외함)
			812 법인전입금(후원금)	법인으로부터의 전입금(후원금)
09 이월금	91	이월금	911 전년도이월금	전년도 불용액으로서 이월된 금액
			912 전년도이월금(후원금)	전년도에 후원금에 대한 불용액으로서 이월된 금액
			913 ○○이월사업비	전년도에 종료되지 못한 ○○ 사업의 이월된 금액
10 잡수입	101	잡수입	1011 불용품매각대	비품·집기·기계·기구 등과 그 밖의 불용품의 매각대
			1012 기타예금이자수입	기본재산예금 외의 예금이자 수입
			1013 기타잡수입	그 밖의 재산매각수입, 변상금 및 위약금수입 등과 다른 과목에 속하지 아니하는 수입

■ 사회복지법인 및 사회복지시설 재무·회계 규칙 [별표 4] <개정 2019. 9. 27.>

시설회계 세출예산과목구분(제10조제3항 본문 관련)

과목			내 역
관	항	목	
01 사무비	11 인건비	111 급 여	시설직원에 대한 기본 봉급(기말·정근수당 포함)
		112 제수당	시설직원에 대한 상여금 및 제수당(직종·직급별로 일정액을 지급하는 수당과 시간외근무수당·야간근무수당·휴일근무수당 등) 및 기타 수당
		113 일 용 잡 급	일급 또는 단기간 채용하는 임시직에 대한 급여
		115 퇴 직 금 및 퇴직적립금	시설직원 퇴직급여제도에 따른 퇴직급여 및 퇴직적립금(충당금)
		116 사회보험 부담금	시설직원의 사회보험(국민연금, 국민건강보험, 고용보험, 산업재해보상보험 등)부담금
		117 기타후생경비	시설직원의 건강진단비·기타 복리후생에 소요되는 비용
	12 업무추진비	121 기관운영비	기관운영 및 유관기관과의 업무협의 등에 소요되는 제경비
		122 직책보조비	시설직원의 직책수행을 위하여 정기적으로 지급하는 경비
		123 회 의 비	후원회 등 각종 회의의 다과비등에 소요되는 제경비
	13 운영비	131 여 비	시설직원의 국내·외 출장여비
		132 수 용 비 및 수 수 료	사무용품비·인쇄비·집기구입비(물건의 성질상 장기사용 또는 고정자산으로 취급되는 집기류는 212목에 계상)·도서구입비·공고료·수수료·등기료·운송비·통행료 및 주차료·소규모수선비·포장비등
		133 공공요금	우편료·전신전화료·전기료·상하수도료·가스료 및 오물수거료
		134 제세공과금	법령에 의하여 지급하는 제세(자동차세 등), 협회가입비, 화재·자동차보험료, 기타 보험료
		135 차 량 비	차량유류대·차량정비유지비·차량소모품비
		136 기타운영비	시설직원 상용피복비·급량비 등 운영경비로 위에 분류되지 아니한 경비
02 재산조성비	21 시설비	211 시 설 비	시설 신·증축비 및 부대경비, 그 밖에 시설비
		212 자산취득비	시설운영에 필요한 비품구입비, 토지·건물·그 밖에 자산의 취득비
		213 시설장비유지비	건물 및 건축설비(구축물·기계장치), 공구·기구, 비품수선비(소규모수선비는 132목에 계상) 그 밖의 시설물의 유지관리비
03 사업비	31 운영비	311 생 계 비	주식비, 부식비, 특별부식비, 장유비, 월동용 김장비
		312 수용기관경비	입소자를 위한 수용비(치약·칫솔·수건구입비 등)
		313 피 복 비	입소자의 피복비
		314 의 료 비	입소자의 보건위생 및 시약대
		315 장 의 비	입소자중 사망자의 장의비
		316 직업재활비	입소자의 직업훈련재료비
		317 자활사업비	입소자의 자활을 위한 기자재 구입비
		318 특별급식비	입소자의 간식, 우유등 생계외의 급식제공을 위한 비용
		319 연료비	보일러 및 난방시설연료비, 취사에 필요한 연료비
	32 교육비	321 수 업 료	입소자중 학생에 대한 수업료
		322 학 용 품 비	입소자중 학생에 대한 학용품비
		323 도서구입비	입소자중 학생에 대한 도서구입비, 부교재비
		324 교통비	입소자중 학생에 대한 대중교통비
		325 급식비	입소자중 학생에 대한 학교급식비

과 목			내 역
관	항	목	
03 사업비	32 교육비	326 학습지원비	입소자중 학생에 대한 사교육비(피아노교습, 사설학원 수강 등)
		327 수학여행비	입소자중 학생에 대한 수학여행비
		328 교복비	입소자중 학생에 대한 교복비
		329 이미용비	입소자중 학생에 대한 이, 미용비
		330 기타교육비	입소자중 학생에 대한 그 밖의 교육경비(학습재료 등)
	33 ○○사업비	331 의료재활사업비	입소자(재활·물리·작업·언어·청능)치료비, 수술비용, 의수족 등 장애인 보조기기 제작수리비 또는 입소자를 위한 의료재활 프로그램비용
		332 사회심리재활사업비	입소자를 위한 사회심리재활 프로그램 운영비
		333 교육재활사업비	입소자를 위한 교육프로그램운영비
		334 직업재활사업비	입소자를 위한 직업재활프로그램 운영비
		335 ○○사업비	의료재활, 직업재활, 교육재활 등 전문프로그램이 아닌 입소자를 위한 프로그램운영비(하계캠프, 방과 후 공부방 운영 등)
04 전출금	41 전출금	411 법인전출금	법인회계로의 전출금(보건복지부장관이 정하는 경우만 해당함)
05 과년도지출	51 과년도지출	511 과년도지출	과년도미지급금 및 과년도사업비의 지출
06 상환금	61 부채상환금	611 원금상환금	차입금원금상환금
		612 이자지불금	차입금이자지급금
07 잡지출	71 잡지출	711 잡지출	시설이 지출하는 보상금·사례금·소송경비 등
08 예비비 및 기타	81 예비비 및 기타	811 예비비	예비비
		812 반환금	정부보조금 반환금

- 시설회계(이용시설)의 예산과목: 복지관 등 시설회계 세입·세출예산과목 따라 편성. 단, 어린이집은 어린이집 시설회계 세입·세출예산과목에 따라 편성

■ 사회복지법인 및 사회복지시설 재무·회계 규칙 [별표 5] <개정 2012.8.7>

복지관 등 시설회계 세입예산과목구분(제10조제3항제1호 관련)

과 목					내 역
관		항		목	
01	사업수입	11	사업수입	111 ○○수입	시설에서 제공하는 각종 서비스의 이용자로부터 받은 수입을 종류별로 목을 설정
02	과년도수입	21	과년도수입	211 과년도수입	전년도에 세입조정된 수입으로서 금년도에 수입으로 확정된 것
03	보조금수입	31	보조금수입	311 국고보조금	국가로부터 받은 경상보조금 및 자본보조금
				312 시도보조금	시·도로부터 받은 경상보조금 및 자본보조금
				313 시·군·구보조금	시·군·구로부터 받은 경상보조금 및 자본보조금
				314 기타보조금	그 밖에 국가, 지방자치단체 및 사회복지사업기금 등에서 공모사업 선정으로 받은 보조금
04	후원금수입	41	후원금수입	411 지정후원금	국내외 민간단체 및 개인으로부터 후원명목으로 받은 기부금·결연후원금·위문금·찬조금 중 후원 목적이 지정된 수입
				412 비지정후원금	국내외 민간단체 및 개인으로부터 후원명목으로 받은 기부금·결연후원금·위문금·찬조금 중 후원목적이 지정되지 아니한 수입과 자선행사 등으로 얻어지는 수입
05	차입금	51	차입금	511 금융기관차입금	금융기관으로부터의 차입금
				512 기타차입금	개인·단체 등으로부터의 차입금
06	전입금	61	전입금	611 법인전입금	법인으로부터의 전입금 (국가 및 지방자치단체의 보조금은 제외함)
				612 법인전입금 (후원금)	법인으로부터의 전입금(후원금)
07	이월금	71	이월금	711 전년도이월금	전년도 불용액으로서 이월된 금액
				712 전년도이월금 (후원금)	전년도 후원금에 대한 불용액으로서 이월된 금액
				713 ○○ 이월사업비	전년도에 종료되지 못한 ○○사업의 이월된 금액
08	잡수입	81	잡수입	811 불용품매각대	비품·집기·기계·기구 등과 그 밖의 불용품의 매각대
				812 기타예금이자 수입	기본재산예금 외의 예금이자 수입
				813 기타잡수입	그 밖의 재산매각수입, 변상금 및 위약금수입 등과 다른 과목에 속하지 아니하는 수입

■ 사회복지법인 및 사회복지시설 재무·회계 규칙 [별표 6] <개정 2015.12.24.>

복지관 등 시설회계 세출예산과목구분(제10조제3항제1호 관련)

과목			내 역
관	항	목	
01 사무비	11 인건비	111 급여	시설직원에 대한 기본 봉급(기말·정근수당 포함)
		112 제수당	시설직원에 대한 상여금 및 제수당(직종·직급별로 일정액을 지급하는 수당과 시간외근무수당·야간근무수당·휴일근무수당 등) 및 기타 수당
		113 일용잡급	일급 또는 단기간 채용하는 임시직에 대한 급여
		115 퇴직금 및 퇴직적립금	시설직원 퇴직급여제도에 따른 퇴직급여 및 퇴직적립금(충당금)
		116 사회보험 부담금	시설직원의 사회보험(국민연금, 국민건강보험, 고용보험, 산업재해보상보험 등)부담금
		117 기타후생경비	시설직원의 건강진단비·기타 복리후생에 소요되는 비용
	12 업무추진비	121 기관운영비	기관운영 및 유관기관과의 업무협의 등에 소요되는 제경비
		122 직책보조비	시설직원의 직책수행을 위하여 정기적으로 지급하는 경비
		123 회의비	후원회 등 각종 회의의 다과비등에 소요되는 제경비
	13 운영비	131 여비	시설직원의 국내·외 출장 여비
		132 수용비 및 수수료	사무용품비·인쇄비·집기구입비(물건의 성질상 장기간사용 또는 고정자산으로 취급되는 집기류는 212목에 계상)·도서구입비·공고료·수수료·등기료·운송비·통행료 및 주차료·소규모수선비·포장비등
		133 공공요금	우편료·전신전화료·전기료·상하수도료·가스료 및 오물수거료
		134 제세공과금	법령에 의하여 지급하는 제세(자동차세 등), 협회가입비, 화재·자동차보험료, 기타 보험료
		135 차량비	차량유류대·차량정비유지비·차량소모품비
		136 연료비	시설의 냉난방연료비(보일러, 냉난방기 등)
		137 기타운영비	시설직원 상용피복비·급량비 등 운영경비로 위에 분류되지 아니한 경비
02 재산조성비	21 시설비	211 시설비	시설 신·증축비 및 부대경비, 그 밖의 시설비
		212 자산취득비	시설운영에 필요한 비품구입비, 토지·건물·그 밖의 자산의 취득비
		213 시설장비유지비	건물 및 건축설비(구축물·기계장치), 공구·기구, 비품수선비(소규모수선비는 132목에 계상) 그 밖의 시설물의 유지관리비
03 사업비	31 사업비	311 ○○사업비	시설에서 이용자에게 제공하는 사업을 성격별·유형별로 구분하여 목으로 설정
04 과년도지출	41 과년도지출	411 과년도지출	과년도미지급금 및 과년도 사업비의 지출
05 상환금	51 부채상환금	511 원금상환금	차입금 원금상환금
		512 이자지급금	차입금 이자지급금
06 잡지출	61 잡지출	611 잡지출	시설이 지출하는 보상금, 사례금, 소송경비 등
07 예비비및기타	71 예비비및기타	711 예비비	예비비
		712 반환금	정부보조금 반환금

다) 예산서에 첨부해야 할 서류

복식회계의 경우	단식회계의 경우	소규모시설의 경우 (거주자 정원이 20인 미만)
• 예산총칙 • 세입·세출명세서 • 추정대차대조표 • 추정수지계산서 • 임·직원 보수일람표 • 당해예산을 보고받은 시설 운영위원회 회의록 사본(법인의 경우 당해예산을 의결한 이사회 회의록 포함)	• 예산총칙 • 세입·세출명세서 • 임·직원 보수일람표 • 당해예산을 보고받은 시설 운영위원회 회의록 사본(법인의 경우 당해예산을 의결한 이사회 회의록 포함)	• 세입·세출명세서 • 당해예산을 보고받은 시설 운영위원회 회의록 사본(법인의 경우 당해예산을 의결한 이사회 회의록 포함)

4) 준예산의 편성

가) 사유: 회계연도 개시 전까지 법인의 예산이 성립되지 아니한 때

나) 방법: 예산 성립 시까지 일부 경비에 대해 전년도 예산에 준하여 집행 가능

- 임직원 보수, 법인 및 시설운영에 직접 사용되는 필수적인 경비, 법령상 지급의무가 있는 경비의 집행

※ 법인의 대표이사 및 시설장은 준예산 편성 전에 시·군·구청장에게 사유를 보고할 것

5) 추가경정 예산의 편성

가) 사유: 예산 성립 후 생긴 사유로 인해 이미 성립된 예산(본예산)에 변경을 가할 필요가 있을 경우

- 추가예산: 물가상승, 참여인원 증가 등 이미 성립된 예산에 추가하는 경우

- 경정예산: 예산과목 간의 이동(사무비 → 사업비, 재산조성비 등)이 필요한 경우

나) 방법: 예산편성 절차에 준하여 추가경정예산 편성 및 확정

    ※ 추경이 확정된 날로부터 7일 이내에 시·군·구청장에게 제출할 것

6) 예비비의 계상

자연재해 등과 같은 예측할 수 없는 예산 외의 지출 또는 예산의 초과지출에 충당하기 위하여 예비비를 세출예산에 계상할 수 있음. 통상적으로 전체 예산액의 1% 정도를 예비비로 계상할 수 있음.

7) 예산의 목적 외 사용금지

법인이나 시설은 세출예산이 정한 목적 외에 사용금지

8) 예산의 이용과 전용

가) 예산과목 중 관간 및 동일 관내 항간 이용: 법인 이사회의 의결 또는 시설 운영위원회에 보고를 거친 후(법인 시설의 경우 운영위원회 보고 후 이사회 의결을 거쳐) 전용

나) 동일 항내 목간 전용: 법인 대표이사 및 시설장이 전용가능

다) 전용의 제한: 예산총칙에서 전용을 제한하고 있거나, 예산안 심의과정에서 삭감한 관·항·목간으로는 전용 금지

라) 관·항간 이용의 경우에는 관할 시·군·구청장에게 과목전용조서를 결산보고시에 첨부하여 제출 할 것

    ※ 보조금을 받는 법인·시설의 경우 보조금 지원주체가 예산 전용을 제한할 수 있으므로 해당 법인 및 시설은 이에 따라야 하며, 전용을 할 경우 사전에 보조금을 지원하는 지자체와 협의할 것

9) 예산의 이월

가) 사유: 세출예산 중 당해 회계연도 내에 지출을 마치지 못할 것으로 예

측되는 경비 및 연도 내에 지출원인행위(계약체결 등)를 하고 불가피
한 사유로 인하여 연도 내에 지출하지 못하는 경비
나) **방법:** 법인 이사회의 의결 또는 시설운영위원회 보고를 거쳐 법인 시
설의 경우 운영위원회 보고 후 이사회 의결을 거쳐) 다음 연도에 이월
사용 가능

10) 특정목적사업 예산

가) **사유:** 완성에 수년을 요하는 공사나 제도 또는 특수한 사업을 위하여
2회계연도 이상에 걸쳐서 그 재원을 조달할 필요가 있는 경우
나) **방법:** 회계연도마다 일정액을 예산에 계상하여 특정목적사업을 위한
적립금으로 적립가능(※ 적립금은 별도의 통장으로 관리할 것)
다) **절차:** 적립금의 적립 및 사용계획 등을 시·군·구청장에게 사전에 보고
※ 시·군·구에서 보고의 시기 및 방법 등을 별도로 정하는 것이 원칙
이나 별도의 규정 사항이 없으면 예산을 제출할 때 적립금의 적립
및 사용계획서를 제출함으로써 보고하고, 사용계회에 변동이 잇을
경우에는 즉시 변동 보고를 할 것

제4절 결산과 감사

1 결산의 개요

1) 결산의 의의

결산이란 1 회계연도에 발생한 법인 및 시설의 예산 집행 실적, 즉 모든
수입과 지출을 확정적 계수로 표시한 것이다. 결산은 계획한 예산을 잘 집행
하였는지를 확인하는 정산 보고이며, 다음 회계연도 예산편성의 기초자료가
된다.

2) 출납 정리

당해 회계연도 말까지 출납을 완료하고 모든 장부의 정리를 마감한 후 수입과 지출 금액을 정리해야 한다. 회계연도 내에 지출도지 아니한 경비는 다음 회계연도로 이월처리 한다.

장부 등은 추가 기록을 하지 못하도록 줄을 그어 마감처리하고, 예금잔액증명서는 12월 31일가지 발급받아야 한다.

3) 세입·세출예산의 초과 금액 등 처리

결산 결과 세입예산을 초과하여 수입되었거나 세출예산을 초과하여 지출되었을 경우 결산 시점에서는 전용이나 추가경정예산을 편성하여 처리할 수 없다.

2 결산보고 절차

결산보고의 절차는 다음과 같다.

일정	주요 내용	주체
출납 완료시	세입·세출 결산보고서 작성	법인 대표이사 및 시설장
⇩ (법인의 감사 실시)		
결산보고서 작성 후	결산보고서의 시설운영위원회 보고 (법인시설도 이사회 의결 전 운영위원회에 보고)	시설장
⇩ (감사보고)		
결산보고서 작성 후	결산보고서 법인 이사회 의결 (법인시설이 아닌 경우는 운영위원회 보고로 확정)	법인 대표이사
⇩		
다음연도 3월말까지	확정된 결산보고서 시·군·구청장에게 제출 (법인은 법인 소재지 관할 시·군·구청장에게, 시설장은 시설 소재지 시·군·구청장에게)	법인 대표이사 및 시설장
⇩		
결산보고서 제출 20일 이내	회계별(법인, 시설, 수익사업) 세입·세출결산서를 시·군·구, 법인, 시설의 게시판과 인터넷 홈페이지에 20일 이상 공고	시·군·구청장, 법인 대표이사, 시설장

3 결산보고서에 첨부할 서류

1) 세입·세출 결산서
2) 과목전용조서
3) 예비비사용조서
4) 재무상태표
5) 수지계산서
6) 현금 및 예금명세서
7) 유가증권명세서
8) 미수금명세서
9) 재고자산명세서
10) 그 밖의 유동자산명세서
    (6-9 유동자산외의 유동자산)
11) 고정자산(토지, 건물, 차량운반구,
    비품, 전화가입권) 명세서
12) 부채명세서(차입금, 미지급금 포함)
13) 각종 충당금명세서
14) 기본재산수입명세서(법인만 해당)
15) 사업수입명세서
16) 정부보조금명세서
17) 후원금 수입명세 및 사용결과보고서
    (전산파일 포함)
18) 후원금 전용계좌의 입출금내역
19) 인건비명세서
20) 사업비명세서
21) 그 밖의 비용명세서
    (인건비 및 사업비 제외한 비용)
22) 감사보고서
23) 법인세 신고서(수익사업이 있는 경우)

※ 단식부기 경우 1-3, 14-23호 서류만 첨부할 수 있고, 소규모시설(거주자 정원 20인 미만 시설)의 경우 1, 17호 서류만 첨부할 수 있으며, 어린이집은 별도로 정함

4 감사

▶ 법인의 감사는 매년 1회 이상 실시

▶ 시설장과 수입원 및 지출원이 사망하거나 경질된 때에는 그 관장에 속하는 수입, 지출, 재산, 물품 및 현금 등의 관리상황을 감사함

※ 감사를 실시할 때에는 전임자가 참관해야 하며, 전임자가 참관할 수 없으면 관계 직원 중에서 전임자의 전임자나 법인의 대표이사가 지정한 사람이 참관해야 함

▶ 감사 후 감사보고서를 작성하여 법인 이사회에 보고하며, 재산상황 또는 업무집행에 관하여 부정 또는 불비한 점이 발견된 때에는 시·군·구청장에게 보고

[붙임 1] 사회복지법인 설립허가신청서

■ 사회복지사업법 시행규칙〔별지 제7호 서식〕

사회복지법인 설립허가 신청서

(앞쪽)

접수번호		접수일	허가일	처리기간	17일

신청인 (대표자)	성명			생년월일	
	주소			전화번호	

법인	법인의 명칭		
	주된 사무소의 소재지	전화번호	
	설립 목적		
	사업의 종별		

자산	기본 재산	목적 사업용	종류	규모	평가액 (천원)	연간수익액 (천원)	출연자
			계				
		수익용					
			계				
	보통 재산		종류	수량		가액(천원)	

임직원	임원	직위	임기	성명	생년월일	주소
	직원	총 인원 명		사회복지사자격증 소지자 수 명		

「사회복지사업법」 제16조, 같은 법 시행령 제8조 및 같은 법 시행규칙 제7조제1항에 따라 사회
복지법인 설립허가를 신청합니다.

년   월   일

신청인   (서명 또는 인)

_____ 시.도지사 귀하

(뒤쪽)

신청인 (대표자) 제출서류	1. 설립취지서 1부	수수료 없음
	2. 정관 1부	
	3. 재산출연증서 1부	
	4. 재산의 소유를 증명할 수 있는 서류 1부(「전자정부법」 제36조제1항에 따른 행정정보의 공동이용을 통하여 소유권에 대한 정보를 확인할 수 있는 경우에는 그 확인으로 첨부서류를 갈음합니다)	
	5. 재산의 평가조서 1부(「부동산 가격공시 및 감정평가에 관한 법률」에 따른 감정평가업자의 감정평가서를 첨부하되, 개별공시지가 확인서로 첨부서류에 대한 정보를 확인할 수 있는 경우에는 그 확인으로 첨부 서류를 갈음합니다)	
	6. 재산의 수익조서 1부(수익용 기본재산을 갖춘 경우만 첨부하며, 공인된 감정평가기관의 수익증명 또는 수익을 증명할 수 있는 기관의 증빙서류를 첨부하여야 합니다)	
	7. 임원의 취임승낙서 및 이력서 각 1부	
	8. 「사회복지사업법」 제18조제2항 각 호의 어느 하나에 해당하는 기관으로부터 받은 이사 추천서 1부	
	9. 임원 상호간의 관계에 있어 「사회복지사업법」 제18조제3항에 저촉되지 않음을 입증하는 각서 1부	
	9의2. 「사회복지사업법」 제19조제1항 각 호의 어느 하나에 해당하지 않음을 입증하는 각서 1부	
	10. 설립 해당 연도 및 다음 연도의 사업계획서 및 예산서 각 1부	
담당 공무원 확인사항	1. 건물등기부 등본	
	2. 토지등기부 등본	
	3. 개별공시지가 확인서	

[붙임 2] 설립취지서

설 립 취 지 서(예시)

1. 법인설립취지

○

○

2. 사업내용

○

○

○

※ 작성요령

- 설립취지를 간략 명료하게 정리하여 기재

- 설립취지에 따른 목적사업을 개조식으로 기재함

- 설립취지서 작성이 어려울 때는 발기인 회의록으로 대체하여도 무방함

첨부서류 : 1. 발기인 총회 회의록 1부

　　　　　　　2. 설립발기인명단 1부.

[붙임 3] 발기인 총회 회의록

발기인 총회 회의록(예시)

○ 회의일시 : ○○년 ○○월 ○○일 ○○시 ~ ○○시
○ 회의장소 : 시·도 ○○구 ○○동 ○○빌딩 ○○층
○ 참 석 자 : 발기인 ○○명
○ 의   제 : 1. 정관의 심의.의결
　　　　　 2. 임원선출
　　　　　 3. 재산출연사항
　　　　　 4. 사업계획 등
　 - 발기인 대표선출: ○○○을 만장일치로 선출함
　 - 2000년 ○○월 ○○일 ○○시 가칭 "사회복지법인 ○○○복지재단" 설립을 위한 발기인 총회를 개최. 발기인 전원이 참여하여 발기인대표 ○○○의 사회로 개회를 선언하다
　 - 발기인대표
　　 법인설립취지와 복지사업을 설명하고 정관안전 상정
　 - ○○○

※ 의제별로 구체적인 토의사항을 발표자 순서대로 기록정리함.

- 이상으로 가칭 "사회복지법인 ○○○○"의 설립 발기인총회를 모두 마치겠습니다.

위 결의를 명확히 하기 위하여 회의록을 작성하여 발기인 전원이 다음에 기명하고 인감날인 한다.

200○ 년 ○○ 월 ○○ 일

가칭 사회복지법인 ○○○○○○
발 기 인 ○○○　(인)
발 기 인 ○○○　(인)
발 기 인 ○○○　(인)

[붙임 4] 설립 발기인명단

설립 발기인 명단(예시)

연번	직위	성명	생년월일	주소	약력 (간략히)	비고

[붙임 5] 사회복지법인 정관

사회복지법인 정관(예시)

제1장 총 칙

제1조(목적) 이 법인은 ·····법의 규정에 의한 ·····을 수행함으로써 ········함을 목적으로 한다.
(비고) 1) 당해 법인의 특성에 따라 목적을 개괄적으로 기재한다.

제2조(명칭) 이 법인의 명칭은 "사회복지법인" 회·원·단(이하 "법인 회·원·단" 이라 한다) 이라 칭한다.
(비고) 사회복지법인의 명칭은 법인과 거래하는 제3자에게 혼란을 주지 않고, 향후 등기시 문제의 소지를 일으키지 않도록 다른 법인과 유사하거나 동일한 명칭을 사용하는 것을 지양하여야 함
※ 동일명칭 확인방법 : 대법원 인터넷 등기소→ 등기열람/발급 → 법인 → 상호찾기

제3조(사무소 등의 소재지) ① 이 법인의 주된 사무소는 시·도 시·군·구 ○○○로 ○○ (○○동, ○○○) 에 둔다.
② 이 법인은 민법 제50조의 규정에 의하여 다음과 같은 분사무소(지부)를 둔다.
1. ○○○분사무소 : ○○시·도 ○○○시·군·구 ○○○로 ○○ (○○동, ○○○)
2. ○○(사회복지시설) : ○○시·도 ○○○시·군·구 ○○로 ○○ (○○동, ○○○)
(비고) 1) 분 사무소가 없는 경우에는 제2항은 필요하지 않다.
　　　 2) 사무소의 소재지는 도로명 주소까지 구체적으로 기입한다.

제4조(목적사업의 종류) ① 이 법인은 제1조의 목적을 달성하기 위하여 다음의 사업을 수행한다.
1. 「국민기초생활보장법」 제○○조의 ○○사업
2. 「노인복지법」 제○○조의 노인의료복지시설 중 무료노인요양시설 운영
3. 「아동복지법」 제○○조의 아동양육시설
(비고) 1) 각종시설 운영사업은 사회복지관계 법령에서 정하는 시설명칭을 사용한다.

제2장 자산 및 회계
제1절 자 산

제5조(자산구분) ① 이 법인의 자산은 기본재산과 보통재산으로 구분하되, 기본재산은 목적사업용 기본재산과 수익용 기본재산으로 구분하여 관리한다.
② 기본재산은 다음 각 호의 재산으로 하며, 평가가액에 변동이 있을 때에는 지체 없이 정관 변경의 절차를 밟아야 한다.

1. 설립당시 기본재산으로 출연한 재산
2. 부동산
3. 이사회의 결의에 의하여 기본재산으로 편입된 재산
③ 기본재산의 목록과 평가가액은 '별지 1'과 같다.
④ 기본재산 이외의 모든 재산은 보통재산으로 한다.
(비고) 1) 설립당초의 기본재산은 반드시 별표의 기본재산 목록에 등재되어야 한다.
　　　 2) 시설운영을 목적으로 하지 않고 일정한 출연재산에서 얻어지는 과실로
서 보호대상자에 대한 단순한 지원 등 사회복지사업을 지원하는 것을 목적으로
하는 경우에는 목적사업용 기본재산과 수익용 기본재산으로 구분하지 아니한다.
　　　 3) 기본재산의 목록은 정관의 일부로서 간인 필요
　　　 4) 기본재산 재평가를 실시한 경우 정관에 반영

제6조(자산의 관리) ① 기본재산을 매도·증여·교환·임대·담보제공 또는 용도변
경하거나 그 밖의 권리의 포기, 의무의 부담 등의 처분을 하고자 하는 때에는 이
사회의 의결을 거쳐 주무관청의 사전허가를 얻어야 한다.
② 법인이 매수·기부채납·후원 등의 방법으로 재산을 취득한 때에는 지체 없이
이를 법인의 재산으로 편입조치 하여야 한다.
③ 제2항의 재산을 취득한 경우 법인은 그 취득사유, 취득재산의 종류·수량 및
가액을 매년 3월말까지 전년도의 재산취득상황을 주무관청에게 보고하여야 한다.
④ 법인이 보건복지부령이 정하는 금액이상을 장기차입 하고자 하는 때에는 주무
관청의 허가를 받아야 한다.
⑤ 기본재산과 보통재산의 운영과 관리에 관하여는 법령과 이 정관에 따로 정한
경우를 제외하고는 별도의 규정이 정하는 바에 의한다.

제7조(경비와 유지방법) 이 법인의 운영비는 기본재산에서 발생하는 과실, 수익사업
의 수익금, 기부금과 그 밖의 수입으로 충당한다.

제2절 회계

제8조(회계의 구분 등) 이 법인의 회계는 법인에 속하는 법인 일반회계와 시설운영
에 속하는 시설회계 수익사업에 속하는 수익사업회계로 구분한다.

제9조(회계의 처리) 이 법인의 회계처리는 「사회복지사업법」 및 관련 법령에서 따
로 정한 경우를 제외하고는 별도의 규정이 정하는 바에 따른다.

제10조(회계연도) 이 법인의 회계연도는 정부의 회계연도에 따른다.

제11조(사업계획 및 예산) 이 법인의 매 회계연도의 사업계획 및 예산은 대표이사가
매 회계연도 개시 5일전 까지 이사회의 의결을 거쳐 확정한 후 「사회복지법인 및
사회복지시설 재무·회계규칙」(보건복지부령)이 정하는 서류를 첨부하여 주무관청에
제출하여야 한다.

제12조(사업실적 및 결산) 이 법인의 매 회계연도의 사업실적 및 결산은 회계연도가 끝난 후 1월 이내에 대표이사가 작성하여 감사의 감사를 거친 후 이사회의 의결을 거쳐 「사회복지법인 및 사회복지시설 재무·회계규칙」(보건복지부령)이 정하는 서류를 첨부하여 3월 31일까지 주무관청에 제출하여야 한다.

제13조(잉여금의 처리) 이 법인의 매회계년도 결산 잉여금은 차입금 상환 또는 다음 회계연도에 이월 사용하는 것을 원칙으로 하되, 이사회의 결의에 의하여 특정한 사업을 위한 기금으로 적립할 수 있다.

제14조(예산외의 채무부담) 수지예산으로서 정한 것 이외의 의무부담 또는 권리의 포기는 이사회의 의결을 거쳐야 한다.

제3장 임원

제15조(임원의 종류와 정수) 이 법인은 다음의 임원을 둔다.
1. 대표이사 1인
2. 상임이사 1인
3. 이사 7인(대표이사 및 상임이사 포함)
4. 감사 2인
(비고) 1) 대표이사의 명칭은 회장 등의 명칭을 붙이는 것도 가능하다.
    2) 상임이사의 직이 필요한 때에는 상임이사를 두되, 필요가 없는 때에는 두지 아니하여도 된다.
    3) 이사의 정수는 7인 이상 감사는 2인 이상으로 하고, 업무의 심의에 적정한 수를 확정적으로 기재하되, 약간인 또는 7인 이상 10인 이하 등으로 표기하지 않아야 한다.

제16조(임원의 선임) ① 대표이사, 이사 및 감사는 이사회에서 선출한다.
② 상임이사는 대표이사가 선임된 이사 중에서 지명하여 이사회의 의결을 거쳐 선임한다.
③ 이사정수의 1/3(소수점 이하는 버림) 이상은 시·도사회보장위원회 또는 지역사회보장협의체에서 추천을 받아 이사회의 의결을 거쳐 선임한다.
④ 이사를 임면하는 경우에는 보건복지부령이 정하는 바에 의하여 지체없이 이를 주무관청에 보고하여야 한다.
(비고) 1) 대표이사는 선임된 이사 중에서 호선하여도 가능하다.
    2) 상임이사가 없는 때에는 제2항은 필요없다.
    3) 상임이사의 선임방법은 달리하여도 된다.

제17조(임원선임의 제한) ① 이 법인은 이사 상호간의 관계에 있어서 「사회복지사업법」 제18조제3항의 규정에 의한 "특별한 관계에 있는 자"가 이사현원의 5분의 1을 초과할 수 없다.
② 감사는 감사 상호간 또는 이사와의 관계에 있어서 「사회복지사업법」 제18조 제3항의 규정에 의한 "특별한 관계에 있는 자"가 아니어야 한다.

제18조(임원의 임기 등) ① 이 법인의 대표이사 및 이사의 임기는 3년으로 하고 감사의 임기는 2년으로 하되, 연임할 수 있다.
② 임원중 결원이 생긴 때에는 2월 이내에 보충하여야 하며, 임기가 만료되는 임원의 후임자는 임기만료 1월 이전에 선임하여야 한다.
(비고) 1) 임원의 법정임기를 초과하여 종신직으로 하는 것 등은 불가하다.

제19조(임원의 결격사유) ① 「사회복지사업법」 제19조 각호의 1에 해당하는 자는 법인의 임원이 될 수 없다.
② 법인의 임원이 제1항의 사유에 해당할 때에는 그 직을 상실한다.

제20조(임원의 해임) ① 이 법인은 그의 임원에 대하여 「사회복지사업법」 제22조의 규정에 의한 시·도지사의 해임명령을 받은 때에는 지체없이 해임하여야 한다.② 이 법인은 그의 임원이 다음 각 호의 1에 해당할 때에는 이사회의 의결을 거쳐 해임할 수 있다.
 1. 법령, 법인의 정관 또는 규정에 위반한 때
 2. 고의 또는 중대한 과실로 법인에 상당한 손해를 끼친 때
 3. 직무태만·품위손상 기타 사유로 인하여 임원으로서 적당하지 아니하다고 인정되는 때
 4. 기타 임원으로서의 능력이나 자질이 현저히 부족하다고 판단되는 때

제21조(임원의 직무) ① 대표이사는 이 법인을 대표하고, 제반 사무를 총괄하여 이사회의 의장이 된다.
② 이사는 이사회를 구성하고, 이사회의 권한에 속하는 사항을 심의·의결한다.
③ 대표이사 유고시에는 대표이사가 지명하는 이사가 대표이사의 직무를 대행한다. 다만, 대표이사가 직무대행자를 지명하지 못한 경우에는 나머지 이사 중에서 연장자 순으로 그 직무를 대행한다.
④ 감사는 다음의 직무를 행한다.
 1. 이 법인의 재산상황과 회계를 감사하는 일
 2. 이사회의 운영과 그 업무에 관한 사항을 감사하는 일
 3. 제1호 및 제2호의 감사결과 부정 또는 불비한 점이 있음을 발견하는 때에는 이를 이사회와 주무관청에 보고하는 일
 4. 제3호의 보고를 하기 위하여 필요한 때에는 이사회의 소집을 요구하는 일
 5. 그 밖에 이사회 운영과 그 업무에 관한 사항에 대하여 이사회에 참석하여 의견을 진술하는 일
 6. 이사회의 회의록에 기명날인하는 일

제22조(대표권의 제한) 이 법인의 대표이사이외의 이사는 이 법인을 대표하지 않는다.

제23조(임원의 대우) 이 법인의 상임이사를 제외한 임원은 명예직으로 하되, 예산의 범위 안에서 임원의 활동에 필요한 실비를 지급할 수 있다.

제24조(겸직금지) ① 이사는 이 법인의 시설장을 제외한 직원을 겸할 수 없다.
② 감사는 이 법인의 이사, 시설장 또는 직원을 겸할 수 없다.

제4장 이 사 회

제25조(이사회 구성) ① 이 법인에 대표이사 및 이사로 구성되는 이사회를 둔다.
② 감사는 이사회에 출석하여 발언할 수 있다.

제26조(의결사항) 이사회는 다음 사항을 심의·의결한다.
1. 정관의 변경에 관한사항
2. 제규정의 제정 및 개정에 관한 사항
3. 법인 합병 및 해산에 관한 사항
4. 임원임면에 관한 사항
5. 사업계획·실적 및 예산·결산에 관한 사항
6. 재산의 취득, 처분 및 관리에 관한 사항
7. 법인이 설치한 시설의 장의 임면에 관한 사항
8. 법인이 설치한 시설의 운영에 관한 사항
9. 수익사업에 관한 사항
10. 그밖에 법령이나 이 정관에 의하여 이사회의 권한에 속하는 사항
(비고) 1) 법인특성에 따라서 의결사항의 변동이 있을 수 있다.
　　　　2) 지원법인의 경우에는 7, 8호는 해당되지 않는다.

제27조(이사회의 소집 등) ① 이사회는 정기이사회와 임시이사회로 구분한다.
② 정기이사회는 매년 1월중에 개최하고, 임시이사회는 대표이사가 필요하다고 인정하는 때 또는 재적이사의 과반수가 회의의 목적을 제시하여 소집을 요구할 때와 감사가 소집을 요구할 때에 소집한다.
③ 이사회를 소집하고자 하는 때에는 대표이사가 회의목적을 명시하여 회의개최 7일 이전까지 각 이사에게 통지하여야 한다.
④ 대표이사는 재적이사 과반수가 회의안건을 명시하여 소집을 요구한 때와 감사가 소집을 요구한 때로부터 20일 이내에 이사회를 소집하여야 한다.

제28조(이사회의 개의와 의결정족수) ① 이사회는 이 정관에서 따로 정한 바를 제외하고는 재적이사 과반수의 출석으로 개의하고, 출석이사 과반수의 찬성으로 의결한다.
② 이사회의 의사는 대리인이나 서면결의에 의할 수 없다.

제29조(의결제척사유) 대표이사 또는 이사가 다음 각 호의 1에 해당하는 때에는 그 의결에 참여하지 못한다.
1. 임원선임 및 해임에 있어서 자신에 관한 사항
2. 금전 및 재산의 수수를 수반하는 사항으로서 임원자신이 법인과 직접 관계되는 사항

제30조(이사회 회의록) ① 이사회의 의사에 관하여는 회의록을 작성하여야 한다.
② 회의록에는 의사의 경과, 요령 및 결과를 기재하고, 의장과 참석임원 전원이 날인하여야 한다.
③ 회의록은 회의일부터 10일 이내에 법인 홈페이지와 주무관청에서 지정하는 인터넷 홈페이지에 3개월간 공개하며, 법인 사무실에도 비치하여야 한다.
(비고) 날인은 반드시 인감일 필요는 없으며, 기명란에 자필 서명 후 일반 날인 또는 기명란에 기명 후 날인 부분에 자필 서명도 가능

제5장 수익사업

제31조(수익사업의 종류) ① 이 법인은 「사회복지사업법」 제28조의 규정에 의하여 법인의 목적사업 수행에 지장이 없는 범위 안에서 각 사업마다 이사회의 의결 및 정관변경 인가를 거쳐 다음 각 호의 수익사업을 할 수 있다.
1. 부동산임대업
2. 간행물발행사업
② 제1항의 수익사업을 경영하기 위하여 대표이사는 이사회의 의결을 거쳐 관리자 또는 책임자를 임명한다.

제32조 (수익의 처분 및 관리) 수익사업에서 얻어지는 순수익은 법인 목적사업에 충당하거나, 이사회의 결의에 의거 특정한 기금으로 적립할 수 있다.

제6장 사무조직 및 운영

제33조(사무국) ① 이 법인의 업무를 처리하기 위하여 법인사무국을 둔다.
② 사무국의 조직과 운영에 관하여는 별도의 규정으로 정한다.

제34조(상근임직원) ① 법인사무국 및 시설에는 필요한 상근임직원을 둔다.
② 상근임직원의 임용·복무·보수 등에 관하여는 별도의 규정으로 정한다.
③ 제2항의 규정에는 종사자의 정년을 규정한 인사규정이 반드시 포함되어야 한다.
④ 제2항의 규정은 주무관청에 보고하여야 한다.

제7장 정관변경 및 해산

제35조(정관변경) 이 법인의 정관을 변경하고자 하는 때에는 재적이사 3분의 2이상의 의결을 거쳐 주무관청의 허가를 받아야 한다.

제36조(해산 및 합병) 이 법인을 해산하거나 다른 법인과 합병하고자 하는 때에는 재적이사 4분의 3 이상의 의결을 거쳐 주무관청의 허가를 받아야 한다.

제37조(잔여재산의 귀속) 이 법인이 해산하는 때의 청산 후 잔여재산은 주무관청의 허가를 받아 국가 또는 지방자치단체에 귀속한다

제8장 공고방법

제38조(공고의 방법) ① 이 법인의 법령과 정관 및 이사회의 의결에 의하여 공고하여야 할 사항은 관할 지방자치단체 홈페이지 및 법인 홈페이지 등에 게시한다.
② 제1항의 공고기간은 7일 이상으로 한다.

제9장 보 칙

제39조(준용규정) 이 정관에 규정하지 아니한 사항에 대하여는 「사회복지사업법」, 「공익법인의 설립·운영에 관한 법률」 및 「민법」과 그 밖의 관계법규를 준용한다.

제40조(운영규정) 이 정관시행에 관하여 필요한 사항은 별도의 운영규정으로 정한다.

제41조(규정의 제·개정) ① 이 법인의 운영과 관련된 규정의 제·개정에 대하여는 이사회의 의결을 거쳐야 한다.
② 제1항의 내용 중 규정의 여부는 이사회에서 결정한다.

부 칙

① (시행일) 이 정관은 주무관청의 허가를 받은 날부터 시행한다.
② (설립당시의 임원선임에 대한 경과조치) 이 법인 설립당시 발기인총회에서 선임된 임원은 이 정관에 의하여 선임된 것으로 본다.
③ (설립당시의 임원 등) 이 법인 설립당시의 임원 및 법인이 사용할 인장은 각각 '별지 2' 및 '별지 3'과 같다.
(비고) 부칙으로 정한 사항이 5개항 이상일 경에는 각각 조문으로 표기한다.

[붙임 6] 기본재산목록

설립당시의 기본재산 목록(예시)

구 분	소 재 지	규 모	평 가 가 액	출 연 자	비 고

현행 기본재산 목록(예시)

구 분	소 재 지	규 모	평 가 가 액	출 연 자	비 고

[붙임 7] 설립시 임원명단

설립시 임원명단(예시)

직 위	임 기	성 명	생년월일	주 소
대표이사	20 . . . ~			
상임이사	20 . . .			
이 사	(3년간)			
·	〃			
·	〃			
·	〃			
	〃			
	〃			
감 사	20 . . . ~			
·	20 . . .			
·	(2년간)			
·	〃			
	〃			

[붙임 8] 법인이 사용할 인장

법인이 사용할 인장(예시)

1) 직인	2) 대표이사의 인	3) 계인(선택)

이상과 같이 "사회복지법인 ○○○"가 사용할 인장을 날인하고 발기인 전원이 기명·날인함으로써 이를 확인하다.

20 . . .

발기인대표   ○○○ (인)

발기인   ○○○ (인)

발기인   ○○○ (인)

발기인   ○○○ (인)

발기인   ○○○ (인)

[붙임 9] 재산출연증서(기부승낙서)

재산출연증서(기부승낙서) (예시)

사회복지법인 설립대표자 귀하

　본인소유인 다음의 재산을 설립코자 하는 사회복지법인에 무상 출연(기부)합니다.

년 월 일

위 기부자 ○ ○ ○ (인감날인 또는 자필서명)

기 부 재 산 표 시

소 재 지	종 별	수 량	금 액	비 고

[붙임 10] 임원 취임승낙서

임원 취임승낙서(예시)

주 소 :

성 명 :

생년월일 :

최종경력 :

직 위 : (이사, 감사)

취임기간 :

   본인은 사회복지법인 의 (이사, 감사)직에 취임할 것을 승낙합니다.

                              년   월   일

                    (이사, 감사)   (인감날인 또는 자필서명)

사회복지법인 ( ) 이사장 귀하

[붙임 11] 임원의 이력서

임원의 이력서(예시)

1. 성 명		3. 현 주 소	
2. 생 년 월 일		4. 전화번호	

5. 학 력

기 간		학 력
부터	까지	

6. 자격면허		7. 상 벌	
년 월 일	종 별	년 월 일	종 류

8. 훈 련

기 간		훈 련 내 용
부터	까지	

9. 경 력

기 간		부 서	직 위	직 명	발령청	비고
부터	까지					

10. 보 충 란

기 간	부 서	직 위	성 명	발령청	비고

11. 비 고

위에 기재한 사항은 사실과 틀림이 없음.

년 월 일

성 명
(인)

[붙임 12] 특수관계 부존재 각서

특수관계 부존재 각서(예시)

주 소 :

성 명 :

생년월일 :

직 위 : (이사, 감사)

취임기간 :

　본인은 출연자 및 임원상호간의 관계에 있어서 「사회복지사업법 시행령」 제9조의 규정에 의한 "특별한 관계에 있는 자"가 아님을 확인합니다.

년 월 일

(이사, 감사)　　　　　　　　　(인감날인 또는 자필서명)

[붙임 13] 결격사유 부존재 각서

결격사유 부존재 각서(예시)

주 소 :

성 명 :

생년월일 :

직 위 : (이사, 감사)

취임기간 :

   본인은 「사회복지사업법」 제19조제1항 각 호에 따른 임원의 결격사유에 해당하지
아니함을 확인합니다.

년 월 일

(이사, 감사)   (인감날인 또는 자필서명)

[붙임 14] 복무관리규정

복무관리규정(예시)

제1장 총 칙

제1조【목 적】

이 규정은 회사에서 근무하는 직원의 근무조건 및 직원이 준수하여야 할 기본수칙을 정함으로써 직원의 기본적 생활을 보장하고 회사의 기본질서를 유지하여 회사의 건전한 발전 및 업무의 효율화를 도모함을 목적으로 한다.

제2조【적용범위】

회사의 모든 직원에 대하여 근무 및 사무처리에 관하여 별도로 정한 경우를 제외하고 이 규정을 적용한다.

제3조【기본원칙】

① 회사는 근로기준법, 취업규칙에서 정한 근로조건을 준수하며 직원의 인격과 자주성을 존중하여 근무토록 노력한다.

② 직원은 이 규정에서 정한 근무수칙을 성실히 준수하며 회사의 발전을 도모하며, 회사의 명예와 신뢰가 훼손될 행동을 하여서는 안 된다.

제2장 복무규율

제4조【복무원칙】

직원은 회사설립 목적과 경영목표 달성에 적극적 노력하여야 한다.

제5조【명령복종】

회사와 상사의 정당한 업무상 지시와 명령에 따른 업무를 성실히 수행하고 회사의 규율을 준수하며, 회사 구성원간에 서로 협력하여 회사의 직무달성과 질서유지에 최선의 노력을 하여야 한다.

제6조【직무책임】
직원은 맡은바 직무를 충실히 수행하여야 하며, 직무에 대한 책임이 있으며 업무능률 향상에 노력하여야 한다.

제7조【품행】
회사의 신용을 추락시키거나 명예를 훼손하는 언동을 하지 아니한다.

제8조【기밀엄수】
직무상 비밀을 엄수하고 회사의 기밀이 누설되지 않도록 각별 유의하여야 하며 외부의 조회에 임의로 응답하여서는 아니 된다.

제9조【겸업금지】
회사의 허가 없이 회사업무 이외의 다른 직무를 겸하거나 영리사업에 종사하지 아니한다.

제10조【무단이탈】
직원은 소속부서장의 승인이나 정당한 절차 또는 정당한 사유 없이 회사를 무단이탈 또는 결근을 하여서는 안 된다.

제11조【개인사용금지】
회사의 제반 물품 및 시설을 사전 허락 없이 사적으로 사용하여서는 안 된다.

제12조【수수금지】
회사와 거래관계가 있는 자로부터 사례 또는 증여를 받지 아니한다.

제13조【사내질서】
회사내에서 규율 및 질서를 지키고 근무 중에 음주, 도박 기타 등의 문란한 행위로 하여서는 안 된다.

제14조【사전승인】

문서 또는 인쇄물을 회사 내부에 배포하거나 게시하고자 할 때에는 사전에 회사의 승인을 받아야 하며 승인하지 아니한 문서의 경우 회사 문서로 간주하지 아니한다.

제15조【안전·보건수칙】

회사내의 제반 안전수칙을 준수하고 보건관리에 적극 협조하여야 한다.

제16조【권한남용】

직원은 개인의 이익을 위하여 직무상의 권한을 남용하여서는 안 된다. 또한 직무상 업무를 정당한 사유없이 일방적으로 타부서 및 하급자에게 업무를 위임하는 권한을 남용하여서는 안 된다.

제17조【보고의무】

직원은 업무현황과 직무상 발생한 사건에 대하여 회사 및 상사에게 보고할 의무가 있다.

제18조【신상변동신고】

직원은 본적, 주소, 기타 인적사항과 여권, 자격증 외 취득 및 변경사항이 있을 때에는 그 사유의 발생일로부터 7일내에 인사담당부서에 신고하여야 한다.

제19조【파견직원】

직원이 업무상 필요에 따라 거래처 등으로 파견근무를 하는 경우 파견회사의 복무규율 및 업무상 지시나 명령을 준수하고 품위를 유지하며, 회사의 명예를 훼손하는 행동을 하여서는 안 된다.

제20조【사무인계】

직원이 퇴직, 휴직, 인사이동 등으로 사무인계사유 발생시 인계직원은 담당

업무의 서류, 비품, 미결내용 등의 내용에 대한 사무인계서를 작성하여 인수자에게 인계한다.

제21조【손해배상】

직원이 고의 또는 중대한 과실로 인하여 회사 재산에 피해를 입혔을 때에는 해당 직원, 신원보증인, 보증회사가 연대하여 변상하여야 한다.

제22조【회사보호협력】

직원은 재해 및 기타 비상시에 회사보호에 적극 협력해야 한다.

제3장 근로시간

제23조【근로시간】

직원의 근로시간은 휴게시간을 제외하고 1일에 8시간, 1주일에 40시간을 초과 할 수 없으며 근로시간의 배분은 다음과 같이 실시한다.

1. 평 일 : 시업시간 09:00시, 종업시간 18:00시
2. 휴게시간 : 12:00시~13:00시

제24조【근로시간조정】

시업과 종업, 휴게 시간은 회사의 업무사정 및 직종, 계절 등에 따라 알맞게 조정 할 수 있다.

제25조【휴게시간】

직원의 1일 8시간 근무에 대한 휴게시간은 식사시간을 포함하여 1일 1시간으로 한다.

제26조【현장휴게시간】

건설 및 기타 현장, 단위사업장 등의 휴게시간은 사업장 단위별로 별도로 정하여 사용할 수 있다.

제27조【휴게시간활용】

직원은 휴게(식사)시간을 자유로이 활용할 수 있다. 단, 회사의 질서와 규율을 지켜야 하며 휴게시간을 초과여서는 안 된다.

제28조【출장자 근로시간】

근로자가 출장 기타의 사유로 근로시간의 전부 또는 일부를 사업장 밖에서 근로하여 근로시간을 산정하기 어려운 때에는 소정근로시간으로 본다. 다만 당해 근로업무를 수행하기 위하여 통상적으로 소정근로시간을 초과하여 근로할 필요가 있는 경우에는 그 업무의 수행에 필요한 시간을 초과 근로한 것으로 보아 회사는 초과근로수당을 지급하며, 출장자는 초과근로에 대한 보고서를 제출하여야 한다.

제4장 시간외 근로

제29조【근로시간연장】

업무상 필요한 경우에는 당사자의 동의로 1주일에 12시간을 한도내에서 근로시간을 연장 할 수 있다.

제30조【근로시간초과】

회사는 2주간 이내의 일정한 단위기간을 평균하여 1주간의 근로시간이 1주간 40시간을 초과하지 않는 범위 안에서 특정한 주간 또는 특정한 일자에 1일에 8시간, 1주일에 40시간을 초과하여 근로하게 할 수 있다. 단, 특정한 주간의 근로시간은 48시간을 초과할 수 없다.

제31조【근로시간합의】

회사는 근로자 대표와 서면합의에 의하여 1월 이내의 단위기간을 평균하여 1주간의 근로시간이 주당 40시간의 근로시간을 초과하지 않는 범위에서 특정한 주, 특정한 일자에 1일에 8시간, 1주일에 40시간의 근로시간을 초과하여 근로하게 할 수 있다. 다만 특정한 주의 근로시간은 56시간을, 특정일자의 근로시간은 12시간을 초과할 수 없다.

제32조【초과근로수당】

회사는 초과근로에 대한 수당을 지급하여야 한다. 단, 특별히 정한 경우에는 그 기간을 연장 및 기타로 할 수 있다.

제5장 출근·결근

제33조【출근】

직원은 시업시각 이전에 출근하여 업무수행을 위한 사전 준비를 하여야 한다.

제34조【퇴근】

직원은 종업시각이전에 일일 보고서류의 결제와 직무서류, 비품 등을 정리한 후 퇴근에 임해야 한다.

제35조【지각】

직원은 지각의 경우 회사 및 상사에게 그 사유를 설명하고 1시간 이상의 지각의 경우 전화 또는 기타의 방법으로 사전에 보고하여야 하며, 2시간이상 지각의 경우에는 필요시 지각에 따른 경위서를 제출하여야 한다.

제36조【조퇴·외출】

① 직원이 질병, 기타 부득이한 사유로 조퇴나 외출을 할 시에는 회사의 사전승인을 받아야 한다.
② 사전승인을 받지 아니한 조퇴, 외출은 무단조퇴, 무단외출로 간주한다.
③ 허가되어 사용한 조퇴, 외출시간 누계 240분(반차 4시간 기준 단위)이 누적되면 분기별 정산하여 연차일수로 대체한다. (지각시간 포함)

제37조【결근】

① 직원이 질병 기타 부득이한 사유로 결근할 경우에는 사전에 결근계를 제

출하여야 한다. 단, 부득이한 사유로 사전 제출을 하지 못하였을 경우에
는 사후 1일 이내 지체 없이 제출하여야 한다.

② 질병으로 인한 결근이 5일 이상 계속될 경우에는 결근계에 의사의 진단서
를 첨부 하여야 한다.

③ 결근계를 제출하지 아니한 경우에는 무단결근으로 처리한다.

제38조【출입금지】

① 관계법령 및 회사규정, 취업규칙에 따라 징계를 받은 직원은 필요에 따라
회사출입을 금할 수 있다.

② 회사의 질서를 위반하여 회사의 구성원에게 피해를 주거나 회사의 보건관
리상 해롭다고 인정되는 직원

③ 회사업무를 화기, 흉기, 불온유인물이나 서류 등으로 방해하거나 방해할
우려가 있는 직원

④ 기타 회사경영상 출입금지가 필요하다고 인정하는 직원

제6장 연수·출장·이동

제39조【해외연수자격】

① 해외연수자격은 신입정규입사 후 Red Apple 진입 시점 (5급1호봉/주임
급) 이상

② 경력입사자의 경우 입사1년 후 내부 별도 심사를 통해 결정

③ 해외연수 후 1년 이내 퇴사 시 해외연수비용은 상환해야 함.

④ 퇴사 계획 있을 시 사전해외연수 거절의사 밝혀야 한다.

⑤ 연수지역은 회사에서 지정한다.

제40조【해외출장자격】

① 해외 출장자격은 모든 임직원 해당

② 회사의 출장 명령을 받은 자

③ 개인 또는 팀 단위 해외출장 기획서를 제출하면 심사 후 결정
  (당해연도 예산편성 대비 선발 결정)

제41조【출장명령】

회사는 업무상 직원에게 출장을 명 할 수 있으며, 직원은 정당한 사유 없이 출장명령을 거부하지 못한다.

제42조【출장보고】

직원은 출장 귀임 후 국내(3일), 해외(7일) 이내에 출장업무에 대한 보고서를 제출한다.

제43조【출장비용】

회사는 직원에게 출장비용을 지급하며, 출장자는 지출사항을 기록하여 제출한다.

제44조【이 동】

회사는 업무상 필요한 경우 또는 적재적소 배치로 인력의 효율적 활용을 위하여 필요한 경우 이동을 명할 수 있다.

제45조【파견근무】

① 특수업무의 수행 또는 지원 및 공동수행 교육의 이수 등을 위하여 1개월 이상의 기간이 필요한 경우에는 타기관, 타사, 타부서 및 현장에 파견근무를 명할 수 있다.
② 파견 기간중의 복무에 관하여는 그 근무기관장의 지휘감독을 받아야 하며, 파견기간 중에 근무 기강의 해이로 책임의 불완수 및 징계사유에 해당하게 된 때에는 그 소속장은 원 소속장에게 징계를 요구하여야 한다.
③ 파견근무는 그 임무가 종료되면 복귀발령에 따라 지체없이 본래의 소속부서에 복귀하여야 한다.

제7장 휴일·휴가

제46조【유급휴일】

① 회사의 휴일은 다음의 각 호와 같으며 유급으로 한다.

　1. 토요일, 일요일, 국경일, 회사가 지정한 휴업일

　2. 근로자의 날 (5월1일)

② 제1항 각 호의 중복되는 경우에는 하나의 휴일로 취급한다.

제47조【휴일변경】

① 상기조항의 휴일은 회사의 업무, 기타 부득이한 사유가 있다고 인정될 때 합의하에 직원의 동의로 다른 날로 변경할 수 있다.

② 휴일을 변경하는 경우에는 2주전에 변경하는 다른 날을 지정하여 직원의 동의를 얻어 시행한다.

제48조【휴일근무】

회사는 직원에 대하여 주휴일 및 정휴일에도 회사 업무상 필요하다고 인정되는 경우에는 대체휴일을 정해 주거나 회사가 규정한 소정의 금액을 지급하고 근무를 할 수 있다.

제49조【월차유급휴가】

① 1년 미만 근무자에 한하여 실시한다.

② 1월간 통상근로일수를 개근한 자에게는 1일의 유급휴가를 준다.

제50조【연차유급휴가】

1년간 8할 이상 출근한 경우 15일의 연차유급휴 부여한다. 계속근로연수 1년 미만 근로자는 1월간 개근 시 1일의 연차유급휴가를 부여하고, 최초 1년간 8할 이상 출근한 경우 매월 개근 시 부여되는 연차를 포함하여 총 15일의 연차를 부여한다. 3년 이상 계속 근로한 경우 3년차 부터(3~4년차+1일, 5~6년차+2일) 2년주기로 1일 씩 추가하고 총 휴가일수는 25일을 한도로 한다.

제51조【연차수당】

회사 사정으로 연차 휴가를 주지 못한 경우에는 통상임금의 100%에 해당하는 연차 수당을 지급한다.

*1일 연차수당 계산방법 = 1일 통상임금 (시간급×8시간), 통상시급
                     = 본봉/209

제52조【휴가변경】

연차 유급휴가는 회사업무상의 사유로 그 시기를 변경할 수 있다.

제53조【병가신청】 무노동무임금원칙

업무상으로 산업재해로 인한 병가 신청은 유급, 개인 사정에 의한 병가는 무급.

① 직원은 업무상 또는 기타의 부상 및 발병으로 근무를 할 수 없는 경우 병가를 신청할 수 있으며, 연간 60일을 초과하지 않는 범위 내에서 병가를 허가할 수 있다. 이 경우 병가 기간은 무급으로 한다.

② 직원은 부상 및 발병으로 병가일수가 7일을 초과할 경우 의사의 진단서를 첨부 하여 병가신청서를 제출한다.

제54조【공가신청】

직원은 공민권행사의 경우 7일 이전에 관련서류를 제출하여 공가를 득하여야 한다.

1. 병역 및 병사 관계로 근무를 할 수 없는 경우
2. 예비군훈련 관계로 근무를 할 수 없는 경우
3. 민방위훈련 관계로 근무를 할 수 없는 경우
4. 공민권행사로 근무를 할 수 없는 경우(예=선거)
5. 국가 및 지방자치단체 관련 법률에 의한 행사 및 집행으로 근무를 할 수 없는 경우

제55조【생리휴가】

회사는 여직원에 대하여 월 1일의 무급생리휴가를 청구한 날에 준다.

제56조 【산전·산후 휴가】

① 임신 중의 여성 사원에게 산전과 산후를 통하여 90일의 보호휴가를 준다. 이경우 반드시 산후에 45일 이상 부여한다.

② 임신 중인 여성 사원이 임신 16주 이후 유산 또는 사산한 경우로서 해당 사원이 청구하는 경우에는 다음 각호에 따른 휴가를 부여 한다. 다만, 모자보건법에서 허용되지 않는 인공중절 수술은 제외한다.

  1. 유산 또는 사산한 여성 사원의 임신기간이 16주이상 21주 이내인 경우
   : 유산 또는 사산한 날로부터 30일까지

  2. 유산 또는 사산한 여성 사원의 임신기간이 22주이상 27주이내인 경우
   : 유산 또는 사산한 날로부터 60일까지

  3. 임신 기간이 28주 이상인 경우 : 유산 또는 사산한 날로부터 90일까지

③ 회사는 사원이 산전·후 휴가급여를 신청할 경우 고용보험법에 따라 산전·후 휴가급여를 받을 수 있도록 증빙서류를 제공하는 등 적극 협조한다.

④ 제1항 및 제2항에 따른 90일 보호휴가 기간 중에 사원이 고용보험법에 따라 지급 받은 산전·후 휴가급여액이 그 사원의 통상임금보다 적을 경우 최초 60일분의 급여와 통상임금의 차액에 대하여는 회사가 지급한다.

⑤ 임신 중의 여성 사원에게 시간외 근로를 시키지 아니하며, 요구가 있는 경우 쉬운 종류의 근로로 전환시킨다.

제57조 【육아휴직】

① 회사는 생후 3년 미만의 영유아를 가진 남녀 사원이 그 영유아의 양육을 위하여 육아휴직을 청구하는 경우에는 이를 허용한다.

② 육아휴직 기간은 1년 이내로 하며 무급휴직을 허용한다.

③ 회사는 사원이 육아휴직을 사용할 경우 고용보험법령이 정하는 육아휴직 급여를 받을 수 있도록 증빙서류를 제공하는 등 적극 협조한다.

제58조 【경조사휴가】

직원이 다음 각 호에 해당하는 경우에는 유급으로 통상임금을 지급하는 경조

사휴가(휴일포함)를 준다.

1. 본인 의 결혼 : 7일

2. 배우 자의 출산 : 3일

3. 본인·배우자의 부모 또는 배우자의 사망, 자녀의 사망 : 7일

4. 본인·배우자의 조부모 또는 외조부모의 사망 : 2일

5. 자녀의 배우자 사망 : 2일

6. 천재, 수해, 화재, 기타 재해의 피해의 경우 : 필요시간

7. 기타 휴가가 필요하다고 회사가 인정하는 경우

제59조【포상휴가】

회사는 직원이 업무상 특별한 공로 또는 제안제도 등에 의한 포상으로 별도 인정하는 경우에는 상당한 기간 동안 휴가를 실시할 수 있다.

제60조【휴가소멸】

유급휴가는 1년간 행사하지 아니한 때에는 소멸한다. 다만 회사의 귀책사유로 사용하지 못한 경우는 그러하지 아니한다.

제61조【출근율계산·휴가산출기간】

연차유급휴가에 대한 출근율계산과 유급휴가산출기간은 다음과 같다.

1. 출근율(%) = 출근한 일수 / 출근의 의무가 있는 일수 × 100

2. 유급휴가산출기간 = 당해 연도 1월 1일부터 12월 31일까지로 한다.

제62조【휴가사용기간 관리】

연차유급휴가는 입사일을 기준으로 산정해야 함이 원칙이나 노무관리의 편의를 위해 회계연도를 기준으로 전 근로자에게 일률적으로 부여하며 다음과 같은 조건으로 정한다.

1. 근무 1년 미만 근로자는 1개월 근무 시 익월 1일의 제49조에서 명기한 월
   차휴가가 주어진다. 회계연도 (1월1일)을 기준하여 정산하되 미사용 일수

는 연차수당으로 결산 지급한다.

2. 모든 근로자는 다음연도 발생 될 연차일을 당해 연도에 사용하며 퇴사나 병가 등의 어떤 사유로 제54조에서 규정한 연차발생 조건에 미치지 못할 경우 추가 연차일에 대해 급여 정산하여 조정한다.

제63조【근로일수의 통산】

직원이 업무상 상병으로 휴업한 기간에 대하여는 통산근로일수계산에 출근일수로 산입하여 계산한다.

제64조【휴일의 통산】

① 주휴일과 기타유급휴일이 겹칠 경우에는 당일만을 휴일로 한다.

② 휴가기간중의 공휴일은 휴가일수에 산입한다, 단, 연차휴가의 경우에는 휴가일수에 산입하지 않는다.

제65조【휴가신청】

직원의 휴가신청은 특별한 사정이 없는 경우를 제외하고는 이 규정의 당해 조항에서 정한 경우를 제외하고는 5일전까지에 신청하여야 한다.

제66조【출근명령】

회사업무상 불가피한 경우에는 휴일 또는 휴가중에도 출근을 명할 수 있다.

부 칙

제1조【시행일】

이 규정은 2000년 OO월 OO일부터 시행한다.

〈붙임 15 : 기본재산처분 허가신청서〉

■ 사회복지사업법 시행규칙 [별지 제11호 서식]

기 본 재 산 처 분 허 가 신 청 서

접수번호		접수일		허가일	처리기간 10일
신청인 (대표자)	법인명				대표자 성명
	소재지				전화번호
	종류	규모		평가가액	소재지
처분재산의 표시					
처분종류	[ ] 매도 [ ] 증여 [ ] 교환 [ ] 담보제공 [ ] 기타				
처분사유 및 용도					
처분방법					
감소된 재산의 보충방법					

「사회복지사업법」 제23조 및 같은 법 시행규칙 제14조제1항에 따라 위와 같이 사회복지법인의 기본재산을 처분하고자 신청하오니 허가하여 주시기 바랍니다.

년   월   일

신청인   (서명 또는 인)

시 · 도지사 귀하

〈붙임 16 : 장기차입 허가 신청서〉

■ 사회복지사업법 시행규칙 [별지 제12호 서식]

장 기 차 입 허 가 신 청 서

접수번호		접수일		허가일		처리기간	17일

신청인 (대표자)	법인명				대표자 성명		
	소재지				전화번호		

차입금액							
차입사유 및 용도							
상환계획 또는 방법							

기본재산총액		종류		규모	평가가액(천원)	연간수익액
	목적 사업용					
		계				
	수익용					
		계				

부채총액	종류		규모	평가가액(천원)	연간이자액
	계				

「사회복지사업법」 제23조 및 같은 법 시행규칙 제15조제2항에 따라 위와 같이 사회복지법인의 장기차입의 허가를 신청합니다.

년   월   일

신청인 (서명 또는 인)

시·도지사 귀하

첨부서류	1. 이사회 회의록 사본 1부 2. 차입목적 또는 사유서(차입용도를 포함합니다) 1부 3. 상환계획서 1부	수수료 없음

APPENDIX

부록

사회복지법인 및 사회복지시설 재무·회계 규칙(양식)

[시행 2021. 9. 30.] [보건복지부령 제831호, 2021. 9. 30., 일부개정]

제1장 총칙

제1조(목적) 이 규칙은 「사회복지사업법」 제23조제4항, 제34조제4항, 제45조 제2항 및 제51조제2항에 따라 사회복지법인 및 사회복지시설의 재무·회계, 후원금관리 및 회계감사에 관한 사항을 규정하여 재무·회계, 후원금관리 및 회계 감사의 명확성·공정성·투명성을 기함으로써 사회복지법인 및 사회복지시설의 합리적인 운영에 기여함을 목적으로 한다. 〈개정 2012. 8. 7., 2019. 6. 12.〉

제2조(재무·회계운영의 기본원칙) 사회복지법인(이하 "법인"이라 한다) 및 사회복지시설(법인이 설치·운영하는 사회복지시설을 포함하며, 이하 "시설"이라 한다)의 재무·회계는 그 설립목적에 따라 건전하게 운영되어야 한다. 〈개정 2012. 8. 7.〉

제2조의2(다른 법령과의 관계) 법인 및 시설의 재무 및 회계 처리에 관하여 다른 법령에 특별한 규정이 있는 경우를 제외하고는 이 규칙이 정하는 바에 따른다.

제3조(회계연도) 법인 및 시설의 회계연도는 정부의 회계연도에 따른다. 다만, 「영유아보육법」 제2조에 따른 어린이집의 회계연도는 매년 3월 1일에 시작하여 다음 연도 2월 말일에 종료한다. 〈개정 2012. 8. 7., 2015. 12. 24.〉

제4조(회계연도 소속구분) 법인 및 시설의 수입 및 지출의 발생과 자산 및 부채의 증감·변동에 관하여는 그 원인이 되는 사실이 발생한 날을 기준으로 하여 연도소속을 구분한다. 다만, 그 사실이 발생한 날을 정할 수 없는 경우에는 그 사실을 확인한 날을 기준으로 하여 연도소속을 구분한다. 〈개정 2012. 8. 7.〉

제5조(출납기한) 1회계연도에 속하는 법인 및 시설의 세입·세출의 출납은 회계 연도가 끝나는 날까지 완결하여야 한다. 〈개정 1993. 12. 27., 2012. 8. 7., 2015. 12. 24.〉

제6조(회계의 구분) ① 이 규칙에서의 회계는 법인의 업무전반에 관한 회계(이하 "법인회계"라 한다), 시설의 운영에 관한 회계(이하 "시설회계"라 한다) 및 법인이 수행하는 수익사업에 관한 회계(이하 "수익사업회계"라 한다)로 구분한다.

② 법인의 회계는 법인회계, 해당 법인이 설치·운영하는 시설의 시설회계 및 수익사업회계로 구분하여야 하며, 시설의 회계는 해당 시설의 시설회계로 한다.

제6조의2(정보통신매체에 의한 재무·회계처리) ①법인 및 시설의 재무·회계는 컴퓨터 회계프로그램으로 처리할 수 있다. 〈개정 2012. 8. 7.〉

② 보건복지부장관은 법인 및 시설의 재무·회계업무의 효율성 및 투명성을 높이기 위하여 「사회복지사업법」 제6조의2제2항에 따른 정보시스템으로서 법인 및 시설의 재무회계를 처리하기 위한 정보시스템을 구축·운영할 수 있다. 〈신설 2012. 8. 7.〉

③ 보건복지부장관, 시·도지사, 시장(「제주특별자치도 설치 및 국제자유도시 조성을 위한 특별법」 제11조제2항에 따른 행정시장을 포함한다. 이하 같다)· 군수·구청장(자치구의 구청장을 말한다. 이하 같다)은 법인 또는 시설에 대하여 제2항에 따른 시스템을 사용할 것을 권장할 수 있다. 〈신설 2012. 8. 7., 2015. 12. 24., 2018. 3. 30.〉

④ 「사회복지사업법」 제42조에 따른 보조금을 받는 법인 및 시설과 보조금을 받지 아니하는 시설로서 「노인복지법」 제31조에 따른 노인복지시설 중 「노인장기요양보험법」 제31조에 따라 장기요양기관으로 지정받은 시설(이하 "노인장기요양기관"이라 한다)은 제1항에 따른 컴퓨터 회계프로그램 중 보건복지부장관이 검증한 표준연계모듈이 적용된 정보시스템 또는 제2항에 따른 정보시스템을 사용하여 재무·회계를 처리하여야 한다. 다만, 보건복지부장관이 정하는 법인 및 시설은 그러하지 아니하다. 〈신설 2012. 8. 7., 2018. 3. 30.〉

⑤ 제1항에 따른 컴퓨터 회계프로그램 또는 제2항에 따른 시스템에 의하여 전자장부를 사용하는 경우에는 제24조에 따른 회계장부를 둔 것으로 본다. 〈개정 2012. 8. 7.〉

제2장 예산과 결산

제1절 예산

제7조(세입·세출의 정의) 1회계연도의 모든 수입을 세입으로 하고, 모든 지출을 세출로 한다.

제8조(예산총계주의원칙) 세입과 세출은 모두 예산에 계상하여야 한다.

제9조(예산편성지침) ①법인의 대표이사는 제2조의 취지에 따라 매 회계연도 개시 1월전까지 그 법인과 해당 법인이 설치·운영하는 시설의 예산편성 지침을 정하여야 한다. 〈개정 1998. 1. 7., 2012. 8. 7.〉

②법인 또는 시설의 소재지를 관할하는 시장·군수·구청장은 특히 필요하다고 인정되는 사항에 관하여는 예산편성지침을 정하여 매 회계연도 개시 2월전까지 법인 및 시설에 통보할 수 있다. 〈개정 1998. 1. 7., 2012. 8. 7., 2015. 12. 24.〉

제10조(예산의 편성 및 결정절차) ① 법인의 대표이사 및 시설의 장은 예산을 편성하여 각각 법인 이사회의 의결 및 「사회복지사업법」 제36조에 따른 운영위원회 또는 「영유아보육법」 제25조에 따른 어린이집운영위원회(이하 "시설운영위원회"라 한다)에의 보고를 거쳐 확정한다. 다만, 법인이 설치·운영하는 시설인 경우에는 시설운영위원회에 보고한 후 법인 이사회의 의결을 거쳐 확정한다. 〈신설 2012. 8. 7.〉

②법인의 대표이사 및 시설의 장은 제1항에 따라 확정한 예산을 매 회계연도 개시 5일전까지 관할 시장·군수·구청장에게 제출(「사회복지사업법」 제6조의2제2항에 따른 정보시스템을 활용한 제출을 포함한다)하여야 한다. 〈개정 2009. 2. 5., 2012. 8. 7., 2015. 12. 24.〉

③ 제1항에 따라 예산을 편성할 경우 **법인회계와 시설회계의 예산은 별표 1**부터 **별표 4**까지에 따른 세입·세출예산과목 구분에 따라 편성하여야 한다. 다만, 다음 각 호의 시설은 각 호에서 정하는 바에 따라 편성한다. 〈개정 2009. 2. 5., 2010. 3. 19., 2012. 8. 7., 2018. 3. 30.〉

1. 「사회복지사업법」 제34조의5에 따른 사회복지관, 「노인복지법」 제36조제1

항제1호에 따른 **노인복지관**,「장애인복지법」 제58조제1항제2호에 따른 **장애인 지역사회재활시설, 그 밖에 보건복지부장관이 정하여 고시하는 시설: 별표 5 및 별표 6**에 따른 세입·세출예산과목 구분에 따라 편성

2. 「영유아보육법」 제2조에 따른 어린이집: **별표 7** 및 **별표 8**에 따른 세입·세출예산과목 구분에 따라 편성

3. **노인장기요양기관: 별표 9**의 세입예산과목 구분 및 **별표 10**의 세출예산과목 구분에 따라 편성하되, 세출예산을 편성하는 때에는 「노인장기요양보험법」 제38조제4항에 따라 장기요양급여비용 중 그 일부를 보건복지부장관이 정하여 고시하는 비율에 따라 인건비로 편성

4. 삭제 〈2012. 8. 7.〉

④ 시장·군수·구청장은 제2항에 따라 예산을 제출받은 때에는 20일 이내에 법인과 시설의 회계별 세입·세출명세서를 시(「제주특별자치도 설치 및 국제자유도시 조성을 위한 특별법」 제10조제2항에 따른 행정시를 포함한다. 이하 같다)·군·구(자치구를 말한다. 이하 같다)의 게시판과 인터넷 홈페이지에 20일 이상 공고하고, 법인의 대표이사 및 시설의 장으로 하여금 해당 법인 및 시설의 게시판과 인터넷 홈페이지에 20일 이상 공고하도록 하여야 한다. 〈개정 2009. 2. 5., 2012. 8. 7., 2018. 3. 30.〉

⑤ 제4항에 따른 공고는 「사회복지사업법」 제6조의2제2항에 따른 정보시스템에 게시하거나 「영유아보육법」 제49조의2제1항에 따라 공시하는 것으로 갈음할 수 있다. 〈개정 2015. 12. 24.〉

제11조(예산에 첨부하여야 할 서류) ①예산에는 다음 각 호의 서류가 첨부되어야 한다. 다만, 단식부기로 회계를 처리하는 경우에는 제1호·제2호·제5호 및 제6호의 서류만을 첨부할 수 있고, 국가·지방자치단체·법인 외의 자가 설치·운영하는 시설로서 거주자 정원 또는 일일평균 이용자가 20명 이하인 시설(이하 "소규모 시설"이라 한다)은 제2호, 제5호(노인장기요양기관의 경우만 해당한다) 및 제6호의 서류만을 첨부할 수 있으며, 「영유아보육법」 제2조에 따른 어린이집은 보건복지부장관이 정하는 바에 따른다. 〈개정 1993. 12. 27., 2012. 8. 7., 2018. 3. 30., 2019. 9. 27., 2020. 1. 7.〉

1. 예산총칙

2. **세입·세출명세서**

3. **추정재무상태표**

4. **추정수지계산서**

5. **임직원 보수 일람표**

6. 예산을 의결한 이사회 회의록 또는 예산을 보고받은 시설운영위원회 회의록 사본

②제1항제2호부터 제5호까지의 서류는 **별지 제1호서식**부터 **별지 제4호서식**까지에 따른다. 다만, 노인장기요양기관의 장이 첨부해야 하는 제1항제5호의 임직원 보수 일람표는 **별지 제4호의2서식**에 따른다. 〈개정 2018. 3. 30., 2020. 1. 7.〉

제12조(준예산) 회계연도 개시전까지 법인 및 시설의 예산이 성립되지 아니한 때에는 법인의 대표이사 및 시설의 장은 시장·군수·구청장에게 그 사유를 보고하고 예산이 성립될 때까지 다음의 경비를 전년도 예산에 준하여 집행할 수 있다. 〈개정 2012. 8. 7.〉

1. 임·직원의 보수

2. 법인 및 시설운영에 직접 사용되는 필수적인 경비

3. 법령상 지급의무가 있는 경비

제13조(추가경정예산) ①법인의 대표이사 및 시설의 장은 예산성립후에 생긴 사유로 인하여 이미 성립된 예산에 변경을 가할 필요가 있을 때에는 제10조 및 제11조의 규정에 의한 절차에 준하여 추가경정예산을 편성·확정할 수 있다. 이 경우 노인장기요양기관의 장은 「노인장기요양보험법」 제38조제4항에 따라 장기요양급여비용 중 그 일부를 보건복지부장관이 정하여 고시하는 비율에 따라 인건비로 편성하여야 한다. 〈개정 2012. 8. 7., 2018. 3. 30.〉

②법인의 대표이사 및 시설의 장은 추가경정예산이 확정된 날로부터 7일이내에 이를 시장·군수·구청장에게 제출하여야 한다. 〈개정 2012. 8. 7.〉

제14조(예비비) 법인의 대표이사 및 시설의 장은 예측할 수 없는 예산외의 지출 또는 예산의 초과지출에 충당하기 위하여 예비비를 세출예산에 계상할 수

있다. 〈개정 2012. 8. 7.〉

[전문개정 1999. 3. 11.]

제15조(예산의 목적외 사용금지) 법인회계 및 시설회계의 예산은 세출예산이 정한 목적외에 이를 사용하지 못한다.

제16조(예산의 전용) ①법인의 대표이사 및 시설의 장은 관·항·목간의 예산을 전용할 수 있다. 다만, 법인 및 시설(소규모 시설은 제외한다)의 관간 전용 또는 동일 관내의 항간 전용을 하려면 이사회의 의결 또는 시설운영위원회에의 보고를 거쳐야 하되, 법인이 설치·운영하는 시설인 경우에는 시설운영위원회에 보고한 후 법인 이사회의 의결을 거쳐야 한다. 〈개정 1998. 1. 7., 2012. 8. 7.〉

② 제1항에도 불구하고 예산총칙에서 전용을 제한하고 있거나 이사회 및 시설 예산심의과정에서 삭감한 관·항·목으로는 전용하여서는 아니 되며, 노인장기요양기관의 장은 예산을 전용하는 때에는 「노인장기요양보험법」 제38조 제4항에 따라 장기요양급여비용 중 그 일부를 보건복지부장관이 정하여 고시하는 비율에 따라 인건비로 편성하여야 한다. 〈신설 2012. 8. 7., 2018. 3. 30.〉

③ 법인의 대표이사 및 시설의 장은 제1항에 따라 관·항 간 예산을 전용한 경우에는 관할 시장·군수·구청장에게 제19조 및 제20조에 따른 결산보고서를 제출할 때에 과목 전용조서를 첨부하여야 한다. 〈개정 2012. 8. 7.〉

제17조(세출예산의 이월) 법인의 대표이사 및 시설의 장은 법인회계와 시설회계의 세출예산중 경비의 성질상 당해회계연도안에 지출을 마치지 못할 것으로 예측되는 경비와 연도내에 지출원인행위를 하고 불가피한 사유로 인하여 연도내에 지출하지 못한 경비를 각각 이사회의 의결 및 시설운영위원회에의 보고를 거쳐 다음 연도에 이월하여 사용할 수 있다. 다만, 법인이 설치·운영하는 시설인 경우에는 시설운영위원회에 사전 보고한 후 법인 이사회의 의결을 거쳐야 한다. 〈개정 1998. 1. 7., 2012. 8. 7.〉

제18조(특정목적사업 예산) ①법인의 대표이사 및 시설의 장은 완성에 수년을 요하는 공사나 제조 그밖의 특수한 사업을 위하여 2회계연도 이상에 걸쳐서 그 재원을 적립할 필요가 있는 때에는 회계연도마다 일정액을 예산에 계상하

여 특정목적사업을 위한 적립금으로 적립할 수 있다. 〈개정 2012. 8. 7., 2017. 2. 14.〉

② 적립금의 적립 및 사용 계획(변경된 계획을 포함한다)은 시장·군수·구청장에게 사전에 보고하여야 한다. 〈신설 2012. 8. 7.〉

③ 적립금은 그 적립목적에만 사용해야 한다. 다만, 노인장기요양기관의 경우 「재난 및 안전관리 기본법」 제14조제1항에 따른 대규모 재난으로 인하여 인건비 지급이 어려운 경우로서 보건복지부장관이 정하는 기준에 해당하는 때에는 관할 시장·군수·구청장의 승인을 받아 한시적으로 인건비로 사용할 수 있다. 〈개정 2021. 9. 30.〉

④ 시장·군수·구청장은 법인 및 시설의 재정 상태 등을 고려하여 적립금의 적립 여부, 규모 및 적립기간 등에 관하여 필요한 조치를 할 수 있다. 〈신설 2012. 8. 7.〉

제2절 결산

제19조(결산서의 작성 제출) ①법인의 대표이사 및 시설의 장은 법인회계와 시설회계의 세입·세출 결산보고서를 작성하여 각각 이사회의 의결 및 시설운영위원회에의 보고를 거친 후 다음 연도 3월 31일까지(「영유아보육법」 제2조에 따른 어린이집의 경우에는 5월 31일까지를 말한다) 시장·군수·구청장에게 제출(「사회복지사업법」 제6조의2제2항에 따른 정보시스템을 활용한 제출을 포함한다)하여야 한다. 다만, 법인이 설치·운영하는 시설인 경우에는 시설운영위원회에 보고한 후 법인 이사회의 의결을 거쳐 제출하여야 한다. 〈개정 2012. 8. 7., 2015. 12. 24.〉

②시장·군수·구청장은 제1항에 따라 결산보고서를 제출받은 때에는 20일 이내에 법인 및 시설의 세입·세출결산서를 시·군·구의 게시판과 인터넷 홈페이지에 20일 이상 공고하고, 법인의 대표이사 및 시설의 장으로 하여금 해당 법인 및 시설의 게시판과 인터넷 홈페이지에 20일 이상 공고하도록 하여야 한다. 〈신설 1998. 1. 7., 2009. 2. 5., 2012. 8. 7.〉

1. 삭제 〈2012. 8. 7.〉

2. 삭제 〈2012. 8. 7.〉

③ 제2항에 따른 공고는 「사회복지사업법」 제6조의2제2항에 따른 정보시스템에 게시하거나 「영유아보육법」 제49조의2제1항에 따라 공시하는 것으로 갈음할 수 있다. 〈개정 2015. 12. 24.〉

제20조(결산보고서에 첨부해야 할 서류) ①결산보고서에는 다음 각 호의 서류가 첨부되어야 한다. 다만, 단식부기로 회계를 처리하는 경우에는 제1호부터 제3호까지 및 제14호부터 제23호까지의 서류만을 첨부할 수 있고, 소규모 시설의 경우에는 제1호 및 제17호의 서류(노인장기요양기관의 경우에는 제1호부터 제3호까지 및 제16호부터 제21호까지의 서류)만을 첨부할 수 있으며, 「영유아보육법」 제2조에 따른 어린이집은 보건복지부장관이 정하는 바에 따른다. 〈개정 1993. 12. 27., 1998. 1. 7., 2012. 8. 7., 2015. 12. 24., 2019. 9. 27., 2020. 1. 7.〉

1. 세입·세출결산서
2. 과목 전용조서
3. 예비비 사용조서
4. 재무상태표
5. 수지계산서
6. 현금 및 예금명세서
7. 유가증권명세서
8. 미수금명세서
9. 재고자산명세서
10. 그 밖의 유동자산명세서(제6호부터 제9호까지의 유동자산 외의 유동자산을 말한다)
11. 고정자산(토지·건물·차량운반구·비품·전화가입권)명세서
12. 부채명세서(차입금·미지급금을 포함한다)
13. 각종 충당금 명세서
14. 기본재산수입명세서(법인만 해당한다)
15. 사업수입명세서

16. 정부보조금명세서

17. 후원금수입 및 사용결과보고서(전산파일을 포함한다)

18. 후원금 전용계좌의 입출금내역

19. 인건비명세서

20. 사업비명세서

21. 그 밖의 비용명세서(인건비 및 사업비를 제외한 비용을 말한다)

22. 감사보고서

23. 법인세 신고서(수익사업이 있는 경우만 해당한다)

②제1항제1호부터 제3호까지의 서류는 **별지 제5호서식·별지 제5호의2서식**부터 **별지 제5호의4서식**까지·**별지 제6호서식** 및 **별지 제7호서식**에 따르고, 제1항제4호 및 제5호의 서류는 **별지 제2호서식** 및 **별지 제3호서식**에 따르며, 제6호부터 제17호까지의 서류는 **별지 제8호서식**부터 **별지 제19호서식**까지에 따르고, 제19호부터 제22호까지의 서류는 **별지 제20호서식**부터 **별지 제23호서식**까지에 따른다. 다만, 노인장기요양기관의 장이 첨부해야 하는 제1항제19호의 인건비명세서는 **별지 제4호의2서식**에 따른다.〈개정 2005. 7. 15., 2012. 8. 7., 2018. 3. 30., 2020. 1. 7.〉

제3장 회계

제1절 총칙

제21조(수입 및 지출사무의 관리) ①법인의 대표이사와 시설의 장은 법인과 시설의 수입 및 지출에 관한 사무를 관리한다.

②법인의 대표이사와 시설의 장은 수입 및 지출원인행위에 관한 사무를 각각 소속직원에게 위임할 수 있다.

제22조(수입과 지출의 집행기관) ①법인과 시설에는 수입과 지출의 현금출납업무를 담당하게 하기 위하여 각각 수입원과 지출원을 둔다. 다만, 법인 또는 시설의 규모가 소규모인 경우에는 수입원과 지출원을 동일인으로 할 수 있다.

②제1항의 수입원과 지출원은 각각 그 법인의 대표이사와 시설의 장이 임면

한다.

제23조(회계의 방법) 회계는 단식부기에 의한다. 다만, 법인회계와 수익사업 회계에 있어서 복식부기의 필요가 있는 경우에는 복식부기에 의한다.

제24조(장부의 종류) ①법인 및 시설에는 다음의 회계장부를 둔다. 〈개정 1998. 1. 7.〉

1. 현금출납부

2. 총계정원장

3. 삭제 〈2012. 8. 7.〉

4. 재산대장

5. 비품관리대장

6. ~ 12. 삭제 〈2009. 2. 5.〉

②노인장기요양기관의 장이 제10조에 따른 예산을 기한 내에 제출하지 않은 경우에는 제1항제1호 및 제2호에 따른 회계장부(해당 회계연도 1월부터 6월까지의 회계장부를 말한다)를 해당 회계연도 8월 15일까지 시장·군수·구청장에게 정보시스템을 사용하여 제출해야 한다. 〈신설 2018. 3. 30., 2020. 1. 7.〉

③노인장기요양기관의 장이 제19조에 따른 결산보고서를 기한 내에 제출하지 않은 경우에는 제1항제1호 및 제2호에 따른 회계장부(해당 회계연도의 다음 연도 1월부터 6월까지의 회계장부를 말한다)를 해당 회계연도의 다음 연도 8월 15일까지 시장·군수·구청장에게 정보시스템을 사용하여 제출해야 한다. 〈신설 2020. 1. 7.〉

④제1항제1호부터 제5호까지의 규정에 따른 회계장부는 **별지 제24호서식, 별지 제24호의2서식, 별지 제25호서식, 별지 제25호의2서식 및 별지 제26호서식**부터 **별지 제28호서식**까지에 따른다. 〈개정 2009. 2. 5., 2018. 3. 30., 2020. 1. 7.〉

제2절 수입

제25조(수입금의 수납) ①모든 수입금의 수납은 이를 금융기관에 취급시키는 경우를 제외하고는 수입원이 아니면 수납하지 못한다.

②수입원이 수납한 수입금은 그 다음날까지 금융기관에 예입하여야 한다. 〈개정 1998. 1. 7.〉

③제1항 및 제2항의 규정에 의한 수입금에 대한 금융기관의 거래통장은 제6조의 규정에 의한 회계별로 구분될 수 있도록 보관·관리하여야 한다. 〈신설 1998. 1. 7.〉

제26조(과년도 수입과 반납금 여입) ①출납이 완결한 연도에 속하는 수입 기타 예산외의 수입은 모두 현년도의 세입에 편입하여야 한다.

②지출된 세출의 반납금은 각각 지출한 세출의 당해과목에 다시 넣을 수 있다. 〈개정 2019. 9. 27.〉

제27조(과오납의 반환) 과오납된 수입금은 수입한 세입에서 직접 반환한다.

제3절 지출

제28조(지출의 원칙) ①지출은 제21조의 규정에 의한 지출사무를 관리하는 자 및 그 위임을 받아 지출명령이 있는 것에 한하여 지출원이 행한다.

②제1항의 지출명령은 예산의 범위안에서 하여야 한다.

제29조(지출의 방법) ①지출은 상용의 경비 또는 소액의 경비지출을 제외하고는 예금통장에 의하거나 「전자문서 및 전자거래 기본법」 제2조제5호에 따른 전자거래로 행하여야 한다. 다만, 시설에 지원되는 국가 또는 지방자치단체의 보조금 지출은 보조금 결제 전용카드나 전용계좌를 이용하여야 한다. 〈개정 2009. 2. 5., 2012. 8. 7., 2012. 8. 31., 2015. 12. 24.〉

②제1항에도 불구하고 지출원은 상용의 경비 또는 소액의 경비를 지출할 수 있으며, 이를 위하여 100만원 이하의 현금을 보관할 수 있다. 〈개정 2009. 2. 5., 2012. 8. 7.〉

③ 제1항 및 제2항에 따른 상용의 경비 또는 소액의 경비지출의 범위는 시·도지사가 정할 수 있다. 〈신설 2012. 8. 7.〉

제30조(지출의 특례) ①선금지급할 수 있는 경비의 범위는 다음과 같다. 〈개정 2009. 2. 5., 2019. 9. 27.〉

1. 외국에서 직접 구입하는 기계, 도서, 표본 또는 실험용재료의 대가

2. 정기간행물의 대가

3. 토지 또는 가옥의 임대료와 용선료

4. 운임

5. 소속직원중 특별한 사정이 있는 자에 대하여 지급하는 급여의 일부

6. 관공서(「공공기관의 운영에 관한 법률」에 따른 공공기관 및 특별법에 의하여 설립된 특수법인을 포함한다)에 대하여 지급하는 경비

7. 외국에서 연구 또는 조사에 종사하는 자에 대하여 지급하는 경비

8. 보조금

9. 사례금

10. 계약금액이 1천만원이상인 공사나 제조 또는 물건의 매입을 하는 경우에 계약금액의 100분의 50을 초과하지 아니하는 금액

②추산지급할 수 있는 경비의 범위는 다음과 같다. 〈개정 2009. 2. 5., 2019. 9. 27.〉

1. 여비 및 판공비

2. 관공서(「공공기관의 운영에 관한 법률」에 따른 공공기관 및 특별법에 의하여 설립된 특수법인을 포함한다)에 대하여 지급하는 경비

3. 보조금

4. 소송비용

제4절 계약

제30조의2(계약의 원칙) 계약에 관한 사항은 「지방자치단체를 당사자로 하는 계약에 관한 법률」, 같은 법 시행령 및 같은 법 시행규칙을 준용한다. 다만, 국가·지방자치단체·법인 외의 자가 설치·운영하는 시설의 경우에는 그러하지 아니하다. 〈개정 2012. 8. 7., 2015. 12. 24.〉

제31조(계약담당자) ①계약에 관한 사무는 각각 그 법인의 대표이사와 시설의 장이 처리한다.

②법인의 대표이사와 시설의 장은 계약체결에 관한 사무를 소속직원에게 위임할 수 있다.

제32조 ~ 제37조의2 삭제 〈2009. 2. 5.〉

제4장 물품

제38조(물품의 관리자와 출납원) ①법인의 대표이사와 시설의 장은 그 소관에 속하는 물품(현금 및 유가증권을 제외한 동산을 말한다. 이하 같다)을 관리한다. 〈개정 1998. 1. 7.〉

②법인의 대표이사와 시설의 장은 그 소관에 속하는 물품관리에 관한 사무를 소속직원에게 위임할 수 있다.

③법인의 대표이사와 시설의 장(제2항의 규정에 의하여 위임을 받은 자를 포함한다. 이하 "물품관리자"라 한다)은 물품의 출납보관을 위하여 소속직원중에서 물품출납원을 지정하여야 한다.

제39조(물품의 관리의무) 물품관리자 및 물품출납원은 선량한 관리자의 주의로써 사무에 종사하여야 한다.

제40조(물품의 관리) ①물품관리자는 물품을 출납하게 하고자 할 때에는 물품출납원에게 출납하여야 할 물품의 분류를 명백히 하여 그 출납을 명령하여야 한다.

②물품출납원은 제1항의 규정에 의한 명령이 없이는 물품을 출납할 수 없다.

제40조의2(재물조사) 법인의 대표이사와 시설의 장은 연 1회 그 관리에 속하는 물품에 대하여 정기적으로 재물조사를 실시하여야 하며, 필요하다고 인정하는 때에는 정기재물조사외에 수시로 재물조사를 할 수 있다.

제41조(불용품의 처리) ①법인과 시설의 물품관리자는 물품중 그 사용이 불가능하거나 수리하여 다시 사용할 수 없게 된 물품이 있을 때에는 그 물품에 대하여 불용의 결정을 하여야 한다.

②제1항의 규정에 의한 불용품을 매각한 경우 그 대금은 당해법인 또는 시설의 세입예산에 편입시켜야 한다.

제4장의2 후원금의 관리 〈신설 1998. 1. 7.〉

제41조의2(후원금의 범위등) ①법인의 대표이사와 시설의 장은 「사회복지사업법」 제45조에 따른 후원금의 수입·지출 내용과 관리에 명확성이 확보되도록 하여야 한다. 시설거주자가 받은 개인결연후원금을 당해인이 정신질환 기타 이에 준하는 사유로 관리능력이 없어 시설의 장이 이를 관리하게 되는 경우에도 또한 같다. 〈개정 1999. 3. 11., 2012. 8. 7.〉

② 삭제 〈1999. 3. 11.〉

제41조의3삭제 〈1999. 3. 11.〉

제41조의4(후원금의 영수증 발급 등) ① 법인의 대표이사와 시설의 장은 후원금을 받은 때에는 「소득세법 시행규칙」 제101조제20호의2에 따른 기부금영수증 서식 또는 「법인세법 시행규칙」 제82조제7항제3호의3에 따른 기부금영수증 서식에 따라 후원금 영수증을 발급하여야 하며, 영수증 발급목록을 별도의 장부로 작성·비치하여야 한다. 〈개정 2009. 2. 5., 2012. 8. 7.〉

②법인의 대표이사와 시설의 장은 금융기관 또는 체신관서의 계좌입금을 통하여 후원금을 받은 때에는 법인명의의 후원금전용계좌나 시설의 명칭이 부기된 시설장 명의의 계좌(이하 "후원금전용계좌등"이라 한다)를 사용하여야 한다. 이 경우 후원자가 영수증 발급을 원하는 경우를 제외하고는 제1항에 따른 영수증의 발급을 생략할 수 있다. 〈개정 2009. 2. 5.〉

③ 법인의 대표이사 및 시설의 장은 후원금을 받을 때에는 각각의 법인 및 시설별로 후원금전용계좌등을 구분하여 사용하여야 하며, 미리 후원자에게 후원금전용계좌등의 구분에 관한 사항을 안내하여야 한다. 〈신설 2012. 8. 7.〉

④ 모든 후원금의 수입 및 지출은 후원금전용계좌등을 통하여 처리하여야 한다. 다만, 물품 형태의 후원금은 그러하지 아니하다. 〈신설 2012. 8. 7.〉

제41조의5(후원금의 수입 및 사용내용통보) 법인의 대표이사와 시설의 장은 연 1회이상 해당 후원금의 수입 및 사용내용을 후원금을 낸 법인·단체 또는 개인에게 통보하여야 한다. 이 경우 법인이 발행하는 정기간행물 또는 홍보지 등을 이용하여 일괄 통보할 수 있다.

제41조의6(후원금의 수입·사용결과 보고 및 공개) ①법인의 대표이사와 시설의 장은 제19조 및 제20조에 따른 결산보고서를 제출할 때에 **별지 제19호서식**에 따른 후원금수입 및 사용결과보고서(전산파일을 포함한다)를 관할 시장·군수·구청장에게 제출(「사회복지사업법」 제6조의2제2항에 따른 정보시스템을 활용한 제출을 포함한다)하여야 한다. 〈개정 2005. 7. 15., 2009. 2. 5., 2012. 8. 7., 2015. 12. 24.〉

②시장·군수·구청장은 제1항에 따라 제출받은 후원금수입 및 사용결과보고서를 제출받은 날부터 20일 이내에 인터넷 등을 통하여 3개월 동안 공개하여야 하며, 법인의 대표이사 및 시설의 장은 해당 법인 및 시설의 게시판과 인터넷 홈페이지에 같은 기간 동안 공개하여야 한다. 다만, 후원자의 성명(법인 등의 경우는 그 명칭)은 공개하지 아니한다. 〈신설 2005. 7. 15., 2009. 2. 5., 2012. 8. 7., 2015. 12. 24.〉

③ 제2항에 따른 공개는 「사회복지사업법」 제6조의2제2항에 따른 정보시스템에 게시하는 것으로 갈음할 수 있다. 〈신설 2015. 12. 24.〉

제41조의7(후원금의 용도외 사용금지) ①법인의 대표이사와 시설의 장은 후원금을 후원자가 지정한 사용용도외의 용도로 사용하지 못한다.

② 보건복지부장관은 후원자가 사용용도를 지정하지 아니한 후원금에 대하여 그 사용기준을 정할 수 있다. 〈신설 2012. 8. 7.〉

③후원금의 수입 및 지출은 제10조의 규정에 의한 예산의 편성 및 확정절차에 따라 세입·세출예산에 편성하여 사용하여야 한다. 〈개정 2012. 8. 7.〉

제5장 감사

제42조(감사) ①법인의 감사는 당해법인과 시설에 대하여 매년 1회이상 감사를 실시하여야 한다.

②법인의 대표이사는 시설의 장과 수입원 및 지출원이 사망하거나 경질된 때에는 그 관장에 속하는 수입, 지출, 재산, 물품 및 현금등의 관리상황을 감사로 하여금 감사하게 하여야 한다.

③ 제2항에 따른 감사를 실시할 때에는 전임자가 참관해야 하며, 전임자가 참관할 수 없으면 관계 직원 중에서 전임자의 전임자나 법인의 대표이사가 지정한 사람이 참관해야 한다. 〈개정 2019. 9. 27.〉

④감사는 제1항 내지 제3항의 규정에 의하여 감사를 한 때는 감사보고서를 작성하여 당해법인의 이사회에 보고하여야 하며, 재산상황 또는 업무집행에 관하여 부정 또는 불비한 점이 발견된 때에는 시장·군수·구청장에게 보고하여야 한다.

⑤제4항의 감사보고서에는 감사가 서명 또는 날인하여야 한다. 〈개정 1998. 1. 7.〉

제42조의2(회계감사) ① 시·도지사 또는 시장·군수·구청장은 법인 및 시설이 다음 각 호의 어느 하나에 해당하는 경우 회계감사를 실시할 수 있다.

1. 「사회복지사업법」 제40조제1항제4호에 따른 회계부정이나 불법행위 또는 그 밖의 부당행위 등이 발견된 경우
2. 「사회복지사업법」 제42조제3항제1호에 따라 거짓이나 그 밖의 부정한 방법으로 보조금을 받은 경우
3. 「사회복지사업법」 제42조제3항제2호에 따라 사업 목적 외의 용도에 보조금을 사용한 경우
4. 「사회복지사업법」 또는 「사회복지사업법」에 따른 명령을 위반한 경우
5. 제42조제4항에 따라 감사가 시장·군수·구청장에게 보고한 경우

② 제1항에서 규정한 사항 외에 공인회계사 또는 감사인의 추천 등 회계감사의 실시와 관련하여 필요한 사항은 해당 지방자치단체의 조례로 정한다.

제6장 보칙

제43조(사무의 인계·인수) ①회계사무를 담당하는 직원이 교체된 때에는 당해 사무의 인계·인수는 발령일로부터 5일이내에 행하여져야 한다. 〈개정 2012. 8. 7.〉

②인계자는 인계할 장부와 증빙서류등의 목록을 각각 3부씩 작성하여 인계·

인수자가 각각 서명 또는 날인한 후 각각 1부씩 보관하고, 1부는 이를 예금
잔고증명과 함께 인계·인수보고서에 첨부하여 법인의 대표이사 및 시설의
장에게 제출하여야 한다. 이 경우 법인이 설치·운영하는 시설에 있어서는 시
설의 장을 거쳐 제출하여야 한다. 〈개정 2012. 8. 7., 2015. 12. 24.〉

제44조(시행세칙) 이 규칙의 시행을 위하여 필요한 세부사항은 보건복지부장
관이 정한다. 〈개정 1998. 1. 7., 2008. 3. 3., 2010. 3. 19.〉

제45조삭제 〈2018. 12. 28.〉

　　부칙 〈제831호, 2021. 9. 30.〉

이 규칙은 공포한 날부터 시행한다.

■ 사회복지법인 및 사회복지시설 재무·회계 규칙 [별표 1] 〈개정 2012.8.7.〉

법인회계 세입예산과목구분 (제10조제3항 본문 관련)

과목					내역
관		항		목	
01 재산수입	11	기본재산수입	111	임대료수입	부동산 임대수입
			112	배당 및 이자수입	소유주식배당수입, 예금이자수입
			113	재산매각수입	부동산매각수입
			114	기타수입	불용재산매각 등 그 밖의 재산수입
02 사업수입	21	사업수입	211	○○사업수입	법인의 자체사업으로 얻어지는 수입 ※ 법인의 수익사업은 수익사업회계로 처리
03 과년도수입	31	과년도수입	311	과년도수입	전년도에 세입조정된 수입으로서 금년도에 수입으로 확정된 것
04 보조금수입	41	보조금수입	411	국고보조금	국가로부터 받은 경상보조금 및 자본보조금
			412	시··도 보조금	시·도로부터 받은 경상보조금 및 자본보조금
			413	시·군·구보조금	시·군·구로부터 받은 경상보조금 및 자본보조금
			414	기타 보조금	그 밖에 국가, 지방자치단체 및 사회복지사업 기금 등에서 공모사업 선정으로 받은 보조금
05 후원금수입	51	후원금수입	511	지정후원금	국내외 민간단체 및 개인으로부터 후원명목으로 받은 기부금·결연후원금·위문금·찬조금 중 후원목적이 지정된 수입
			512	비지정후원금	국내외 민간단체 및 개인으로부터 후원명목으로 받은 기부금·결연후원금·위문금·찬조금 중 후원목적이 지정되지 아니한 수입과 자선행사 등으로 얻어지는 수입
06 차입금	61	차입금	611	금융기관 차입금	금융기관으로부터의 차입금
			612	기타차입금	개인·단체 등으로부터의 차입금
07 전입금	71	전입금	711	다른 회계로부터의 전입금	수익사업회계 및 시설회계로부터의 전입금
08 이월금	81	이월금	811	전년도이월금	전년도 불용액으로서 이월된 금액
			812	전년도이월금 (후원금)	전년도 후원금에 대한 불용액으로서 이월된 금액
			813	○○이월사업비	전년도에 종료되지 못한 ○○ 사업의 이월된 금액
09 잡수입	91	잡수입	911	불용품매각대	비품·집기·기계·기구 등과 그 밖의 불용품의 매각대
			912	기타예금이자수입	기본재산예금 외의 예금이자 수입
			913	기타잡수입	그 밖의 재산매각수입, 변상금 및 위약금수입 등과 다른 과목에 속하지 아니하는 수입

■ 사회복지법인 및 사회복지시설 재무·회계 규칙 [별표 2] 〈개정 2015.12.24.〉

법인회계 세출예산과목구분 (제10조제3항 본문 관련)

과목			내역
관	항	목	
01 사무비	11 인건비	111 급여	법인 임·직원에 대한 기본 봉급(기말·정근수당 포함)
		112 제수당	법인 임·직원에 대한 상여금 및 제수당(직종·직급별로 일정액을 지급하는 수당과 시간외근무수당·야간근무수당·휴일근무수당 등) 및 기타 수당
		113 일용잡급	일급 또는 단기간 채용하는 임시직에 대한 급여
		115 퇴직금 및 퇴직적립금	법인 임·직원퇴직급여제도에 따른 퇴직급여 및 퇴직적립금(충당금)
		116 사회보험부담금	법인 임·직원의 사회보험(국민연금, 국민건강보험, 고용보험, 산업재해보상보험 등)부담금
		117 기타후생경비	법인 임·직원의 건강진단비·기타 복리후생에 소요되는 비용
	12 업무추진비	121 기관운영비	기관운영 및 유관기관과의 업무협의 등에 소요되는 제경비
		122 직책보조비	법인 임·직원의 직책수행을 위하여 정기적으로 지급하는 경비
		123 회의비	법인의 이사회·후원회 등 각종 회의의 다과비 등에 소요되는 제경비
	13 운영비	131 여비	법인 임·직원의 국내·외 출장여비
		132 수용비 및 수수료	사무용품비·인쇄비·집기구입비(물건의 성질상 장기간사용 또는 고정자산으로 취급되는 집기류는 212목에 계상)·도서구입비·공고료·수수료·등기료·운송비·통행료 및 주차료·소규모수선비·포장비등
		133 공공요금	우편료·전신전화료·전기료·상하수도료·가스료 및 오물수거료
		134 제세공과금	법령에 의하여 지급하는 제세(법인세·자동차세등), 협회가입비, 화재·자동차보험료, 기타 보험료
		135 차량비	차량유류대·차량정비유지비·차량소모품비
		136 연료비	보일러 및 난방시설연료비
		137 기타운영비	그 밖에 운영경비로 위에 분류되지 아니한 경비
02 재산조성비	21 시설비	211 시설비	시설 신·증축비 및 부대경비, 기타 시설비
		212 자산취득비	법인운영에 필요한 비품구입비, 토지·건물·기타 자산의 취득비
		213 시설장비유지비	건물 및 건축설비(구축물·기계장치)·공구·기구·비품수선비(소규모수선비는 132목에 계상) 기타 시설물의 유지관리비

03	사업비	31	일반사업비	311 · · ·	○○사업비 · · ·	법인에서 시설운영외의 지원사업 등을 하는 경우의 사업비 예 : 학자금지원·저소득층지원 등 사업별로 목을 설정함
04	전출금	41	전출금	411 · · ·	○○시설 전출금	법인이 유지·경영하는 시설에 대한 부담금을 시설별로 목을 설정함
				412	○○시설전출금(후원금)	법인이 유지·경영하는 시설에 대한 부담금(후원금)을 시설별로 목을 설정
05	과년도지출	51	과년도지출	511	과년도지출	과년도미지급금 및 과년도사업비의 지출
06	상환금	61	부채상환금	611	원금상환금	차입금원금상환금
				612	이자지급금	차입금이자지급금
07	잡지출	71	잡지출	711	잡지출	법인이 지출하는 보상금·사례금·소송경비 등
08	예비비 및 기타	81	예비비 및 기타	811	예비비	예비비
				812	반환금	정부보조금 반환금

■ 사회복지법인 및 사회복지시설 재무·회계 규칙 [별표 3] 〈개정 2012.8.7〉

시 설 회 계 세 입 예 산 과 목 구 분 (제10조제3항 본문 관련)

과목			내역
관	항	목	
01 입소자부담금 수입	11 입소비용수입	111 ○○비용수입	입소자로부터 받는 보호에 소요되는 비용수입을 종류별로 목을 설정
02 사업수입	21 사업수입	211 ○○사업수입	시설운영으로 인하여 발생되는 사업수입을 종류별로 목을 설정 예: 입소자가 제작한 물품판매 수입
03 과년도수입	31 과년도수입	311 과년도수입	전년도에 세입조정된 수입으로서 금년도에 수입으로 확정된 것
04 보조금수입	41 보조금수입	411 국고보조금	국가로부터 받은 경상보조금 및 자본보조금
		412 시·도 보조금	시·도로부터 받은 경상보조금 및 자본보조금
		413 시·군·구 보조금	시·군·구로부터 받은 경상보조금 및 자본보조금
		414 기타 보조금	그 밖에 국가, 지방자치단체 및 사회복지사업기금등에서 공모사업 선정으로 받은 보조금
05 후원금수입	51 후원금수입	511 지정후원금	국내외 민간단체 및 개인으로부터 후원명목으로 받은 기부금·결연후원금·위문금·찬조금 중 후원목적이 지정된 수입
		512 비지정후원금	국내외 민간단체 및 개인으로부터 후원명목으로 받은 기부금·결연후원금·위문금·찬조금 중 후원목적이 지정되지 아니한 수입과 자선행사 등으로 얻어지는 수입
06 요양급여수입	61 요양급여수입	611 장기요양급여수입	노인장기요양보험급여 수입
07 차입금	71 차입금	711 금융기관 차입금	금융기관으로부터의 차입금
		712 기타차입금	개인·단체 등으로부터의 차입금
08 전입금	81 전입금	811 법인전입금	법인으로부터의 전입금(국가 및 지방자치단체의 보조금은 제외함)
		812 법인전입금(후원금)	법인으로부터의 전입금(후원금)
09 이월금	91 이월금	911 전년도이월금	전년도 불용액으로서 이월된 금액
		912 전년도이월금(후원금)	전년도에 후원금에 대한 불용액으로서 이월된 금액
		913 ○○ 이월사업비	전년도에 종료되지 못한 ○○ 사업의 이월된 금액
10 잡수입	101 잡수입	1011 불용품매각대	비품·집기·기계·기구 등과 그 밖의 불용품의 매각대
		1012 기타예금이자수입	기본재산예금 외의 예금이자 수입
		1013 기타잡수입	그 밖의 재산매각수입, 변상금 및 위약금수입 등과 다른 과목에 속하지 아니하는 수입

■ 사회복지법인 및 사회복지시설 재무·회계 규칙 [별표 4] 〈개정 2019. 9. 27.〉

시설회계 세출예산과목구분 (제10조제3항 본문 관련)

과목					내역
관		항		목	
01 사무비	11	인건비	111	급여	시설직원에 대한 기본 봉급(기말·정근수당 포함)
			112	제수당	시설직원에 대한 상여금 및 제수당(직종·직급별로 일정액을 지급하는 수당과 시간외근무수당·야간근무수당·휴일근무수당 등) 및 기타 수당
			113	일용잡급	일급 또는 단기간 채용하는 임시직에 대한 급여
			115	퇴직금 및 퇴직적립금	시설직원 퇴직급여제도에 따른 퇴직급여 및 퇴직적립금(충당금)
			116	사회보험 부담금	시설직원의 사회보험(국민연금, 국민건강보험, 고용보험, 산업재해보상보험 등)부담금
			117	기타후생경비	시설직원의 건강진단비·기타 복리후생에 소요되는 비용
	12	업무추진비	121	기관운영비	기관운영 및 유관기관과의 업무협의 등에 소요되는 제경비
			122	직책보조비	시설직원의 직책수행을 위하여 정기적으로 지급하는 경비
			123	회의비	후원회 등 각종 회의의 다과비등에 소요되는 제경비
	13	운영비	131	여비	시설직원의 국내·외 출장여비
			132	수용비 및 수수료	사무용품비·인쇄비·집기구입비(물건의 성질상 장기간사용 또는 고정자산으로 취급되는 집기류는 212목에 계상)·도서구입비·공고료·수수료·등기료·운송비·통행료 및 주차료·소규모수선비·포장비등
			133	공공요금	우편료·전신전화료·전기료·상하수도료·가스료 및 오물수거료
			134	제세공과금	법령에 의하여 지급하는 제세(자동차세 등), 협회가입비, 화재·자동차보험료, 기타 보험료
			135	차량비	차량유류대·차량정비유지비·차량소모품비
			136	기타운영비	시설직원 상용피복비·급량비 등 운영경비로 위에 분류되지 아니한 경비
02 재산조성비	21	시설비	211	시설비	시설 신·증축비 및 부대경비, 그 밖에 시설비
			212	자산취득비	시설운영에 필요한 비품구입비, 토지·건물·그 밖에 자산의 취득비
			213	시설장비유지비	건물 및 건축설비(구축물·기계장치), 공구·기구, 비품수선비(소규모수선비는 132목에 계상) 그 밖의 시설물의 유지관리비
03 사업비	31	운영비	311	생계비	주식비, 부식비, 특별부식비, 장유비, 월동용 김장비

03	사업비	31		312	수용기관경비	입소자를 위한 수용비(치약·칫솔·수건구입비 등)
				313	피복비	입소자의 피복비
				314	의료비	입소자의 보건위생 및 시약대
				315	장의비	입소자중 사망자의 장의비
				316	직업재활비	입소자의 직업훈련재료비
				317	자활사업비	입소자의 자활을 위한 기자재 구입비
				318	특별급식비	입소자의 간식, 우유등 생계외의 급식제공을 위한 비용
				319	연료비	보일러 및 난방시설연료비, 취사에 필요한 연료비
		32	교육비	321	수업료	입소자중 학생에 대한 수업료
				322	학용품비	입소자중 학생에 대한 학용품비
				323	도서구입비	입소자중 학생에 대한 도서구입비, 부교재비
				324	교통비	입소자중 학생에 대한 대중교통비
				325	급식비	입소자중 학생에 대한 학교급식비
				326	학습지원비	입소자중 학생에 대한 사교육비(피아노교습, 사설학원 수강 등)
				327	수학여행비	입소자중 학생에 대한 수학여행비
				328	교복비	입소자중 학생에 대한 교복비
				329	이미용비	입소자중 학생에 대한 이, 미용비
		33	○○사업비	330	기타교육비	입소자중 학생에 대한 그 밖의 교육경비(학습재료 등)
				331	의료재활 사업비	입소자(재활·물리·작업·언어·청능)치료비, 수술비용, 의수족 등 장애인 보조기기 제작수리비 또는 입소자를 위한 의료재활 프로그램비용
				332	사회심리 재활사업비	입소자를 위한 사회심리재활 프로그램 운영비
				333	교육재활 사업비	입소자를 위한 교육프로그램운영비
				334	직업재활 사업비	입소자를 위한 직업재활프로그램 운영비
				335 · · ·	○○사업비 · · ·	의료재활, 직업재활, 교육재활 등 전문프로그램이 아닌 입소자를 위한 프로그램운영비(하계캠프, 방과후 공부방 운영 등)
04	전출금	41	전출금	411	법인회계전출금	법인회계로의 전출금(보건복지부장관이 정하는 경우만 해당함)
05	과년도지출	51	과년도지출	511	과년도지출	과년도미지급금 및 과년도사업비의 지출
04	전출금	41	전출금	411	법인회계전출금	법인회계로의 전출금(보건복지부장관이 정하는 경우만 해당함)
05	과년도지출	51	과년도지출	511	과년도지출	과년도미지급금 및 과년도사업비의 지출
06		61	부채상환금	611	원금상환금	차입금원금상환금
				612	이자지불금	차입금이자지급금
07	잡지출	71	잡지출	711	잡지출	시설이 지출하는 보상금·사례금·소송경비 등
08	예비비 및 기타	81	예비비 및 기타	811	예비비	예비비
				812	반환금	정부보조금 반환금

■ 사회복지법인 및 사회복지시설 재무·회계 규칙 [별표 5] 〈개정 2012.8.7〉

복지관 등 시설회계 세입예산과목구분 (제10조제3항제1호 관련)

과목					내역
관		항		목	
01	사업수입	11	사업수입	111 ○○수입	시설에서 제공하는 각종 서비스의 이용자로부터 받은 수입을 종류별로 목을 설정
02	과년도수입	21	과년도수입	211 과년도수입	전년도에 세입조정된 수입으로서 금년도에 수입으로 확정된 것
03	보조금수입	31	보조금수입	311 국고보조금	국가로부터 받은 경상보조금 및 자본보조금
				312 시·도보조금	시·도로부터 받은 경상보조금 및 자본보조금
				313 시·군·구보조금	시·군·구로부터 받은 경상보조금 및 자본보조금
				314 기타보조금	그 밖에 국가, 지방자치단체 및 사회복지사업기금 등에서 공모사업 선정으로 받은 보조금
04	후원금수입	41	후원금수입	411 지정후원금	국내외 민간단체 및 개인으로부터 후원명목으로 받은 기부금·결연후원금·위문금·찬조금 중 후원목적이 지정된 수입
				412 비지정후원금	국내외 민간단체 및 개인으로부터 후원명목으로 받은 기부금·결연후원금·위문금·찬조금 중 후원목적이 지정되지 아니한 수입과 자선행사 등으로 얻어지는 수입
05	차입금	51	차입금	511 금융기관차입금	금융기관으로부터의 차입금
				512 기타차입금	개인·단체 등으로부터의 차입금
06	전입금	61	전입금	611 법인전입금	법인으로부터의 전입금 (국가 및 지방자치단체의 보조금은 제외함)
				612 법인전입금 (후원금)	법인으로부터의 전입금(후원금)
07	이월금	71	이월금	711 전년도이월금	전년도 불용액으로서 이월된 금액
				712 전년도이월금 (후원금)	전년도 후원금에 대한 불용액으로서 이월된 금액
				713 ○○ 이월사업비	전년도에 종료되지 못한 ○○사업의 이월된 금액
08	잡수입	81	잡수입	811 불용품매각대	비품·집기·기계·기구 등과 그 밖의 불용품의 매각대
				812 기타예금이자수입	기본재산예금 외의 예금이자 수입
				813 기타잡수입	그 밖의 재산매각수입, 변상금 및 위약금수입 등과 다른 과목에 속하지 아니하는 수입

■ 사회복지법인 및 사회복지시설 재무·회계 규칙 [별표 6] 〈개정 2015.12.24.〉

복지관 등 시설회계 세출예산과목구분 (제10조제3항제1호 관련)

과목				내역
관	항	목		
01 사무비	11 인건비	111	급여	시설직원에 대한 기본 봉급(기말·정근수당 포함)
		112	제수당	시설직원에 대한 상여금 및 제수당(직종·직급별로 일정액을 지급하는 수당과 시간외근무수당·야간근무수당·휴일근무수당 등) 및 기타 수당
		113	일용잡급	일급 또는 단기간 채용하는 임시직에 대한 급여
		115	퇴직금 및 퇴직적립금	시설직원 퇴직급여제도에 따른 퇴직급여 및 퇴직적립금(충당금)
		116	사회보험 부담금	시설직원의 사회보험(국민연금, 국민건강보험, 고용보험, 산업재해보상보험 등)부담금
		117	기타후생경비	시설직원의 건강진단비·기타 복리후생에 소요되는 비용
	12 업무추진비	121	기관운영비	기관운영 및 유관기관과의 업무협의 등에 소요되는 제경비
		122	직책보조비	시설직원의 직책수행을 위하여 정기적으로 지급하는 경비
		123	회의비	후원회 등 각종 회의의 다과비등에 소요되는 제경비
	13 운영비	131	여비	시설직원의 국내·외 출장 여비
		132	수용비 및 수수료	사무용품비·인쇄비·집기구입비(물건의 성질상 장기간사용 또는 고정자산으로 취급되는 집기류는 212목에 계상)·도서구입비·공고료·수수료·등기료·운송비·통행료 및 주차료·소규모수선비·포장비등
		133	공공요금	우편료·전신전화료·전기료·상하수도료·가스료 및 오물수거료
		134	제세공과금	법령에 의하여 지급하는 제세(자동차세 등), 협회가입비, 화재·자동차보험료, 기타 보험료
		135	차량비	차량유류대·차량정비유지비·차량소모품비
		136	연료비	시설의 냉난방연료비(보일러, 냉난방기 등)
		137	기타운영비	시설직원 상용피복비·급량비 등 운영경비로 위에 분류되지 아니한 경비
02 재산조성비	21 시설비	211	시설비	시설 신·증축비 및 부대경비, 그 밖의 시설비
		212	자산취득비	시설운영에 필요한 비품구입비, 토지·건물·그 밖의 자
		213	시설장비유지비	건물 및 건축설비(구축물·기계장치), 공구·기구, 비품수선비(소규모수선비는 132목에 계상) 그 밖의 시설물의 유지관리비
03 사업비	31 사업비 (사업예산 지침 참조	311	○○사업비	시설에서 이용자에게 제공하는 사업을 성격별·유형별로 구분하여 목으로 설정

04	과년도지출	41	과년도지출	411	과년도지출	과년도미지급금 및 과년도 사업비의 지출
05	상환금	51	부채상환금	511	원금상환금	차입금 원금상환금
				512	이자지급금	차입금 이자지급금
06	잡지출	61	잡지출	611	잡지출	시설이 지출하는 보상금, 사례금, 소송경비 등
07	예비비 및 기타	71	예비비 및 기타	711	예 비 비	예비비
				712	반 환 금	정부보조금 반환금

■ 사회복지법인 및 사회복지시설 재무·회계 규칙 [별표 7] 〈개정 2020. 5. 6.〉

어린이집 시설회계 세입예산과목 구분 (제10조제3항제2호 관련)

과목					내역
관		항		목	
01 보육료	11	보육료	111	정부지원 보육료	만 0~5세아, 장애아, 다문화·맞벌이가구 등에 지원되는 보육료 및 카드수수료 환급금 등
			112	부모부담 보육료	보호자로부터 받은 보육료
02 수익자부담 수입	21	선택적 보육활동비	211	특별활동비	보호자가 부담하는 특별활동 비용
	22	기타 필요경비	221	기타 필요경비	보호자가 부담하는 입학준비금, 현장학습비, 차량운행비, 아침·저녁급식비, 졸업앨범비 등 기타 필요경비
03 보조금 및 지원금	31	인건비 보조금	311	인건비 보조금	국가 및 지방자치단체로부터 받은 인건비(어린이집으로 지원되는 처우개선비 등을 포함한다)
	32	운영보조금	321	기관보육료	국가 및 지방자치단체가 보육비용의 일정 부분을 어린이집에 지원하는 보조금
			322	연장보육료	국가 및 지방자치단체가 연장보육비용의 일정 부분을 어린이집에 지원하는 보조금
			323	공공형 운영비	국가 및 지방자치단체가 공공형 어린이집에 지원하는 운영 보조금
			324	그 밖의 지원금	국가 및 지방자치단체가 지원하는 급식·간식 재료비 및 냉난방비, 누리과정운영비 등
	33	자본 보조금	331	자본보조금	신증축비, 개·보수비, 장비비 등
04 전입금	41	전입금	411	전입금	법인, 단체, 개인 등 운영·경영자로부터의 운영 지원금
	42	차입금	421	단기차입금	회계연도 내 상환을 원칙으로 시설운영에 필요한 비용을 금융기관 등으로부터 일시 차입한 단기차입금
			422	장기차입금	시설 개·보수 등을 위해 금융기관 등으로부터 차입한 장기차입금
05 기부금	51	기부금	511	지정후원금	국내외 민간단체 및 개인으로부터 후원명목으로 받은 기부금·결연후원금·위문금·찬조금 중 후원목적이 지정된 수입
			512	비지정후원금	국내외 민간단체 및 개인으로부터 후원명목으로 받은 기부금·결연후원금·위문금·찬조금 중 후원목적이 지정되지 않은 수입과 자선행사 등으로 얻어지는 수입
06 적립금	61	적립금	611	적립금 처분 수입	적립금 및 퇴직적립금에서 이전받은 금액
07 과년도 수입	71	과년도 수입	711	과년도 수입	전년도 출납정리기간 이후에 납입된 수입
08 잡수입	81	잡수입	811	이자수입	금융기관에 예치한 예금의 이자수입
			812	그 밖의 잡수입	차량·물품 등 어린이집 재산 매각수입, 변상금, 위약금 수입, 교육 외 수입(보증금 수입 등), 보육교사 실습비, 보험 수령액(만기환급금을 포함한다) 등
09 전년도 이월액	91	전년도 이월액	911	전년도 이월금	전년도 불용으로 이월된 금액
			912	전년도 이월사업비	전년도에 종료되지 못한 이월사업비

비고: 결산을 하는 경우에는 예산에서 사용한 과목에 따른다.

■ 사회복지법인 및 사회복지시설 재무·회계 규칙 [별표 8] 〈개정 2020. 5. 6.〉

어린이집 시설회계 세출예산과목 구분 (제10조제3항제2호 관련)

과목			내역
관	항	목	
100 인건비	110 원장 인건비	111 원장급여	원장인건비 중 기본급 등
		112 원장수당	원장에게 지급하는 상여금과 제(諸)수당
	120 보육교직원 인건비	121 보육교직원급여	보육교직원 인건비 중 기본급 등
		122 보육교직원수당	보육교직원에게 지급하는 상여금과 제(諸)수당
	130 기타인건비	131 기타 인건비	기타 일급 또는 단기 채용 임시·일용직 급여
	140 기관부담금	141 법정부담금	어린이집에서 부담하는 법정부담금(건강보험, 국민 연금, 고용보험, 산업재해보상보험 등)
		142 퇴직금 및 퇴직적 립금	어린이집에서 부담하는 퇴직급여 및 퇴직적립금
200 운영비	210 관리 운영비	211 수용비 및 수수료	소모품 및 집기 구입비, 도서구입비, 인쇄비, 홍보 물, 각종 사무용 및 교구 비품의 수선비, 수수료, 구 급약품, 치료비, 대관·비품대여료, 협회비, 우편료, 광고료 등
		212 공공요금 및 제세 공과금	세금 및 공과금, 안전공제회비, 전기료, 상·하수도 료, 도시가스료, 자동차세, 각종 보험료(자동차·화 재 등), 전신·전화료(통신비) 등
		213 연료비	보일러 및 난방시설연료비, 취사에 필요한 연료비
		214 여비	국내·외 출장여비
		215 차량비	차량 관련 유류대, 정비유지비, 소모품 등
		216 복리후생비	보육교직원 복리후생을 위한 현물·서비스 지급비 (교직원 건강검진비·피복비·치료비·급량비 등)
		217 기타 운영비	그 밖에 운영경비로서 분류되지 않은 경비(건물임대 료, 건물융자금 이자 등)
	220 업무 추진비	221 업무추진비	어린이집 운영 및 유관 기관과 업무협의, 종무식 등 공식적인 업무추진에 소요되는 제반경비
		222 직책급	어린이집 원장의 직책수행을 위하여 정기적으로 지 급하는 경비
		223 회의비	어린이집운영위원회, 부모회의 등 각종 회의 등에 소요되는 경비
300 보육 활동비	310 기본 보육활동비	311 교직원연수·연구비	교직원에게 지급하는 연수비 및 연구비
		312 교재·교구 구입비	보육 기자재, 도서 등 구입 및 제작비
		313 행사비	아동과 직접 관련되어 발생하는 각종 행사경비
		314 영유아복리비	영유아 건강 및 안전관련 비용(건강검진 비용 등)
		315 급식·간식 재료비	정규보육시간 내 제공되는 주·부식 재료 구입비 및 간식비
400 수익자 부담경비	410 선택적 보육활동비	411 특별활동비지출	특별활동에 따라 지출하는 비용
	420 기타 필요경비	421 기타 필요경비 지출	입학준비금, 현장학습비, 차량운행비, 아침·저녁급 식비, 졸업앨범비, 기타 필요경비

500	적립금	510	적립금	511	적립금	어린이집의 안정적인 기관운영 및 완성에 수년을 요하는 공사나 제조 등 특정목적사업을 위한 적립금
600	상환·반환금	610	차입금 상환	611	단기 차입금 상환	단기 차입금 원금 및 이자 상환액
				612	장기 차입금 상환	장기 차입금 원금 및 이자 상환액
		620	반환금	621	보조금 반환금	정부보조금 미사용분에 대한 반환금
				622	보호자 반환금	보호자 부담비 미사용분에 대한 반환금
				623	법인회계 전출금	법인에서 지원한 전입금과 연계하여 지출하는 법인회계로의 전출금
700	재산 조성비	710	시설비	711	시설비	시설 신·증축비 및 부대경비, 그 밖에 환경개선을 위한 개·보수비
				712	시설장비 유지비	시설, 장비 및 물품 등의 유지를 위한 수선경비
		720	자산 구입비	721	자산취득비	시설운영에 필요한 비품구입비, 노후 업무용차량 교체 등 차량구입비(차량할부금 포함), 그 외 자산 취득비
800	과년도 지출	810	과년도 지출	811	과년도 지출	과년도 미지급금 및 과년도 사업비의 지출(지출대상 부도 등 부득이한 경우에 한해 제한적으로 인정)
900	잡지출	910	잡지출	911	잡지출	보상금·사례금·소송경비 및 원 단위 절사금 등
1000	예비비	1010	예비비	1011	예비비	예측할 수 없는 불가피한 지출소요

비고: 결산을 하는 경우에는 예산에서 사용한 과목에 따른다.

■ 사회복지법인 및 사회복지시설 재무·회계 규칙 [별표 9] 〈신설 2018. 3. 30.〉

노인장기요양기관의 세입예산과목 구분(제10조제3항제3호 관련)

관		항		목		명세
01	입소자 (이용자)부담 금 수입	11	입소(이용)비용 수입	112	본인부담금수입	장기요양급여비용 중 본인부담금
				113	식재료비수입	비급여대상 중 식재료비 수납 비용
				114	상급침실이용료	비급여대상 중 상급침실료
				115	이미용비	비급여대상 중 이용·미용비
				116	기타비급여수입	비급여대상 중 식재료비, 이용·미용비를 제 외한 비급여
02	사업수입	21	사업수입	211	○○사업수입	시설운영으로 인하여 발생되는 사업수입을 종류별로 목을 설정 (예: 입소자(이용자)가 제작한 물품 판매 수입)
03	과년도수입	31	과년도수입	311	과년도수입	전년도에 세입 조정된 수입으로서 금년도에 수입으로 확정된 것
04	보조금수입	41	보조금수입	411	국고보조금	국가로부터 받은 경상보조금 및 자본보조금
				412	시·도 보조금	시·도로부터 받은 경상보조금 및 자본보조금
				413	시·군·구 보조 금	시·군·구로부터 받은 경상보조금 및 자본보 조금
				414	기타 보조금	그 밖에 국가, 지방자치단체 및 사회복지사업 기금 등에서 공모사업 선정으로 받은 보조금
05	후원금수입	51	후원금수입	511	지정후원금	국내외 민간단체 및 개인으로부터 후원 명목 으로 받은 기부금·결연후원금·위문금·찬조 금 중 후원목적이 지정된 수입
				512	비지정후원금	국내외 민간단체 및 개인으로부터 후원 명목 으로 받은 기부금·결연후원금·위문금·찬조 금 중 후원목적이 지정되지 않은 수입과 자선 행사 등으로 생긴 수입
06	요양 급여수입	61	요양 급여수입	611	장기요양 급여수입	노인장기요양보험급여 수입
				612	가산금 수입	노인장기요양보험 가산금 수입
07	차입금	71	차입금	711	금융기관 차입금	금융기관으로부터의 차입금
				712	기타차입금	개인·단체 등으로부터의 차입금
08	전입금	81	전입금	811	법인전입금	법인으로부터의 전입금 (국가 및 지방자치단체의 보조금은 제외한다)
				812	법인전입금 (후원금)	법인으로부터의 전입금(후원금)
				813	기타전입금	기타 법인, 개인 등 설치·운영자로부터의 운 영지원금
				814	기타전입금 (후원금)	기타 법인, 개인 등 설치·운영자로부터의 운 영지원금(후원금)

09	이월금	91	이월금	911	전년도이월금	전년도 불용액으로서 이월된 금액
				912	전년도이월금 (후원금)	전년도에 후원금에 대한 불용액으로서 이월된 금액
				913	전년도이월금 (식재료비)	전년도 식재료비수입에 대한 불용액으로서 이월된 금액
				914	○○ 이월사업비	전년도에 종료되지 못한 ○○ 사업의 이월된 금액
10	잡수입	101	잡수입	1011	불용품매각대	비품·집기·기계·기구 등과 그 밖의 불용품의 매각대
				1012	기타예금이자 수입	기본재산예금 외의 예금이자 수입
				1013	직원식재료비 수입	직원으로부터 수납하는 식재료비 수입
				1014	기타잡수입	그 밖의 재산매각수입, 변상금 및 위약금수입 등과 다른 과목에 속하지 않는 수입
11	적립금 및 준비금 (특별회계)	111	운영충당 적립금 및 환경개선 준비금	1111	운영충당적립금	노인장기요양기관의 안정적인 기관운영을 위해 세출되어(911목) 적립된 금액(특별회계)
				1112	시설환경개선 준비금	노인장기요양기관 입소자(이용자)에 대한 시설이미지 개선을 위해 세출되어(912목) 적립된 금액(특별회계)

■ 사회복지법인 및 사회복지시설 재무·회계 규칙 [별표 10] 〈개정 2019. 6. 12.〉

노인장기요양기관의 세출예산과목 구분 (제10조제3항제3호 관련)

과목			명세
관	항	목	
01 사무비	11 인건비	111 급여	시설직원에 대한 기본 봉급 (기말·정근수당을 포함한다)
		112 각종 수당	시설직원에 대한 상여금 및 각종 수당(직종·직급별로 일정액을 지급하는 수당과 시간외근무수당·야간근무수당·휴일근무수당 등) 및 그 밖의 수당
		113 일용잡급	일급 또는 단기간 채용하는 임시직에 대한 급여
		115 퇴직금 및 퇴직적립금	시설직원 퇴직급여제도에 따른 퇴직급여 및 퇴직적립금(충당금)
		116 사회보험 부담금	시설직원의 사회보험(국민연금, 국민건강보험, 고용보험, 산업재해보상보험 등)부담금
	12 업무추진비	121 기관운영비	기관운영 및 유관기관과의 업무협의 등에 드는 각종 경비
		122 직책보조비	시설직원의 직책 수행을 위하여 정기적으로 지급하는 경비
		123 회의비	후원회 등 각종 회의의 다과비등에 소요되는 각종 경비
	13 운영비	131 여비	시설직원의 국내외 출장여비
		132 수용비 및 수수료	사무용품비·인쇄비·집기구입비(물건의 성질상 장기간 사용 또는 고정자산으로 취급되는 집기류는 212목에 계상)·도서구입비·공고료·수수료·등기료·운송비·통행료 및 주차료·소규모수선비·포장비 등
		133 공공요금 및 각종 세금공과금	우편료·전신전화료·전기료·상하수도료·가스료 및 오물수거료 및 법령에 따라 지급하는 각종 세금(자동차세 등), 협회가입비, 화재·자동차보험료, 그 밖의 보험료
		135 차량비	차량유류대·차량정비유지비·차량소모품비
		136 임차료	시설을 운영하는데 필요한 건물,토지 등에 대하여 지불한 임차료
		137 기타운영비	시설직원 건강진단비, 그 밖의 복리후생에 드는 비용, 상용의류비, 급량비 등 운영경비로 위에 분류되지 않은 경비
02 재산조성비	21 시설비	211 시설비	시설 개보수 등으로 발생하는 비용 및 부대경비
		212 자산취득비	시설운영에 필요한 비품구입비, 토지·건물 그 밖에 자산의 취득비
		213 시설장비 유지비	건물 및 건축설비(구축물·기계장치), 공구·기구, 비품수선비(소규모수선비는 132목에 계상) 그 밖의 시설물의 유지관리비

03	사업비	31	운영비	311	생계비	주식비, 부식비, 특별부식비, 장유비, 월동용 김장비
				312	수용기관경비	입소자(이용자)를 위한 수용비(치약·칫솔·수건 구입비 등)
				314	의료비	입소자(이용자)의 보건위생 및 시약대(施藥代)
				315	장의비	입소자(이용자) 중 사망인을 위한 장의비
		33	○○사업비	331	프로그램사업비	의료재활, 사회심리재활 등 입소자(이용자)를 위한 프로그램운영비
04	전출금	41	전출금	411	법인회계 전출금	법인회계로의 전출금 (보건복지부장관이 정하는 경우에만 해당한다)
				412	기타전출금	사회복지법인 이외의 법인, 개인 등 설치·운영 자로의 전출금
05	과년도지출	51	과년도지출	511	과년도지출	과년도미지급금 및 과년도사업비의 지출
06	상환금	61	부채상환금	611	원금상환금	차입금원금상환금
				612	이자지불금	차입금이자지급금
07	잡지출	71	잡지출	711	잡지출	시설이 지출하는 보상금·사례금·소송경비 등
08	예비비 및 기타	81	예비비 및 기타	811	예비비	예비비
				812	반환금	정부보조금 반환금
09	적립금 및 준비금	91	운영충당 적립금 및 환경개선준비금	911	운영충당 적립금	노인장기요양기관의 안정적인 기관운영을 위한 적립금(보건복지부장관이 정하는 경우에만 해당한다)
				912	시설환경 개선준비금	입소자(이용자)에 대한 시설이미지 개선을 위한 시설환경개선 준비금(보건복지부장관이 정하는 경우에만 해당한다)
10	적립금 및 준비금 지출 (특별회계)	101	운영충당 적립금 지출 및 환경개선준비금 지출	1011	운영충당 적립금 지출	세입계정으로 적립된 운영충당적립금(1111목) 중 노인장기요양기관의 안정적인 기관운영을 위해 지출한 비용(특별회계)
				1012	시설환경 개선준비금 지출	세입계정으로 적립된 시설환경개선준비금(1112목) 중 노인장기요양기관 입소자(이용자)에 대한 시설 이미지 개선을 위해 지출한 비용(특별회계)

[별지 제1호서식] 〈개정 2005.7.15〉

세입·세출명세서

과목			전년도 예산액	당해연도 예산액	증감	산출근거
관	항	목				

210mm×297mm(일반용지 60g/㎡(재활용품))

[별지 제2호서식] 〈개정 2009.2.5〉

(추정)대 차 대 조 표

(년 월 일 현재)

과 목	금	액
Ⅰ. 자산		
1. 유동자산		000
(1) 당좌자산		000
현금 및 현금성자산	000	
받을 어음	000	
유가증권	000	
미수금	000	
(2) 재고자산		000
2. 비유동자산		000
(1) 투자자산		000
유가증권	000	
대여금	000	
(2) 유형자산		000
토 지	000	
건 물	000	
감가상각누계액	000	
기계기구류	000	
감가상각누계액	000	
(3) 무형자산		000
지상권	000	
전세권	000	
특허권	000	
(4) 기타비유동자산		000
임대보증금	000	
자 산 총 계		000
Ⅱ. 부채		
1. 유동부채		000
미지급금	000	
단기차입금	000	
예수금	000	
2. 비유동부채		000
장기차입금	000	
퇴직급여충당부채	000	
부채총계		000
Ⅲ. 자본		
1. 자본(기금)		000
2. 잉여금		000
적립금	000	
이월금	000	
자본총계		000
부채와 자본 총계		000
※ 기재 시 주의사항		
1. 과목은 설정에 맞도록 증감할 수 있다.		
2. 중요한 것은 각각 명세표를 첨부한다.		
3. 기금에 대하여는 설립당시의 원조금 또는 부채인수액을 기입한다.		

[별지 제3호서식] 〈개정 1998.1.7.〉

(추 정)수 지 계 산 서

(년   월   일부터   )
          년   월   일까지

과목	금액		
Ⅰ. 수 입			
1. 재산수입		000	
가. 기본재산수입	000		
나. 재산매각대	000		
2. 사업수입		000	
3. 과년도수입		000	
4. 보조금수입		000	
가. 정부보조금	000		
나. 후원금	000		
5. 차입금		000	
6. 전입금		000	
7. 이월금		000	
8. 잡수입		000	
가. 물품매각대	000		
나. 예금이자	000		
다. 잡수입	000		
수입합계			000
Ⅱ. 지 출			
1. 사무비		000	
가. 인건비	000		
나. 물건비	000		
다. 수용비 및 수수료	000		
라. 판공비	000		
마. 공공요금	000		
바. 제세공과금	000		
사. 차량비	000		
2. 재산조성비		000	
가. 시설비	000		
나. 재산관리비	000		
3. 수익사업비		000	
4. 전출금		000	
가. ○○시설 전출금	000		
나. ○○시설 전출금	000		
5. 과년도 지출		000	
6. 상환금		000	
7. 사업비		000	
8. 잡지출		000	
9. 예비비		000	
지출합계			000
Ⅲ. 당기잉여금			000

※ 기재시 주의사항
   과목은 세입·세출예산의 과목과 동일하여야 한다.

3106-65일   190mm×268mm
87.5.29 승인   (신문용지 54g/㎡)

[별지 제4호서식] 〈개정 1998.1.7.〉

임·직원보수일람표

순위	직종 또는 직위(급)	성명	본봉	수당			계	공제액	차감 지급액

3106-66일
87.5.29 승인

190mm×268mm
(신문용지 54g/㎡)

■ 사회복지법인 및 사회복지시설 재무·회계 규칙 [별지 제4호의2서식] 〈신설 2018. 3. 30.〉

임 직 원 보 수 일 람 표 (인 건 비 명 세 서)

(앞쪽)

순번	직종	인건비 구분	성명	급여	각종 수당	일용잡급	퇴직금 및 퇴직적립금	사회보험 부담금	계
소계	직접 인건비 계								
	간접 인건비 계								
	총 인건비 계								

297mm×210mm[백상지(80g/㎡) 또는 중질지(80g/㎡)]

작성 요령	

○ 인건비의 종류

인건비의 종류(목)		내역
111	급여	시설직원에 대한 기본 봉급(기말·정근수당을 포함한다)
112	각종 수당	시설직원에 대한 상여금 및 각종 수당(직종·직급별로 일정액을 지급하는 수당과 시간외근무수당·야간근무수당·휴일근무수당 등) 및 그 밖의 수당
113	일용잡급	일급 또는 단기간 채용하는 임시직에 대한 급여
115	퇴직금 및 퇴직적립금	시설직원 퇴직급여제도에 따른 퇴직급여 및 퇴직적립금(충당금)
116	사회보험 부담금	시설직원의 사회보험(국민연금, 국민건강보험, 고용보험, 산업재해보상보험 등)부 담금

○ 인건비 구분 기준

급여유형별로 아래 표(「장기요양급여 제공기준 및 급여비용 산정방법 등에 관한 고시」제11조의2제1
항)의 직종에 지출된 인건비를 직접 인건비로 보며, 그 외의 인건비를 간접 인건비로 본다.

급여 유형	직종
노인요양시설	간호(조무)사·물리(작업)치료사·사회복지사·요양보호사
노인요양공동생 활가정	간호(조무)사·물리(작업)치료사·요양보호사
주·야간보호	간호(조무)사·물리(작업)치료사·사회복지사·요양보호사
단기보호	간호(조무)사·사회복지사·요양보호사
방문요양	요양보호사
방문목욕	요양보호사
방문간호	간호(조무)사·치과위생사

297mm×210mm[백상지(80g/㎡) 또는 중질지(80g/㎡)]

[별지 제5호서식] 〈개정 2009.2.5.〉

세입결산서(법인용)

과목			구분	정부 보조금	법인 부담금	후원금	계
관	항	목					
			예산				
			결산				
			증감				
		합계	예산				
			결산				
			증감				
	합 계		예산				
			결산				
			증감				
총 계			예산				
			결산				
			증감				

210mm × 297mm[일반용지 60g/㎡(재활용품)]

[별지 제5호의2서식] 〈개정 2009.2.5.〉

세출결산서(법인용)

과목			구분	정부 보조금	법인 부담금	후원금	계
관	항	목					
			예산				
			결산				
			증감				
		합계	예산				
			결산				
			증감				
	합 계		예산				
			결산				
			증감				
총 계			예산				
			결산				
			증감				

210㎜ × 297㎜[일반용지 60g/㎡(재활용품)]

[별지 제5호의3서식] 〈개정 2009.2.5.〉

세 입 결 산 서 (시 설 용)

과목			구분	정부 보조금	시설 부담금	후원금	계
관	항	목					
			예산				
			결산				
			증감				
		합계	예산				
			결산				
			증감				
	합 계		예산				
			결산				
			증감				
총 계			예산				
			결산				
			증감				

210㎜ × 297㎜[일반용지 60g/㎡(재활용품)]

[별지 제5호의4서식] 〈개정 2009.2.5.〉

세출결산서(시설용)

과목			구분	보조금	시설부담금	후원금	계
관	항	목					
			예산				
			결산				
			증감				
		합계	예산				
			결산				
			증감				
	합 계		예산				
			결산				
			증감				
총 계			예산				
			결산				
			증감				

210mm×297mm(일반용지 60g/㎡(재활용품))

[별지 제6호서식]

과목전용조서

과목			전용 연월일	예산액 (1)	전용액 (2)	예산현액 (1+2=3)	지출액 (4)	불용액 (3-4)	전용사유
관	항	목							

3106-68일
87.5.29 승인

190mm×268mm
(신문용지 54g/㎡)

[별지 제7호서식]

예비비사용조서

사용일자	금액	사유	사용내역	비고

3106-69일
87.5.29 승인

190mm×268mm
(신문용지 54g/㎡)

[별지 제8호서식] 〈개정 1998.1.7.〉

현금 및 예금명세서

(년 월 일 현재)

구분	예금종류	예치은행	계좌번호	전년도 이월액	현재잔액	비고
현 금 예 금 · ·						

31313−18711일
97.12.6 승인

210mm×297mm
(일반용지 60g/㎡)

[별지 제9호서식] 〈개정 1998.1.7.〉

유 가 증 권 명 세 서

년   월   일 현재

종류	발행자	증서번호	액면가액	수량	금액	만기일자	비고

[별지 제10호서식]

<u>미 수 금 명 세 서</u>

과목			예산액	세입 결정액	수입액	미수입액	산출기초
관	항	목					

3106-70일
87.5.29 승인

190mm×268mm
(신문용지 54g/㎡)

[별지 제11호서식] 〈개정 1998.1.7.〉

재 고 자 산 명 세 서

년   월   일 현재

품명	용도	전년이월			당해연도수입			당해연도지출			연말이월			비고
		수량	단가	금액	수량	단가	금액	수량	단가	금액	수량	단가	금액	

주) 단가계산방법은 총평균법으로 하여야 한다.
31313-18911일
97.12.6 승인

297mm×210mm
(일반용지 60g/㎡)

[별지 제12호서식] 〈개정 2020. 1. 7.〉

그 밖의 유동자산명세서

종류	내역	금액	비고

3106-72일
87.5.29 승인

190mm×268mm
(신문용지 54g/㎡)

[별지 제13호서식]

고정자산명세서

종류	내역	규모	취득원가 또는 평가액	용도	비고

3106-73일
87.5.29 승인

190mm×268mm
(신문용지 54g/㎡)

[별지 제14호서식]

부채명세서

순위	기채연월일	적요	금액	채권자	상환예정일	금리 (%)	비고

3106-74일
87.5.29 승인

190mm×268mm
(신문용지 54g/㎡)

[별지 제15호서식] 〈개정 2019. 9. 27.〉

각종 충당금 명세서

과목	전년도이월액	당해연도 증가액	당해연도 감소액	현재잔액	비고

[별지 제16호서식]

<u>기 본 재 산 수 입 명 세 서</u>

재산종류	수량	평가액	수입액	산출기초	운영방법

[별지 제17호서식]

사 업 수 입 명 세 서

사업종류	내역	금액	산출내역	비고

[별지 제18호서식] 〈개정 1998.1.7.〉

<u>정 부 보 조 금 명 세 서</u>

수령일	보조구분	보조내역	금액	보조기관	산출기초

31313-19011일

97.12.6 승인

210mm×297mm

(일반용지 60g/㎡)

■ 사회복지법인 및 사회복지시설 재무·회계 규칙 [별지 제19호서식] 〈개정 2015.12.24.〉

후 원 금 수 입 및 사 용 결 과 보 고 서

기간: 년   월   일부터
　　　 년   월   일까지   (앞쪽)

1. 후원금 수입명세서

순번	발생 일자	후원금 종류	후원자 구분	비영리법인 구분	기타 내용	모금자 기관 여부	기부금단체 여부	후원자	내역	금액	비고

2. 후원품 수입명세서

순번	발생 일자	후원품 종류	후원자 구분	비영리 법인 구분	기타 내용	모금자 기관 여부	기부금 단체 여부	후원자	내역	품명	수량/ 단위	상당 금액	비고

3. 후원금 사용명세서

순번	사용일자	사용내역	금액	결연후원 금품 여부	산출기준	비고

4. 후원품 사용명세서

순번	사용일자	사용내역	사용처	결연후원 금품 여부	수량/ 단위	상당 금액	비고

5. 후원금 전용계좌

금융기관 등의 명칭	계좌번호	계좌명의

210mm×297mm[백상지 80g/㎡]

작성 요령	
○ 후원금의 종류 구분	
후원금의 종류	내용
1. 민간단체 보조금품	국내 민간단체로부터 받은 보조금
2. 외원단체 보조금품	외국 민간원조단체로부터 받은 보조금품
3. 결연후원금품	아동·노인 등 시설거주자에 대한 결연후원금품
4. 법인임원 후원금품	법인 임원으로부터 받은 후원금품 및 찬조금품
5. 지역사회 후원금품	지역사회로부터 받은 위문금품 및 후원금품
6. 후원회 지원금품	법인의 후원회로부터 받은 지원금품
7. 자선모금품	자선바자회 등으로부터 얻어지는 수입금품
8. 기타 후원금품	행정기관의 시설위문금 등 후원금품

○ 후원자 구분

후원자 구분	내용	모금자 기관 여부	기부금단체 여부
1. 개인	개인	입력(Y/N)	입력안함
2. 영리법인	기업	입력(Y/N)	입력안함
3. 비영리법인	공익법인 등(종교법인, 학교법인, 의료법인, 사회복지법인, 기타*) → 비영리법인구분란에 기재 * 기타인 경우 그 내용을 기타내용에 기재	입력(Y/N)	입력(Y/N)
4. 민간단체	비영리단체, 외국민간원조단체, 민간단체 기타	입력(Y/N)	입력(Y/N)
5. 국가기관	입법기관·사법기관·행정기관(중앙행정기관 및 그 소속 기관, 지방자치단체)	입력안함	입력안함
6. 공공기관	공기업, 준정부기관, 그 밖의 공공기관	입력안함	입력안함
7. 소관법인	해당 시설을 설치·운영하는 법인 * 법인의 후원금이 전출금 형태로 시설에 전달	입력안함	입력안함

* 모금자 기관: 「기부금품 모집 및 사용에 관한 법률」 제4조에 따라 기부금품 모집을 목적으로 행정안전부장관 또는 특별시장·광역시장·도지사·특별자치도지사에게 등록한 모금자(기관)

** 기부금단체: 「소득세법 시행령」·「소득세법 시행규칙」에 따른 기부금대상 민간단체, 「법인세법 시행령」·「법인세법 시행규칙」에 따른 지정기부금단체 등

○ 후원받은 순서대로 계속 기록하여야 합니다.

○ 수입명세서의 내역란은 후원자의 후원용도·취지 등을 구체적으로 기재하여야 합니다.

[별지 제20호서식]

<u>인 건 비 명 세 서</u>

구분	금액	산출내역	비고

[별지 제21호서식]

사업비명세서

구분	내역	금액	산출내역	비고

190mm×268mm
(신문용지 54g/㎡)

[별지 제22호서식]

(   )비 용 명 세 서

구분	내역	금액	산출내역	비고

[별지 제23호서식] 〈개정 2009.2.5〉

감 사 보 고 서

    본인 등은 「사회복지법인 재무·회계 규칙」 제20조제1항에 따라 사회복지 법인 ○○○의
   . . . 부터   . . . 로 종결되는 회계연도의 업무집행 내용과 ○○회계에 속하는
수입과 지출에 관한 제반 증빙서류와 장부를 일반적인 감사기준에 따라 감사를 실시하였습니다.
    업무집행내용과 결산서의 각항은(다음에 지적된 사항을 제외하고는) 정확하였으며, 그 회계처리
는 적정하였습니다.

(다음)

년   월   일

사회복지법인   ○○○
감사   (서명 또는 인)
감사   (서명 또는 인)

사회복지법인 ○○○대표이사 귀하

31313-19211일   210mm×297mm
97.12.6 승인   （일반용지 60g/㎡）

[별지 제24호서식] 〈개정 2005.7.15.〉

현금출납부(법인용)

200   년   월

연월일	계정과목	적요	수입금액	지출금액	차인잔액
		(전월누계) · · ·			
		(월계)			
		(누계)			

210mm×297mm(일반용지 60g/㎡(재활용품))

[별지 제24호의2서식] 〈신설 2005.7.15.〉

현금출납부(시설용)

200   년   월

연월일	계정과목	적요	수입금액	지출금액	차인잔액
		(전월누계) · · ·			
		(월계)			
		(누계)			

210mm×297mm(일반용지 60g/㎡(재활용품))

[별지 제25호서식] 〈개정 2005.7.15.〉

총 계 정 원 장 (법 인 용)

계정과목 :

계정명	연월일	적요	수입	지출	차인잔액

210mm×297mm(일반용지 60g/㎡(재활용품))

[별지 제25호의2서식] 〈신설 2005.7.15.〉

총 계 정 원 장 (시 설 용)

계정과목 :

계정명	연월일	적요	수입	지출	차인잔액

210mm×297mm(일반용지 60g/㎡(재활용품))

[별지 제26호서식]

총계정원장보조부

연월일	적요	수입			지출			잔액		
		계	현금	예금	계	현금	예금	계	현금	예금

3106-85일
87.5.29 승인

210mm×297mm
(인쇄용지(특급) 70g/㎡)

[별지 제27호서식]

재 산 대 장

1. 건물

일련 번호	소재지	지번	구조	면적(m^2)	평가액	취득연월일 및 취득원인	등기부상의 소유권 등기연월일	용도	비고

3106-86일   268mm×190mm
87.5.29 승인   (인쇄용지(특급) 70g/㎡)

[별지 제28호서식]

<u>비 품 관 리 대 장</u>

결재		연월일	구분	적요	규격 및 단가	수불				현재량	수령자인	비고
						수량	단가	대여	처분			

268mm×190mm
(신문용지 54g/㎡)

2. 토지

일련번호	소재지	지번	지목	면적(m^2)	평가액	취득연월일 및 취득원인	등기부상의 소유권 등기연월일	용도	비고

268mm×190mm

(인쇄용지(특급) 70g/㎡)

3. 유가증권

일련번호	종류	내역	수량	가액	취득연월일 및 취득원인	비고

268mm×190mm

(인쇄용지(특급) 70g/㎡)

4. 무형고정자산

일련번호	종류	내역	수량	가액	취득연월일 및 취득원인	비고

268mm×190mm

(인쇄용지(특급) 70g/㎡)

5. 기계·기구류

일련 번호	종류	용도	명칭	형식	제조자	제조번호	수량	금액	비고

268mm×190mm

(인쇄용지(특급) 70g/㎡)

6. 기채(부채)상황

일련 번호	기채처 (자)	기채액	금리	상환기일	주무관청허가 연월일 및 문서번호	기채사용	비고

268mm×190mm

(인쇄용지(특급) 70g/㎡)

- 국가인권위원회(2006), 노인에 대한 사회차별 실태조사: 개인적 및 제도적 차별 경험을 중심으로.
- 김용득 · 김진우 · 유동철(2007), 「한국장애인복지의 이해」, 서울: 인간과복지.
- 박의근(2015), 「법인본질론」에 관한 소고, 한국비교사법학회.
- 배득종 외, 「행정학 헤드스타트」, 서울: 박영사.
- 보건복지부(2022), 2022년 사회복지법인 관리 안내.
- 보건복지부(2022), 2022년 사회복지시설 관리 안내.
- 보건복지부(2014), 비영리 사단 · 재단법인 업무편람.
- 보건복지부(2004), 사회복지법인 업무편람.
- 보경복지부(2017), 2017 실무자를 위한 비영리·공익 법인 관리·감독 업무편람.
- 보건복지부(2007), 사회복지관 및 재가복지센터 운영관련 업무처리요용안내
- 오석홍(2005), 「조직이론」 제5판, 서울: 박영사.
- 오석홍(2013), 「인사행정론」 제7판, 서울: 박영사.
- 오혜경(1999), 「장애인과 사회복지실천」, 서울: 아시아미디어리서치.
- 이종두(2010), 「정부회계와 관리」, 서울: 대영문화사.
- 정무성(2004), 「현대장애인복지론」, 서울: 학현사.
- 정우일 외(2011), 「공공조직론」(제3판), 서울: 박영사.
- 조승석 · 맹두열 · 김학재(2019), 「사회복지시설운영론」, 서울: 공동체.
- 조주복 · 김석주(2000), 「사무관리론」, 서울: 학문사.
- 행정자치부(2003), 사무관리규정 주요개정내용(교육교재).
- 행정자치부(2018), 행정업무운영편람.
- NCS국가직무능력표준(ncs.go.kr)

- Kadushin, A.(1992), *Supervision in Social Work*, New York: Columbia University Press.
- Koontz, O'Donnel, & Weihrich, *Essentials of Management,* N.Y.: McGraw-Hill, 1986, pp. 236-238.
- Gulick, L.,(1937). "Notes on the Theory of Organizations" In Gulick & L, Urwick(ed). *Papers on the Science of Administration,* Institute of Public Administration. N. Y.: Colombia University Press.

사회복지시설 운영론

1판 1쇄 인쇄 2022년 10월 10일
1판 1쇄 발행 2022년 10월 17일
저   자 조주복
발 행 인 이범만
발 행 처 **21세기사** (제406-2004-00015호)
　　　　　 경기도 파주시 산남로 72-16 (10882)
　　　　　 Tel. 031-942-7861   Fax. 031-942-7864
　　　　　 E-mail : 21cbook@naver.com
　　　　　 Home-page : www.21cbook.co.kr
　　　　　 ISBN 979-11-6833-061-0

정가 25,000원